普通高等学校创新教材

心理健康与自我成长

吕莹璐　陆雅君　主编

苏州大学出版社

内容简介

《心理健康与自我成长》一书是为高校开展心理健康教育编写的一部教材。全书包括八部分内容,分别是:心理健康导论、大学生自我意识、大学生人际关系、大学生压力应对、大学生情绪管理、大学生恋爱心理、大学生人格心理和大学生生命教育。全书理论与实践融会贯通,穿插案例分析、策略训练设计,在编写过程中侧重于将心理健康对个人成长的价值表述出来,在行文上强调通俗易懂,保持文字流畅,描述生动,分析深入,集科学性、趣味性和操作性于一体。本书既适合作为大学生心理健康教育课程教学的教材,还可以作为个人自我成长读物使用。

图书在版编目(CIP)数据

心理健康与自我成长 / 吕莹璐,陆雅君主编. —苏州:苏州大学出版社,2018.8(2021.7重印)
ISBN 978-7-5672-2567-1

Ⅰ. ①心… Ⅱ. ①吕… ②陆… Ⅲ. ①大学生—心理健康—健康教育 Ⅳ. ①G444

中国版本图书馆 CIP 数据核字(2018)第 187985 号

书　　名	心理健康与自我成长
主　　编	吕莹璐　陆雅君
责任编辑	周建兰
装帧设计	吴　钰
出版发行	苏州大学出版社(Soochow University Press)
社　　址	苏州市十梓街1号　邮编:215006
网　　址	www.sudapress.com
E - mail	yanghua@suda.edu.cn
印　　装	常州市武进第三印刷有限公司
邮购热线	0512-67480030　销售热线　0512-67481020
网店地址	https://szdxcbs.tmall.com/(天猫旗舰店)
开　　本	700mm×1000mm　1/16　印张:17.25　字数:280千
版　　次	2018年8月第1版
印　　次	2021年7月第6次印刷
书　　号	ISBN 978-7-5672-2567-1
定　　价	39.00元

凡购本社图书发现印装错误,请与本社联系调换。服务热线:0512-67481020

《心理健康与自我成长》编委会

主　审　汤正华

主　编　吕莹璐　陆雅君

副主编　薛　香　王　健

编　者　王　健　吕莹璐　陆雅君

　　　　夏　娴　屠娇皎　薛　香

　　　　刘顺传　万　媛

前　言

当今,随着社会竞争的加剧,人们面临的心理压力有增无减,这一现象也在大学生身上得到了体现。很多学生心理压力大,在环境适应、自我管理、学习成才、人际交往、理想与追求、交友恋爱和情绪调节等诸多方面表现出问题。近年来,大学生中由于心理问题或由心理因素引发的休学、退学等情况,乃至自杀、凶杀等恶性事件呈上升趋势,这已经严重影响了这些学生的健康成长。在高校开展心理健康教育,已得到社会的广泛认同,也顺应了大学生自我成长的需求。

作为一名学生工作者,在教育管理过程和心理咨询实践中,我们深深地感到大学生对心理健康知识的渴求,他们迫切希望了解和掌握一些应对心理冲突、心理紧张与心理压力的方法与技巧。其实,大学生的许多心理健康问题属于成长过程中的问题,大学生完全可以通过相关心理学知识的学习促进自我的积极发展。

基于这一认识,我们结合教育部对普通高等学校学生心理健康教育课程教学的基本要求,秉承指导大学生积极适应、促进大学生主动发展的理念,以大学生的成长为主线,结合大学生心理的变化与需求,运用心理学的理论,着重围绕心理健康导论、大学生自我意识、大学生人际交往、大学生压力应对、大学生情绪管理、大学生恋爱心理、大学生人格心理、大学生生命教育八个主题,与读者展开了心理成长的交流。目的是使大学生通过这门课程的学习,能更好地认识自我,培养健康的人格,提高适应能力和对挫折的承受能力,以适应当今社会的激烈竞争。本书是为高校大学生心理健康教育课程编写的教材,也可供广大青年朋友、教育工作者学习参考。

本书由常州工学院党委副书记、副校长汤正华教授担任主审,由常州工学院学生工作处处长吕莹璐、副处长陆雅君担任主编,由薛香、王健担任副主编并负责全书的章节编排、内容统稿。各章节具体分工如下:第一章薛香;第二章薛香;第三章陆雅君、屠姣皎;第四章屠姣皎;第五章吕莹璐、夏娴;第六章夏娴;第七章王健;第八章王健;刘顺传、万媛也参与了本书部分章节的整理和校对工作。

　　在编写本书的过程中,编者参考并借鉴了国内外该领域的许多论著和教材,在此表示衷心的感谢。

　　大学生心理健康教育问题十分复杂,加之编者水平有限,书中难免会有疏漏和不当之处,诚请同行专家及读者朋友提出宝贵意见,以便我们进一步完善。

编　者

2018 年 6 月

目 录

第一章　心理健康导论 ⋯⋯⋯⋯⋯⋯⋯⋯⋯⋯⋯⋯⋯⋯⋯⋯⋯⋯⋯⋯ 1
　　第一节　心理健康是什么 ⋯⋯⋯⋯⋯⋯⋯⋯⋯⋯⋯⋯⋯⋯⋯⋯⋯ 2
　　第二节　心理健康与自我成长 ⋯⋯⋯⋯⋯⋯⋯⋯⋯⋯⋯⋯⋯⋯⋯ 25
　　第三节　心理策略训练 ⋯⋯⋯⋯⋯⋯⋯⋯⋯⋯⋯⋯⋯⋯⋯⋯⋯⋯ 37

第二章　大学生自我意识 ⋯⋯⋯⋯⋯⋯⋯⋯⋯⋯⋯⋯⋯⋯⋯⋯⋯⋯ 42
　　第一节　自我意识是什么 ⋯⋯⋯⋯⋯⋯⋯⋯⋯⋯⋯⋯⋯⋯⋯⋯⋯ 43
　　第二节　自我意识与自我成长 ⋯⋯⋯⋯⋯⋯⋯⋯⋯⋯⋯⋯⋯⋯⋯ 53
　　第三节　心理策略训练 ⋯⋯⋯⋯⋯⋯⋯⋯⋯⋯⋯⋯⋯⋯⋯⋯⋯⋯ 70

第三章　大学生人际交往 ⋯⋯⋯⋯⋯⋯⋯⋯⋯⋯⋯⋯⋯⋯⋯⋯⋯⋯ 73
　　第一节　人际交往是什么 ⋯⋯⋯⋯⋯⋯⋯⋯⋯⋯⋯⋯⋯⋯⋯⋯⋯ 73
　　第二节　人际交往与自我成长 ⋯⋯⋯⋯⋯⋯⋯⋯⋯⋯⋯⋯⋯⋯⋯ 91
　　第三节　心理策略训练 ⋯⋯⋯⋯⋯⋯⋯⋯⋯⋯⋯⋯⋯⋯⋯⋯⋯⋯ 101

第四章　大学生压力应对 ⋯⋯⋯⋯⋯⋯⋯⋯⋯⋯⋯⋯⋯⋯⋯⋯⋯⋯ 103
　　第一节　压力是什么 ⋯⋯⋯⋯⋯⋯⋯⋯⋯⋯⋯⋯⋯⋯⋯⋯⋯⋯⋯ 103
　　第二节　压力应对与自我成长 ⋯⋯⋯⋯⋯⋯⋯⋯⋯⋯⋯⋯⋯⋯⋯ 119
　　第三节　心理策略训练 ⋯⋯⋯⋯⋯⋯⋯⋯⋯⋯⋯⋯⋯⋯⋯⋯⋯⋯ 129

第五章　大学生情绪管理 ⋯⋯⋯⋯⋯⋯⋯⋯⋯⋯⋯⋯⋯⋯⋯⋯⋯⋯ 133
　　第一节　情绪是什么 ⋯⋯⋯⋯⋯⋯⋯⋯⋯⋯⋯⋯⋯⋯⋯⋯⋯⋯⋯ 133

第二节　情绪管理与自我成长 …………………………… 145
　　第三节　心理策略训练 …………………………………… 168

第六章　大学生恋爱心理 ………………………………………… 171
　　第一节　恋爱是什么 ……………………………………… 171
　　第二节　恋爱与自我成长 ………………………………… 180
　　第三节　心理策略训练 …………………………………… 196

第七章　大学生人格心理 ………………………………………… 198
　　第一节　人格是什么 ……………………………………… 198
　　第二节　人格心理与自我成长 …………………………… 210
　　第三节　心理策略训练 …………………………………… 229

第八章　大学生生命教育 ………………………………………… 234
　　第一节　生命的意义 ……………………………………… 234
　　第二节　心理危机与自我成长 …………………………… 246
　　第三节　心理策略训练 …………………………………… 258

参考文献 …………………………………………………………… 266

一个个小乐趣加起来就是大快乐。每天寻找一个小乐趣，串起来就是美好的人生。

——苏格拉底

第一章
心理健康导论

上过两所名校的男孩

7月1日，暑假开始了。从武汉一所名牌大学回到山东某个小镇的小彬，满脸愁苦，没有一丝笑容。前几天，小彬因挂科太多被学校勒令退学，其母接到电话时连忙赶去学校，找相关领导、老师求情，无奈学校规章制度从不对任何学生例外，母子俩只好收拾行李回老家。小彬是去年从乡镇一所重点高中考上重点大学的，这对很少有学生能考上重点大学的整个村子是一件非常值得庆贺的事情，然而一年后小彬却以退学收场。小彬高中阶段成绩优秀，来到大学后很不适应，因大学的课堂是流动的，有些教室离宿舍很远。有一次，他连跑三个上课地点，都未找到上课的教室，他吓坏了，害怕老师说他故意旷课，便在宿舍里躲了一天一夜，不敢出门。"如果仅仅是找教室，我还能坚持。"小彬叹息着说，他更害怕的是与同学、老师的交往。他们宿舍里共有6人，只有他一人从山东农村小镇而来。起初，他非常想与他们交朋友，但发现兴趣与他们极不相投。最要命的是自己的"普通话"，说出来没有人能一下子听懂，他说："有时候我说两遍、三遍，他们还老是追问，我不知道他们是真听不懂还是故意捉弄我。"现实中的种种不顺，让他迷茫了，他没有选择面对现实，而是沉迷网络虚拟世界中，网络中的他又找回了高中时的自信和风光。然而虚拟世界中的快乐总是短暂的，现实给了他如此沉重的一击。

好在这一击并没有将他打倒在地，退学在家的他重新复习高中的课程，来年再次参加高考,又一次以高分考进了北京某所名校。再次走进大学校园的他,格外珍惜大学生活,主动适应新环境,用蹩脚的普通话,主动结交新同学,主动参加社团生活,大学生活丰富多彩,四年后他带着优秀毕业生的荣誉从容走出校园。

案例中的小彬,两次大学的经历如此不同,当不能适应环境选择逃避现实时,现实给予我们的是诸如"退学"的惨痛;当主动适应环境勇于面对现实时,现实给予我们的则是鲜花和荣誉。学会适应新环境是心理健康中最基本的一项,可见心理健康对我们的人生有着多么重要的作用。

第一节　心理健康是什么

一、科学健康观的演变

健康是每个人所向往的。但是时至今日,我们对心理健康仍然知之甚少。即便是现在,在有关部门的大力推动下各级学校已经开展心理健康教育十多年,还有很多人对心理健康这一概念仍然存有偏见,对心理健康问题讳莫如深。

其实,早在两千多年前,人们在预防和治疗躯体疾病时,就已认识到心理卫生(心理健康)的重要作用,并开展了一些身心医学方面的研究。心理卫生运动真正兴起并得以作为一门科学进行研究和探索,则是19世纪中叶到20世纪初的事情,1908年3月,美国的比尔斯倡导并掀起了一场轰轰烈烈的心理卫生运动。

比尔斯(Beers)是耶鲁大学的一名学生,他哥哥患有癫痫病,发作时四肢抽搐,口吐白沫,痛苦万分。与哥哥住在一起的比尔斯听说癫痫具有遗传性,总担心自己也会像哥哥一样,整日忧心忡忡,生活在恐惧、焦虑、忧郁之中。终于有一天他精神失常,自杀未遂而被送进精神病院。在住院期间,他目睹了精神病人痛苦不堪的生活及所受到的粗暴对待。从住院期间和出院后自己的亲身遭遇中,他对精神病治疗机构对病人的冷漠和虐待以及公众对精神病人的偏见和歧视产生了切肤之痛。1908年,比尔斯写了一本名为《自觉之心》的书,再现了自己在三所治疗机构中的遭遇,并呼吁人们关注人的心灵。他的呼吁得到了著名心理学家威廉·詹姆斯和著名精神病学家阿道夫·迈耶的大力支持,由此开始了一场由美国发轫,最后遍及全世界的心理卫生运动,这个运动的宗旨主要是普及心理卫生知识,增进全民的心理健康水平。

1909年,在比尔斯等人的努力下,"美国全国心理卫生委员会"在纽约成立;1930年5月在华盛顿召开了第一届国际心理卫生大会,成立了国际心理卫生委员会。后又在此基础上于1948年由联合国教科文组织主持,建立了世界心理健康联合会。从此,心理卫生运动在全世界各地蓬勃展开。心理卫生运动的发展,促进了人类对健康的认识和研究。

人们对健康的理解与认识,伴随着社会的发展及人类对自身认识的深化而不断地发展变化。20世纪之后,随着物质生活的极大丰富和医疗水平的大幅提升,人类发现自己并没有因此摆脱疾病与痛苦,疾病与痛苦不仅局限于身体机能,更广泛地存在于人们的心理。生理心理学研究表明,人在发怒时,心跳加快,常达80~200次/分钟;血压上升,收缩压从正常的130毫米汞柱上升到230毫米汞柱以上;呼吸可达40~50次/分钟。人在恐惧或突然震惊时,呼吸加强而短促,甚至会出现中断;心跳加速,每分钟增加20次;血压也会随之增加。人在焦虑、忧郁时,会抑制胃肠蠕动和消化液的分泌。

心理的变化必然带来生理上的变化,如果情绪的变化是短暂的,生理变化的影响仅仅是功能上的,但是,如果我们经常处于消极或紧张的不良心理状态之中(焦虑、抑郁、悲伤、恐惧等),就可能使体内器官和组织出现器质性的病变,导致身心疾病的产生。心理因素不仅可以成为疾病的发病基础,而且可以改变许多疾病的过程(广义的身心疾病既包括心理障碍,也包括因为心理因素导致器官组织的器质性的病变)。如高血压、冠心病、胃溃疡、癌症等都属于身心疾病。据美国的统计资料显示,每4人中有1人一生中会因心理原因而引起生理方面的疾病;每12人中就有1人因心理方面的疾病而住院。世界卫生组织根据调查推测,目前全球约有3.4亿人患有抑郁障碍,而且这个数字还在不断上升。心理问题在人群中大量存在,严重地影响着人们的健康。

1948年,世界卫生组织提出了健康新概念:"健康不仅仅是没有疾病,而且是身体上、心理上和社会上的完好状态或完全安宁。"这是对健康全面、科学、完整、系统的定义。衡量一个人是否健康,必须从生理、心理、社会和行为等方面全面分析,不仅仅看他是否有身体的器质性或功能性异常,还要看他是否有主观不适感,是否有社会公认的不适当行为。

1989年,世界卫生组织进一步深化了健康概念,认为健康包括"躯体健康、心理健康、社会适应良好"。这个概念强调了人的生理与心理、自然性与社会性的不可分割性。

1990年,世界卫生组织在对健康定义的阐述中又增加了"道德健康"。道德健康是指不能损害他人利益来满足自己的需求,能按照社会认可的道德行为规范来约束自己,支配自己的思维和行为,具有辨别真伪、善恶、荣辱的是非观念和能力。

2000年,世界卫生组织又提出了"合理膳食,戒烟,心理健康,克服紧张压力,体育锻炼"的促进健康的新准则。

二、健康新标准

根据世界卫生组织关于健康概念的阐述发展变化,我们认为健康包括人的生理健康、心理健康、社会适应良好及道德健康。为了加强人们对健康的认识,世界卫生组织给出了健康的十条具体标准。

(1) 充沛的精力,能从容不迫地担负日常生活和繁重的工作而不感到过分紧张和疲劳。

(2) 处世乐观,态度积极,乐于承担责任,事无大小,不挑剔。

(3) 善于休息,睡眠好。

(4) 应变能力强,能适应外界环境中的各种变化。

(5) 能够抵御一般性感冒和传染病。

(6) 体重适中,身体匀称,站立时头、肩、臂位置协调。

(7) 反应敏锐,眼睛明亮,眼睑不发炎。

(8) 牙齿清洁,无龋齿,不疼痛,牙龈颜色正常,无出血现象。

(9) 头发有光泽,无头屑。

(10) 肌肉丰满,皮肤有弹性,走路轻松匀称。

从上面这十条标准,我们可以看出,健康包括身体健康和心理健康两个方面,它们相互补充、相互联系,缺一不可。同时,身体健康和心理健康又相互影响,具有统一性。当人的身体生病时,其心理也会受到影响,表现出烦躁不安、情绪低落、容易发怒等心理不适;同样,长期的心情抑郁、焦虑、悲伤也会导致身体的不适,医学上称之为身心疾病。

三、心理健康的概念与标准

(一) 心理健康的概念

尽管人们对心理健康的认识越来越深入,但是对心理健康的界定至今仍然众说纷纭。不同的学者对心理健康的表述角度各不相同,有的学者从社会适应的角度定义,有的学者从社会分布的角度定义,有的学者从社会理想的角度定义。另外,在不同的地区、不同的社会文化范畴内,人们对心理健康的认识也不一致。当然,这一现象的存在更深层次的原因在于,心理健康与不健康之间事实上并不存在截然的界限,无绝对的明确标志,因为它们之间存在着从量变到质变的连续谱系。精神病学家孟尼格尔认为,心理健康是指人们对于环境及相互之间具有最高效率以及快乐的适应情况。不只是要有效率,也不只是要有满足之感,或是能愉快地接受生活的规范,而是需要三者的同时具备。心理健康者应能保持平静的情绪,有敏锐的智能,适应于社会环境的行为和令人愉快的气质。心理学家英格里斯认为,心理健康是指一种持续的心理情况,当事者在那种情况下能进行良好的适应,具有生命的活力,并能充分发展其身心的潜能。这乃是一种积极的丰富的情况,而不仅仅是免于心理疾病。社会学者玻肯认为,心理健康就是合乎某一水准的社会行为:一方面为社会所接受,另一方面能为自身带来快乐。日本学者松田岩男则认为,所谓心理健康,是指人对内部环境具有安定感,对外部环境能以社会认可的形式适应这样一种心理状态。1946年,第三届国际心理卫生大会指出:"心理健康是指在身体、智能以及情绪上能保持同他人的心理不相矛盾,并将个人心境发展成为最佳的状态。"

综上所述,我们认为心理健康是指一种持续的积极发展的心理状况,在这种状况下主体能够表现出良好的适应性,能充分发挥身心潜能,而不仅仅是没有心理疾病。从这一界定出发,我们大致可以将心理不健康的人分成两个层次:第一层,主体没有心理疾病(心理障碍),但是未能表现出良好的适应或者未能充分发挥身心潜能;第二层,主体表现出重要的临床行为或心理模式,存在心理障碍。

(二) 心理健康的标准

以什么作为心理健康的标志,怎样才算心理健康,这是一个比较复杂的问题。当前,关于心理健康的标准,在学术界众说纷纭,所谓仁者见仁,智者见智。

1. 马斯洛的心理健康观——"自我实现者"及其特征的论述

作为人本主义运动最杰出的代表人物,马斯洛对心理健康问题进行了最为系统的研究。马斯洛发现真正达到自我实现的人,一般都处于中年或老年,年轻的人通常很难达到自我实现。这是因为年轻人还有许多较低层次的需要,如安全、爱、自尊等还没有得到适当程度的满足,没有形成持久的价值观、智慧、意志力及稳定的爱情关系,也未明确选择要为之终生奋斗的事业。不过,年轻人具有极大的发展潜力,他们通过积极努力,是可以逐渐接近这一水平或目标的。马斯洛归纳出"自我实现者"的15种心理特征。

(1) 全面和准确地知觉现实。自我实现者对世界的知觉是客观的、全面的和准确的,因为他们在感知世界时,不会掺杂自己的主观愿望和成见或带有自我防御,而是按照客观世界的本来面貌去反映。与此相反,心理不健康者则以自己的主观方式去知觉世界,他们试图使世界与自己的主观愿望、焦虑和担心相吻合。

(2) 接纳自然、自己与他人。自我实现者能够接受自然、自身及他人的不足与缺陷,不会为这些缺陷忧心忡忡。当然,对于可以改造或可以调整的不足与缺陷,他们会以积极的态度来对待;而对那些不可改变的不足与缺陷,他们能顺其自然,不会自己跟自己、跟他人和自然过不去。

(3) 对人自发、坦率和真实。在人际交往中,自我实现者具有流露自己真实感情的倾向,他们不会装假或做作,他们的行为坦诚、自然。一般而言,他们都有足够的自信心和安全感,这就使得他们足以真实地表现自己。

(4) 以问题为中心,而不是以自我为中心。自我实现者热爱自己所从事的工作,献身于某种事业或使命,并能全力以赴。与常人相比,他们工作起来更刻苦、更专注。对他们来说,工作并非真正的劳苦,因为快乐恰恰寓于工作之中。

(5) 超然的独立性。自我实现者以自己的价值和感情指导生活,不依靠别人来求得安全和满足,他们依靠的只是自己。他们一般喜欢安静独处,这样做并不是因为害怕别人,也不是要有意逃避现实,而是为了在减少干扰的条件下,更好地深思,更全面地比较,以便去寻求更为合理的解决问题的方案。他们平静安详,能安然地度过或顶住各种灾难和不幸。

(6) 具有自主性,在环境和文化中能保持相对的独立性。自我实现者行为的动力主要来自自身内部发展和自我实现的需要,而不是来自因缺少某种物质或精神上的东西需要外部的补充,因而他们更多依赖自己而不是外部环境,能够抵制外部环境和文化的压力,独立自主地发挥思考的能力,自我引导和自我管理。

(7) 具有永不衰退的欣赏力。自我实现者能够对周围现实保持奇特而经久不衰的欣赏力,充分地体验自然和人生中的一切美好东西。他们不会因为事物的重复出现而习以为常、失去敏感;相反,他们对每一件事物、每一次日出或黄昏,都像第一次见到时那样新鲜,那么美妙。

(8) 具有难以形容的高峰体验。高峰体验是人感受到的一种强烈的、心醉神迷的狂喜或敬畏的情绪体验。当它到来时,人会感觉到无限的美好,具有极大的力量、自信和决断意向,甚至连平凡的日常活动,也可以被提升为压倒一切的、妙不可言的活动。马斯洛认为所有人都具有享受高峰体验的潜在能力,但只有自我实现者更有可能得到这种体验。

(9) 对人充满爱心。自我实现者所关心的不仅局限于他们的朋友、亲属,而是扩及全人类。他们把帮助穷困受苦的人视为自己的天职,具有同所有的人同甘苦、共患难的强烈意识,千方百计为他人着想。在自我实现者看来,他人的快乐就是自己的快乐,他们已经把自己从满足自身狭隘需求的牢笼中解放了出来。

(10) 具有深厚的友情。自我实现者注重与朋友间的友谊,他们交友的数目虽然不多,同伴圈子比较小,但友情深切和充实。就对爱的理解来说,他们认为爱应当是全然无私的,至少应当是给予爱和得到爱同等重要。他们能够像关心自己一样,关心所爱者的成长与发展。

(11) 具备民主的精神。自我实现者谦虚待人,尊重别人的权利和个性,善于倾听不同的意见。对他们来说,社会阶层、受教育程度、宗教信仰、种族或肤色,都是不重要的,重要的是他们是否掌握真理。自我实现者极少偏见,愿意向一切值得学习的人学习。

(12) 区分手段与目的。自我实现者的行为几乎总能表现出手段与目的界限。一般说来,他们强调目的,而手段必须从属于目的。自我实现者常常把活动经历当作目的本身,因而比常人更能体验到活动本身的乐趣。

(13) 富于创造性。这是马斯洛研究的所有对象共同的特征之一,他们每个人都在某个方面显示出独到之处和创造性。虽然他们中的某些人并不一定是作家、艺术家或发明家,但他们具有同儿童天真想象相类似的能力,具有独创、发明和追求创新的特点。

（14）处事幽默、风趣。自我实现者善于观察人世间的荒诞和不协调现象，并能够以一种诙谐、风趣的方式将其恰当地表现出来。他们绝不把这种本领用于有缺陷的人，他们对不幸者总寄予同情。

（15）反对盲目遵从。自我实现者对随意应和他人的观点和行为十分反感，他们认为人必须具有自己的主见，认定的事情就应坚持去做，而不应顾及传统的力量或舆论的压力。他们这种反对盲目遵从的倾向，显然不是对文化传统或舆论的有意轻视，而是他们自立、自强的人格的反映。

以上是自我实现者的15种积极的特征。当然，马斯洛也认为自我实现者并不是十全十美的完人，他们身上也存在不少缺点，如有时笨拙糊涂、浪费和不细心，以及厌烦、激动和固执己见等。但总的来说，马斯洛所描述的自我实现者的形象是十分理想的。

2. 江光荣——健全人格的标准

国内学者江光荣先生通过研究，提出了以下对心理健康、健全人格的特征描述，得到了大多数学者的支持。

（1）客观的自我认识和积极的自我态度。人格健全者应该有现实、准确的自我知觉，并有这种知觉敏感性。这包含几层意思，首先是有自我认识且这种认识是全面、丰富的；其次是不歪曲自己的特性，即不夸大或缩小自己的长处和短处；再次是能够经常意识到自己在做什么，感受到什么，并知道行为、体验从何而起。积极的自我态度与自我认识有联系但不完全由后者决定，它指的是一种"尽管认识到自己有长有短、有好有坏，但仍然从总体上认可自己，接纳自己，对自己抱有希望"的态度。

（2）客观的社会知觉和建立适宜的人际关系的能力。客观的社会知觉是个人建立适宜的人际关系的基础之一。人格健全者应能准确地从别人的言语、行为中体察别人的思想、愿望和感受，了解别人对自己的看法和态度。而且，他对别人的了解是建立在事实依据而不是主观臆测上的。此外，他对人的态度特征和人际交往技能应有助于建立适宜的人际关系。例如，对人具有关注、同情心，能恰当地表达自己的能力，等等。

（3）生活的热情和有效解决问题的能力。人"愿意活着"可能是最符合生物规定性的心理特点。心理健康的人热爱生活，有投身于工作、事业和家庭的热情。与此相关的是一个人要具有与自己的年龄相适应的生活能力,主要是处理、解决自己遇到的工作、学习、生活、人际问题的能力。缺乏这种能力,他就不能有效适应环境,满足自己成长、发展的需求。

(4) 个性结构具有协调性。人格健全者应该有统一的人生观和世界观,个性倾向性的各部分(需要、兴趣、动机、理想、信念和世界观)之间应该能保持一种动态的协调、平衡。他的认识、情感与行为之间应该具有协调性。例如,有与认识相一致的情感体验,能控制自己的言语和行动,使之适合目的行为的需要。

3. 关于学生心理健康的标准

(1) 认识正常。这里所指的认识主要指人的认识过程,集中表现为智力或智力活动。智力因素保持在正常水平是心理健康的基础条件。智力是人的观察力、注意力、记忆力、想象力、思维力、创造力和实践活动能力的总和。例如,一个注意力有障碍的人,我们不能说他是一个心理健康的人。常见的注意力障碍有注意力涣散和注意力凝定。比如一个小学生注意力不集中、分心,对任何事物即使是对最感兴趣的事,都有注意力集中的困难。不仅上课不能注意听讲,做小动作,扰乱别人,即使在看比较喜欢的动画片时也不能聚精会神,这种现象很可能是多动症的表现。相反,如果对一件事或一个事物过于注意,而无法发生转移,这就是另一种心理障碍,即注意力凝定。注意力凝定者对某些既有的注意对象陷得很深,以致不能自拔,无法摆脱,甚至在得知结果明显错误的情况下,也无法转移注意力。青年人中的"单相思"即为典型的注意力凝定的表现。单相思者对一厢情愿的"恋人"的注意力凝定,多数能维持相当长的时间,甚至明知注意对象已经结婚,仍然无法解脱。这些注意力凝定者往往伴随着巨大的痛苦,严重的可能发展成神经错乱、精神分裂。所以,一个心理健康的人,他的智力必须在正常范围之内,并且能够把自己的智慧与能力有效地运用到学习和生活中去,对社会生活中遇到的各种问题、困难和矛盾,能表现出积极的态度,并采用切实有效的方法妥善地加以解决。

(2) 情绪健康。情绪健康稳定是心理健康的主要标志。健康稳定的情绪能使人对现实保持积极的态度,有效地从事学习、工作,理智地适应环境;情绪悲观、动荡不安,则会使人失去心理平衡,降低活动效率,甚至使人失去常态。这里情绪健康主要有两方面的含义:一方面,情绪要稳定,对自己的情绪有很好的调控能力,不要有过激的情绪反应,既不大喜,也不狂悲。例如,我们所熟知的范进,屡次考试不中,到晚年时才中了举人,狂喜不可遏制,最后疯了。不少人都看过《三国演义》,其中关羽骄傲轻敌,败走麦城,地失人亡。刘备听了以后,悲愤不能自制,感情冲动之下,他只知道为二弟报仇,全然不顾诸葛亮为他制定的"联吴抗魏"的战略方针,亲自率军大举进攻东关,结果被火烧连营七百里,损兵折将,大败而归。青少年正处于情绪的波动期,要做到凡事处变不惊,闲看庭前花开花落虽然不太可能,但是一个心理健康的人应该是一个情绪相对稳定的人。另一方面,积极情绪要多于消极情绪。人生不如意事十之八九。尤其是正处于成长阶段的青少年,正体验着各种各样的烦恼。也许因为生理上的变化而疑惑,也许因为身体上的缺憾而自卑,也许因为学习成绩的下降而消沉,也许因为控制不住的激情而愤怒,也许因朦胧的恋情而彷徨,也许还有更多的各种各样的烦恼,那是不是就整天像林妹妹那样哭哭啼啼,怨天尤人,扛着小锄头去埋葬凋谢的花瓣呢?为什么我的天空总是下雨?灰心丧气、长吁短叹,是命运的不公,还是时运的不济?都不是,是心理出问题了。一个心理健康的人应该是一个乐观、豁达的人,即使遇到挫折也能很好地进行自我调节。乐观并不意味着否定现实,并不总想着所有的事都是好的,或者只考虑积极的想法。乐观,就是坚信在任何危机中我们都有希望,并且相信通过个人的努力(还有朋友的帮助),我们最终会找到解决问题的办法,对于那些解决不了的问题,我们也会想办法适应他们。有人得出公式:$IQ-EQ=$失败人生,$IQ+EQ=$成功人生。因此,积极地管理自己的情绪,不仅是心理健康的标志,也是人生成功的一个必备条件。

(3)意志健全。主要指行为的自觉性、果断性、顽强性以及坚持性。心理健康的学生,在学习和生活上应该有明确的目标和追求,敢想、敢做,而不是前怕狼、后怕虎。在行动上有主见、有恒心、有毅力,不优柔寡断,有克服困难和挫折的勇气和决心。例如,某些大学的校园里曾流行过这样的一首打油诗:"人生本该 happy,何必整天 study,只要考试 pass,拿到文凭 go away。"这就反映了某些大学生疲疲沓沓,得过且过,做一天和尚撞一天钟,缺乏进取精神的惰性心理。

(4)行为适度。心理健康的学生行为协调、反应适度。行为协调,是指人的行为是一贯的、统一的,而不是反复无常的,既表现为心理活动和行为方式处于和谐统一之中,也表现为在相同或类似的情况下行为的一致性,对人不是忽冷忽热。反应适度,是指既不异常敏感也不异常迟钝。刺激的强度与反应的强度之间有着相对稳定的关系,该冷静时冷静,该激动时激动,对强弱不同的刺激做出适度的反应。而不像整天担心天会塌下来的杞国人那样,神经过敏,庸人自扰,一片树叶掉下来也害怕砸破了头,稍有声响也会吓一跳。小说《小公务员之死》中的主人公,一位小公务员到剧院去看戏,他吐了一口痰,结果不小心溅到了前面坐着的将军的秃头上,他吓坏了,赶紧向将军赔礼道歉,将军礼貌地对他笑了笑。可是这位公务员还是觉得这样做得不够,非常担心将军怪罪下来,于是他等在将军经过的路上,赔礼道歉,这次将军没有笑。他更害怕了,专门到将军家里赔礼道歉,将军再也没有了耐心,说:"你给我滚出去!"最后,这位小公务员在担惊受怕中抑郁而死。职位卑微的小公务员由于害怕失去自己的饭碗,过于敏感,这就是一种不健康的心理。

(5) 人际关系和谐。良好的人际关系不仅是维护心理健康不可缺少的条件,也是心理健康的内在需要。这说明了两方面的问题。一方面,一个心理健康的学生,一般具有和谐的人际关系。他们能对别人产生信任感,尊敬师长,信任同学,能客观地了解他人的情感、需要、兴趣和个性品质,尊重他人的意见,并能诚恳地赞美和学习别人的优点,善意地批评和帮助别人改正错误和缺点;与周围的人友好交往,保持和发展融洽的关系,并能从中寻求乐趣,获得友谊。心理健康问题较多的人,人际关系的矛盾也较多。另一方面,说明了良好的人际关系对人的心理健康的重要性。在社会生活中,人际交往是人们相互联系的重要形式。有人估计,人们除了睡眠以外,其余的时间大约有 70% 都在进行相互交往。美国钢铁大王卡耐基曾经说过,人的成功等于 15% 的能力 + 85% 的人际关系。人们通过彼此的交往,来诉说各自的喜怒哀乐,这样就增进了人们之间的亲密感、安全感,并能从中吸取力量,这对保证人的心理健康无疑是必需的。如果这种需要得不到满足,就会影响人的心理健康。心理学的研究也证明了,以人为的方法造成环境中感觉经验、一般外来刺激以及社交机会的贫乏,对个体的身心发展都会带来很大的损伤,如母子之间正常交往的剥夺会造成孩子智力不足和情绪上的挫折与异常。人际关系总是与一定的情感体验相联系,人际关系融洽,人就会感到心情舒畅,心理也就容易保持健康。相反,人际关系失调、心情抑郁、孤立、沉闷,则会影响人的心理健康,甚至导致心理疾病。在钢筋水泥的城市里,越来越多的人感到孤独,在需要安慰、理解的时候,甚至当兴致勃勃的时候,却发现你身边没有一个人。据悉一个身体健康但精神长期孤独的人的患病率比那些身体健康而合群的人高一倍,如果缺少与他人的交流和互动,将直接带来身体和心理的疾病,所以很多人害怕孤独。研究表明,神经衰弱、高血压、头痛、溃疡病等都与人际关系的失调有密切的关系。正如我国著名医学心理学家丁瓒教授所说的:"人类的心理适应,最主要的就是对人际关系的适应。所以人类的心理病态,主要是由于人际关系的失调而来。"

(6) 社会适应良好。社会适应良好,也是衡量一个人心理健康的重要标志。它包括正确认识和处理个人与环境关系的能力。21世纪是一个发展迅速、竞争激烈、优胜劣汰的社会,它具有高节奏、高竞争、高风险,并伴有高压力等特点。摆在人们面前的是希望与痛苦并存,绝望与机遇并存,苦难与磨砺并存,光荣与梦想并存,伴随着愿望的落空和心理挫折的出现,随之也会出现诸如悲观、烦恼、焦虑、抑郁、孤独等消极情绪。因此,21世纪对人才素质的要求不但要具有竞争、合作、应变、创新的意识和能力,而且应具有较强的心理耐受力和自信心。在社会变化中,最引人注目的是社会行业的变化,它使千百万职工不得不经常离开自己熟悉甚至是刚熟悉的工作岗位,转到新的工作岗位。当我们走上新的工作岗位时,不管事先做了多么仔细的考察或对工作的选择有多么慎重,都要面临适应新工作的挑战。工作、家庭生活与大学生活有着太大的差异。这种全新的体验会给我们带来很多的焦虑。这就要求21世纪的人才应具备快速的适应能力,能迅速适应新的工作环境、人际关系、学习环境和生活环境等。美国当代学者英格尔斯在《走向现代化》一书中强调,未来人才要准备和乐于接受自己从未经过的新的生活经验、新的思想观念、新的行为方式,准备接受社会的改革和变化。他们懂得"逆着环境是蠢人,适应环境是能人,创造环境是伟人"的哲理,能积极地运用各种环境条件的变化和各种信息的反馈,灵活机动地进行自我行为调控,从而能在不同的环境中做出贡献。像那些"有知识、没文化,有文凭、没水平"的人,最终都会被社会淘汰。双星鞋业的格言可能会对我们有一定的启发作用,那就是"你无我有,你有我变,你变我新,你新我优"。新东方教育科技集团董事长俞敏洪说过,人生的成功或失败就在于你的社会适应能力。

(7) 自我观念正确。一个心理健康的人对自己有适当的了解和恰当的评价,并能愉悦地接纳自己,最大限度地开发自己的潜能。心理健康的学生,能客观地认识自己和对待自己,既不高估自己的能力,也不低估自己。但是常常有的人很自卑,看不到自己的优点,只看到自己的不足。

> **案例一：一个大学男生的自述**
>
> 在进入大学之前，我对学习充满了自信，认为在大学继续保持优异成绩如囊中取物，并准备大学毕业后攻读研究生，成名成家。没想到大学并非自己想象的那样，同学们不仅个个聪明，而且都有各自的特长，而我除了死读书之外，无其他特长，且家庭经济拮据，连套像样的衣服都没有，这些无形中挫伤了我的自尊心。我不敢与同学们交往，吃饭时独自一人吃最便宜的饭菜，以便能省下钱买复习参考书。课外活动几乎不参加，怕动作笨拙引起同学们的讥笑。最令我苦恼的事是学习上的相互竞争，以前被称为"秀才"的我尽管花了比别人更多的时间，但成绩总是上不去。这种无形的压力压得我抬不起头来，过去理想至上和极其自信的我现在觉得处处低人一等，时常感到忧伤、压抑、烦恼和痛苦。现在每天压力越来越大，以致整天心神不宁，注意力不集中，已无法正常学习，你说我该怎么办呢？

在这位大学生痛苦的描述中，我们深切地觉察到了他的自卑感。他在前进的旅途中，总盯着自己的短处，无异于背上了一个沉重的包袱。美国一位著名的心理学家把自卑感看成是："走向成功的踏板，没有它成功就毫无希望，自卑感并不是令人感到羞耻的，人们发现它，承认它的存在，并设法弥补它，就能实现人生的目标。"因此，只有善于挖掘和发展自己的优势，才能使人满怀自信地迈步向前。另外，也有的人过于夸大自己的优点，哲学家尼采就把自己吹嘘成"天上的太阳"，最后疯狂而死。一个心理健康的人，应该既了解自己的缺点，也了解自己的优点，能充分发挥自己的优势，克服自己的缺点，最大限度地发挥出自己的潜能。

（8）人格发展健全。心理健康的学生具有完整、协调、和谐的人格特征。现在有些中学生上网总喜欢扮成多种角色，长此以往，这对个人的身心健康是非常不利的，有些人因此导致了多重人格。

四、积极心理学——心理健康新观念

自近代心理咨询和健康心理学产生以来，人们通常把注意力放在人类的消极心理品质上,以治疗和矫正为目的的心理学有效解决了一些心理问题,但是这样的治疗并没有从根本上解决心理问题。不仅如此,从咨询和治疗中总结出来的有关人性的假设和知识被用于解释正常人的心理问题,这一结果带来的就是片面否定人性的作用。1998年美国宾夕法尼亚大学心理学教授赛利格曼出任美国心理学会主席时倡议,心理学不仅要研究如何帮助人走出消极的心理世界,心理学更应该研究积极的心理现象。

赛利格曼在担任美国心理学会主席数月后的一天,与5岁的女儿尼奇在园子里播种。赛利格曼虽然写了大量有关儿童的著作,但实际生活中和孩子的关系并不算太亲密,他平时很忙,对种地也不感兴趣,只想快一点干完。尼奇则手舞足蹈,将种子抛向天空。赛利格曼叫她别乱来。女儿却跑过来对他说:"爸爸,我能与你谈谈吗?""当然。"他回答说。"爸爸,你还记得我五岁生日吗?我从三岁到五岁一直都在抱怨,每天都要说这个不好那个不好,当我长到五岁时,我决定不再抱怨了,这是我从来没做过的最困难的决定。如果我不抱怨了,你可以不再那样经常郁闷吗?"

赛利格曼产生了一种闪电般的震动,仿佛出现了神灵的启示。他太了解尼奇的成长,太了解自己和自己的职业。他认识到,是尼奇自己矫正了自己的抱怨。培养孩子不是盯着他的短处,而是要认识并塑造他的长处,即他拥有的最美好的东西,将这些最优秀的品质变成促进他们幸福生活的动力。这一天也改变了赛利格曼的生活。他过去的50年都在阴暗的气氛中生活,而从那天开始,他决定让心灵充满阳光,让积极的情绪占据心灵的主导。继而,赛利格曼将这种关心人的优秀品质和美好心灵的心理学定位为积极心理学。

积极心理学是致力于研究人的发展潜力和美德的科学。赛利格曼认为积极心理学的力量,是帮助人们发现并利用自己的内在资源,进而提升个人的素质和生活的品质。每个人的心灵深处都有一种自我实现的需要,这种需要会激发人内在的积极力量和优秀品质,积极心理学利用这些内在资源来帮助普通人或具有一定天赋的人最大限度地挖掘自己的潜力,并以此获得美好的生活。

(一)关于积极的解释

大多数人对积极理解有偏差。人们倾向于认为,积极是指一个人通过努力取得了成功,取得了显赫的社会地位或经济地位。人们谈到积极首先想到社会精英，如名演员、企业家、首富、体育明星等。其实，这种积极不是指人的内在的积极，而是外在的积极，我们所说的积极是人的一种出色的心理素质和生活态度。积极的意义是相对的，它不是一个固定结果和结局，积极是一个行为过程，包括过程体验。

积极与个人处境有关，是指个人选择一个最能适应的环境和最能发挥最大潜能的行为，是一个人把所有力量都运用到极限而问心无悔的人生态度。一个身患绝症的人和一个处于创作状态的作家，虽然所面临的人生状态如此不同，但在积极状态上是一样的，他们都可能是积极的。只不过前者在与疾病做斗争的过程中感受到生命的勇气，后者处于创作高峰而感受到生命的激情。两者相比，没有量的规定，但在质的规定上是一样的。

积极只能与消极相比，或者与心理不健康相比，而不能与另一个积极评价相比。积极是指主观上的感受，包括一个人的认知、情绪和行为，积极只能与自己的过去感受相比。我们不能比较两个人的积极，科学家和下岗工人都有自己积极的一面，前者是在实验室中对科学的献身，后者可能体现在对小时工的敬业中。积极是一个带有价值导向的概念。在某一文化进程中对于何谓积极品质具有不同的看法。一个优秀的人在什么方面表现出色，是一个复杂的问题。如过去，我们认为节约、贞洁、谦卑、沉默是积极的品质，而现代社会则更注重创新、自主、主动和外向。

积极状态不排除外在的指标，一个处于积极状态的人可以拥有外在的高成绩和高分数、高的经济地位和社会地位，但积极状态主要不是指这些外在的东西，这只是一个人奋斗和机遇的结果，是一些与人性无关的数字。积极状态是指一个人所具有的出色的综合心理素质，是积极的人生态度。这种心理素质促使一个人热爱自己，热爱他人，热爱这个世界，拥有快乐和幸福。

积极并不总是指一个人征服外部世界，积极地把每一件事情都去办好。神经症的人有时就过于征服世界和追求完美了，他们的欲望超越了自身能力范围，在需要和改造世界面前过于用主观意愿取代现实的客观。比如，当一个强迫症的病人因为屡屡为家中煤气是否关掉而焦虑不安的时候，他觉得事事都是可为的，只要我把事情做到尽善尽美，就一定会万无一失。可是，这种脱离现实的可为，恰恰可以理解为过分的欲望，是不合理的，它不是真正的积极，而只能导致矛盾和冲突的消极。真正的积极有时包括一种无为，一种面对现实的客观和如实接受,接受该接受的,做自己能做的,看上去很无奈,但它却是最佳的积极。

(二)积极心理的表现

赛利格曼教授曾经开创了"习得性无助"理论的研究,解释人们在经受长期的反复的失败之后的心理和行为反应。有趣的是,正是从"习得性无助"的研究中,他意识到心理学中未被重视的一个误区。他注意到心理学研究和心理学理论中的一个不平衡现象,那就是心理学家只关注如何纠正人们的病态心理,并不关心如何帮助人们建立积极的健康心理。据他的统计,每一百篇关于消极心理(如悲伤、忧郁、愤怒等情感)的文章,才能找到一篇关于积极心理的文章。他借用了一个医学上的类比来强调他的观点。他说这就像医生只注意治疗疾病,但不关心预防和保健。于是他反其道而行之,开始了他的"习得性乐观主义"的研究,也就是这一研究开创了积极性心理学的先河,同时开创了积极心理成长途径的研究。

1. 指向未来的积极——乐观

学校和社会倾向于认为一个人的成功取决于其能力和动机欲望,如果一个人拥有天分并且很努力地投入学习或工作,他就一定会获得成功。赛利格曼认为,当一个人天分和意愿都很充分时,失败也可能发生,仅仅因为这个人是一个悲观的人。赛利格曼提出了一个新的成功公式:成功=能力+动机+乐观,认为乐观能够提高行动的效率和战胜困难的勇气,有助于一个人走向成功。

赛利格曼的一个博士研究生做了一个实验,他给老鼠注射了癌细胞,将老鼠安排于不同环境中。第一组老鼠可以通过逃避(如碰开关)而成功地摆脱电击(乐观组)。第二组则在第一组成功逃避电击时候被电击,因为第一组碰到开关的同时接通了第二组的电击线路,它们无论如何也逃避不了电击。第三组老鼠在没有危险的环境中。经过一段时间发现,第一组老鼠中患癌症的大约只有四分之一,第二组为四分之三,而最后一组有二分之一的老鼠得癌症。这一研究一方面说明乐观是可以通过环境来加以改变的,另一方面说明积极的心理素质可以提升免疫力。

那是公元 14 世纪的一只普普通通的蚂蚁。

一位将军被强大的敌人打败了,他的军队溃不成军,将军也被迫躲进一个废弃不用的马槽里,躲避敌人的搜捕。那只蚂蚁恰好也在马槽里忙着自己的营生,它在努力地扛着玉米粒,试图爬上一堵垂直的"墙";蚂蚁当然不会知道将军的一些事情,但将军的目光和心智却被它吸引了……

那粒玉米的重量不知是蚂蚁体重的多少倍,也许不亚于人类去托一头大象吧!第一次,玉米粒被它稍稍顶起,很快又掉下来,蚂蚁似乎连一丝的犹豫也没有,接着开始再次的努力。将军屏神静气地注视着蚂蚁的一切,一次,两次,三次,四次……将军默默数到了第69次,这次玉米粒被蚂蚁顶上去了,但又掉了下来。将军想,蚂蚁不可能成功了,69次的失败就是证明。就在这时,奇迹出现了,蚂蚁终于把那颗玉米粒推出了"墙头"。

将军被感动了,也找回了失落的自信心。后来重整军队,把敌人打得落花流水,他的帝国版图从里海之滨一直延伸到恒河沿岸,建立了莫卧儿王朝。

2. 指向现实的积极——自我接纳,坦然接受不完满

著名小品演员潘长江有一句台词非常经典:"我整夜、整夜睡不着觉,我总在寻思、寻思,我咋就这么有才呢?"很多人认为这句台词很幽默,其实它反映的是社会上很多人太缺乏积极的自我意识了,甚至认为自我欣赏只是一种幽默的表示。

积极意味着热爱自己,珍惜自己的生命。积极的人并不是一个轰轰烈烈的、四处张扬的人,而是一个平凡而实在的人。面对自我或者自我独处时,他们十分平静,坦诚并且从容,能接纳自我,肯定自我,拥有一个既平凡而又务实的心。

一棵树不会因为长了一个疙瘩而自我埋怨,它不会对自己说:"真难看,我怎么这么倒霉,这个疙瘩长在谁的身上不好,偏偏长在我的身上。"但是,要求一个人做到这一点非常不容易。

如实接纳自我需要极大的勇气,承认人的不完美,承认自己的不足,接纳自己的全部,包括缺点,是一件让人不舒服的事情,会本能地引起人的防御。一般人很容易回避自己的缺点,掩饰自己的短处。让一个人展示自己的风采是很容易的,但是如果让一个自尊心强、爱面子的人承认并且接纳自己的缺点,是一件令他恐怖的事情。

我们不承认、不接纳自身的缺点,这些缺点和不完美也是客观存在的,就像一个跛足的人无论如何掩饰,走路还是一瘸一拐的。每个人都是不完美的,生活本来就不是十全十美的,你的需要不可能总是得到满足,需要不会因为是你的而得到命运的特别恩宠。

积极的人认同自己,包括自己的缺点,正视自己存在的完整性,不因为自己有缺点或一件事做不好而过分指责。他们认识到自己是唯一的,是未经过自己的同意就来到了这个世界,来到这个世界就要先受遭遇,后有生活。生活不完全取决于个人的选择。

3. 指向过去的积极——遗忘、宽容与感恩

每个人都在一定程度上生活在过去,当一个人一觉醒来时,一天还没有开始,他可能首先想到的是过去。过去的生活不断地影响和塑造了自我,可以决定一个人对现在和未来的看法。

在咨询中我们经常发现,许多心理不健康的人总是和过去过不去,每天沉湎于对过去痛苦的回忆中,不断"反刍"着这些有害的想法和经历,而且不可遏制地去"咀嚼"这些不幸福的记忆。

对于过去的经历,积极的心态是什么呢?对于过去已经定型的事情,我们应该如何去感知和对待它们呢?积极心理学认为,生活中有一些经历是毫无益处的,他们的唯一意义就是用来被遗忘,尤其那些负面的、令人痛苦的经验。

案例三

心理学家曾经做过一个实验。第一步,挑选聪明和愚笨的老鼠,用走迷宫的实验来筛选个体。如果老鼠学习走迷宫速度很快,一学就会,则作为聪明组成员;如果那只老鼠总也不会走迷宫,说明它学习能力差,则作为愚笨组成员。第二步,将两组老鼠安置在一个特殊的笼子里,笼子通上电,分别对两组老鼠实施电击。结果表明,聪明组的老鼠经受了电击后,受到的打击较大,消极行为反应更为严重,如吃不下食物、睡不着觉,焦虑不安,惊恐万分;而愚笨组的老鼠则相对平静一些,能够进食,适当地睡眠,反应不那么强烈。不久,聪明组的老鼠由于经受不了恐惧和焦虑而纷纷死亡,而愚笨组的老鼠则生存得更为长久。

在电击情形下,聪明组的老鼠凭借其记忆力把电击的表象贮存于大脑中,最终因承受不了紧张的压力而死亡。而愚笨组的老鼠反应不那么强烈,它们还有心思做一点别的事情。在挫折情形下,善于遗忘的人是幸福的,心理是健康的,不能遗忘意味着不能免于痛苦。所以,遗忘对于某些聪明的人,是一门要学习的技巧,更是人生的修养。

我们所面临的处境是个人无法选择的,但是个人的态度和想法是可以选择的,只有人的理性和正确的想法才能够使人摆脱消极的情绪。当一个人纠缠于某一想法的时候,我们可以参照两个标准来决定是否应该选择遗忘:第一,纠缠于这样的想法或者思考,有利于自己的主观幸福吗?第二,如果你这样想问题,虽然令你痛苦,但是有利于解决困扰和问题,使你效率更高,你便可以选择去想这个痛苦的问题。

对于过去痛苦的回忆,我们还需要学会宽容。有时别人对你的伤害已经发生,仇恨已经无法挽回,时光不能倒流,当时伤害你的那个人可能的确不讲理,不公正对待你,但是事情已经结束,新生活不会因为这个伤痛而停滞,人最好学着忘记,原谅这些过错。我们不能因为别人的错误在心理上继续伤害自己。

在美国艾奥瓦大学有一封信的复制件被保存在这所学校已故的副校长曾工作过的房子里,那是一封让我们中国人难以理解的信。那位副校长名叫安·柯莱瑞,她是艾奥瓦大学最有权威的女性之一。很久以前,她的父亲曾远涉重洋到中国传教,她成了出生在中国上海的美国人,她对中国人有特殊的感情。她终身未婚,对待中国留学生就像对待自己的孩子一样,无微不至地关怀他们,爱护他们,每年的感恩节和圣诞节总会邀请中国留学生到她家中做客。

不幸的事情发生在1991年11月1日,那是一起震惊世界的惨案。一位名叫卢刚的中国留学生,在他刚获得艾奥瓦大学太空物理博士学位的时候,开枪射杀了这所学校的三位教授以及一位和他同时获得博士学位的中国留学生山林华,这所学校的副校长安·柯莱瑞也倒在了血泊中。

1991年11月4日,艾奥瓦大学的28 000名师生全体停课一天,为安·柯莱瑞举行了葬礼。安·柯莱瑞的好友德沃·保罗神父在对她的一生回顾追思时说:"假若今天是我们的愤怒和仇恨笼罩的日子,安·柯莱瑞将是第一个责备我们的人。"

这一天,安·柯莱瑞的三位兄弟举办了记者招待会,他们以她的名义捐出一笔资金,宣布成立安·柯莱瑞博士国际学生心理学奖学金基金会,用以安慰和促进外国学生的心智健康,减少人类悲剧的发生。

她的兄弟们还在无比悲痛之时,以极大的爱心宣读了一封致卢刚家人的信。信中写道:我们经历了突发的剧痛,我们在姐姐一生中最光辉的时候失去了她。我们深以姐姐为荣,她有很大的影响力,受到每一个接触她的人的尊敬和热爱——她的家庭、邻居,她遍及各国学术界的同事、学生和亲属。我们一家从很远的地方来到这里,不但和姐姐的许多朋友一同承担悲痛,也一起分享姐姐在世时所留下的美好回忆。当我们在悲伤和回忆中相聚一起的时候,也想到了你们一家人,并为你们祈祷。因为这个周末你们肯定是十分悲痛和震惊的。安最相信爱和宽恕。我们在你们悲痛时写这封信,为的是要分担你们的悲伤,也盼你们和我们一起祈祷彼此相爱。在这痛苦的时候,安会希望我们大家的心都充满同情、宽容和爱。我们知道,在此时比我们更感悲痛的,只有你们一家。请你们理解,我们愿和你们共同承受这份悲伤。这样,我们就能一起从中得到安慰和支持。安也会这样希望的。

有些人认为宽容是软弱的表现,宽容别人、原谅别人是一件丢人的事情,对于别人的伤害或不公正一定要奋起反击。倘若这样,仇恨、复仇就是无休止的循环,何时才能有最终的了断?而且这些不宽容的行为必然与愤怒、挫折、自卑、残忍等消极情绪密切相关。

宽容是从更高的角度对个人恩怨的一种领悟。宽容的人往往从善良、过失、人的不完美的立场看待问题,看到的都是人性中积极的方面。宽容是一种积极的心理品质,也是战胜消极心理的强大力量。

在我们回忆过去的时候,我们还可以想到别人曾经给予过自己什么,当我们总是考虑别人的好处的时候,我们也是快乐的,这就是感恩的力量。如果一个人总是想着父母的养育之恩,总是以一种感恩的心情活着,总是在想应当如何报答别人,他的生活一定是有意义的。他将调动自身的力量去帮助别人,同时,也会看到人性的善良的一面,他的善良将和别人的善良产生相互感应。

4. 积极的爱

爱的体验是人与人之间的一种关切与关心,是一种正向的感情。但是,爱也可以分成积极的爱和消极的爱,但凡有利于感情表达,有利于促进双方信任、理解、沟通的爱都是积极的;相反,不利于感情表达、破坏理解、破坏信任的爱是消极的。

美国心理学家弗洛姆认为爱本来就不是由某一特定对象所引起的外在的东西,而是隐含在人内心的一种缠绵之情,某一特定对象只是使它现实化而已。爱的目的是使某一对象获得幸福、发展、自由。

爱就是给予,在爱的过程中的给予是完全的、自觉自愿的,是毫无目的的。在爱的一方看来,能够给予对方就是最大的快乐,而不考虑得到什么。积极的爱有四个特征:关切、责任感、尊重和了解。也就是说,爱就是对生命以及我们对所爱之物生长的积极的关心,对他人负责就像对自己负责一样,是对他人的独特的个性的尊重和了解。

美籍精神分析心理学家弗洛姆在论述积极的爱的时候,对现在的爱情进行了透彻的分析,并指出当下人们对爱情的三种错误认识:

(1) 大多数人认为爱情首先是自己能否被人爱,而不是自己有没有能力爱的问题。因此对他们来说,关键是:我会被人爱吗?我如何才能值得被人爱?为了达到这一目的,他们采取了各种途径。男子通常采取的方法是在其社会地位所允许的范围内,尽可能地去获得名利和权力;而女子则通过保持身段,利用服饰打扮,使自己富有魅力。男女都喜欢采用的方式是使自己具有文雅的举止、有趣的谈吐以及乐于助人、谦虚和谨慎的品质。

(2) 很多人认为在爱这件事上并无可学,他们认为爱的问题是一个对象问题,而不是能力问题。他们认为爱本身十分简单,困难在于如何找到爱的对象或被爱的对象。

(3) 第三个错误是人们不了解"堕入情网"同"持久的爱"这两者的区别。如果我们用 falling in love 和 being in love 这两个英文表述,也许就能更清楚地区分这两个概念。两个相互陌生的人,当他和她突然决定拆除使他和她分隔的那堵高墙，相许对方，融为一体时，他俩相结合的一刹那就成为最幸福、最激动人心的经历。这一经历对那些没有享受过爱情的孤独者来说就更显美好和不可思议。这种男女之间突如其来的奇迹般的亲密之所以容易发生，往往是同异性的吸引力密切相关或者恰恰是由此而引起的。这种类型的爱情就其本质来说不可能持久。"两个人虽然慢慢熟谙对方，但他俩之间的信任会逐渐减弱，直到产生隔阂、失望和无聊，把一息尚存的魅力都抹掉为止。当然一开始双方都不会想到这点。事实上：人们往往把这种如痴如醉的入迷、疯狂的爱恋看作是强烈爱情的表现，而实际上这只是证明了这些男女过去是多么的寂寞。"（弗洛姆《爱的艺术》）

积极的爱能让人随时随地在心灵上捕捉爱情的愉悦，能从仁慈、建设、关心、幽默、天真等方面体验爱情的美好，乐观地相信对方是爱自己的，生活是美好的，每一天都是有意义的。相爱的人在相爱的路上，他们觉得相爱就像走路。既然是走路，就要欣赏风景，体验爱情的快乐就是欣赏路旁的风景。

5. 从小行动开始

一个故事说的是：因为失了一颗铁钉，掉了一个马掌；掉了一个马掌，折了一条马腿；折了一条马腿，摔了一匹马；摔了一匹马，翻了一个将军；翻了一个将军，败了一场战争；败了一场战争，亡了一个国家。这个故事，其实指的就是1485年英国国王查理三世准备的波斯沃斯战役。这场战役因将军的马的马掌少了一个铁钉而失败，国王查理也因此被俘而失去了对国家的统治权。中国也有许多反映同样意思的古语，如"千里之行，始于足下""千里之堤，溃于蚁穴"等。

一个人的积极心态也要从小事开始塑造、培养。从叠好每天的被子、打扫好自己居住的房间、搞好个人卫生开始，给自己塑造一个良好的生活环境。许多学生习惯于早晨起床不叠被子，鞋袜乱扔，生活在邋遢的环境的人是不会有精神的。从现在开始，叠好被子，把鞋子放到规定的地方，将书桌整理干净。良好的环境可让人的视觉得到美的滋养，让人心情愉悦，"佳境育美德"，给每天的生活一个积极的铺垫。

生活要有规律化。不要每天开卧谈会，或玩耍至深夜，早晨起不来，白天无精打采。要建立一个符合人体生物钟的作息时间表，生活规律化，睡眠充足，头脑清晰，才能有好的心态。

6. 不自我设限

科学家做过一个有趣的实验:他们把跳蚤放在桌上,一拍桌子,跳蚤迅即跳起,且能跳起身高100倍以上的高度,跳蚤堪称世界上跳得最高的动物!然后在跳蚤头上罩一个玻璃罩,再让它跳,这一次跳蚤碰到了玻璃罩。经连续多次碰罩后,为了适应环境,它改变了起跳高度,每次跳跃总保持在罩顶以下高度。接下来逐渐改变玻璃罩的高度,跳蚤都在碰壁后被动改变跳起高度。最后,当玻璃罩接近桌面时,跳蚤不再跳起了。科学家此时把玻璃罩打开,再拍桌子,跳蚤仍然不跳,跳蚤变成"爬蚤"了。跳蚤变成"爬蚤",并非它丧失了跳跃的能力,而是它经过一次次受挫学乖了,习惯了,麻木了。最可悲之处在于,当玻璃罩已经不存在时,它却连"再试一次"的勇气都没有。玻璃罩已经罩在了潜意识里,罩在了心灵上。行动的欲望和潜能被自己扼杀!科学家把这种现象叫作"自我设限"。

很多人的遭遇与此极为相似。在成长的过程中特别是幼年时代,遭受外界(包括家庭)太多的批评、打击和挫折,于是奋发向上的热情、欲望被"自我设限"压制封杀,没有得到及时的疏导与激励。既对失败惶恐不安,又对失败习以为常,丧失了信心和勇气,渐渐变得懦弱、犹疑、狭隘、自卑、孤僻,害怕承担责任,不思进取、不敢拼搏。在学习和生活中最明显的表现就是随波逐流,不敢再有梦想,原来的理想及对成功的渴望全部被扼杀了。

心之所限就是我们的终点。我们每一个人必须打破自己为自己所设的疆限。如你心目中,有没有一种声音"我不会……""我不可能做到……""我不行……"等,如果有,打碎它!

当然,不设限,并不是盲目地梦想。要制定切实可行的步骤与方法,努力实现目标。比如,你看到别人滑冰滑得很漂亮,很羡慕。若你心中说,我这么笨拙怎么可能滑出这么美的弧线呢!这就是你为自己设限了。实际上我们完全可以这么想:我不会滑冰→我目前不会滑冰→如果我找到一个教练,我就可能会滑冰→我去找一个教练教我滑冰→我会滑冰。这就是不为自己设限,并切实可行地为自己找到突破自我限制的方法。

五、开展心理健康教育的意义

日常生活中,每个人都有两个基本需求:一是解决心理与行为上的种种冲突、障碍与困惑;二是充实自我、完善自我,维护心理健康,提高生活质量。在现实生活中,人们并没有将这种内在的心理需求与心理学联系起来,我们认为不管是为了适应社会的需要还是为了心理学学科的发展,我们都需要有一种应运而生的"心理健康教育"。

关于对"心理健康教育"的理解,有这样的一个故事,很能说明其深刻的内涵:有三个打鱼人,聚在一个河潭边钓鱼,钓鱼时他们发现有人从上游被冲进水潭,正挣扎着求救。其中一个打鱼人跳入水中把落水者救上来,并用人工呼吸等方法予以抢救。但在这时,他们又见到另一个被冲下来的落水者,另一个打鱼人又跳入水中把他救了上来……可是,他们同时又发现了第三个、第四个和第五个落水者,这三个打鱼人已经手忙脚乱、筋疲力尽了。此时,有一个打鱼人似乎想到了什么,他离开现场去了上游,劝说人们不要在这里游泳,并且在入水处插上一块木牌以示警告。可是,仍有无视警告者被冲入水潭,三个打鱼人仍然要忙于从水中救人。后来,其中一个打鱼人最终似乎醒悟了,他说这样做仍然不能从根本上解决问题,他要去教会人们游泳。这是解决问题的关键,因为有了好水性,那么即使人被冲下深水或急流中,也能够独立应付,不至于深陷危急中甚至于付出生命了。

我们从这个故事中受到了很大的启发,也领会了许多道理。如果以此来比喻心理咨询与治疗,第一步,跳入水中抢救落水者的工作就好比心理治疗,这是一项艰巨而充满意义的工作。但心理治疗往往需要花费治疗者相当多的时间和精力,被治疗的人往往感受着深刻的痛苦和不安。第二步,打鱼人去上游对人们进行劝说,这就好比是心理咨询,这也是一项充满意义的工作,但一般来说,它也只是对来咨询者发挥影响。第三步,那位最终醒悟了道理的打鱼人,那位立志要去教人们水性的打鱼人所做的工作,就好比是"心理健康教育"了。他找到了"落水者"需要被抢救的根本原因——水性不好,并着眼和致力于从教会人们游泳这一根本原因上来解决问题。

心理健康教育以实现心理学自身的意义和价值为目标,以培养和完善人格,提高人们的心理素质,提升人们的生活质量为目的。在一般意义上,它包括心理咨询与辅导,但是以主动的心理预防为主,治病于未病,防患于未然。心理健康教育不是将自己的服务局限于一些具有心理疾病的特殊对象,而是面向所有的人,面向所有普通与正常的人。它是一种特殊的教育,是一种以心理学为主体的教育。心理健康教育尤其重视儿童、青少年的教育,就像"打鱼人"找寻到了"溺水者"的上游,心理健康教育也应从人的"上游"童年和青少年做起。大凡成人所表现出来的心理疾病,或多或少来源于童年、青少年的体验和遭遇。

"水性的好坏"对于"落水者"是至关重要的,"心理素质"对于一个人的生活也有着同样的意义。心理素质将在很大程度上决定一个人的心理健康的状态,而心理健康的状态又会决定与影响一个人的整体的健康状态;心理素质将在很大程度上决定一个人对生活的感受,这种感受又将决定一个人的终生幸福。就意义而言,心理健康教育体现为三个层面的价值:心理健康的维护、心理素质的培养、生活质量的提升。

第二节 心理健康与自我成长

心理健康影响一个人的整体健康状态,在一定程度上决定一个人的终生幸福。然而,在现实生活中,每个人都有或大或小、或多或少、各种各样的心理问题或心理困惑。大学生中出现的心理问题,绝大多数是成长中遇到的发展性问题,是在这个年龄阶段很容易产生的心理矛盾、冲突和困扰,如同青春期骨骼快速生长所引起的关节疼痛一样,这是青年大学生在心理快速成长过程中的心理"成长痛"。我们只有认识、了解并处理好这些"成长痛",方能健康地自我成长。

一、大学生常见的心理困扰

(一)适应性问题

适应性问题一般出现在初入大学的时期。新入学的大学生,脱离了熟悉的环境和熟悉的人,且大学的学习和生活与中学有本质区别,需要更多的自我控制和自我调节。这种对大学生活的不适应主要表现为:大学生对作息时间和学校管理方式的不适应;学生之间不同的个性和生活习惯也容易产生沟通障碍;独立能力欠缺,有些大学生容易产生孤独、自卑心理,体现为不愿与他人交往,过分思念家乡及亲人等。由于生活上的适应不良,大学生易产生失眠、多梦、食欲不振、焦虑、恐惧、自卑等身心问题。

(二) 学习问题

大学生的学习有其自身的特点。在学习内容上专业化程度较高,职业定向性强,学科内容有很多不确定性和争议性,课程中有很多需要动手和实践的内容;在学习方式上注重自学,需要大学生具备更多的独立性、批判性和自主性,并且常常需要课堂内外与学校内外相结合的学习。这些都给大学生带来新的学习上的挑战。大学生在学习上的主要问题包括学习压力大、学业成绩不良、学习动力不足、学习方式的不适应等。

(三) 人际交往问题

在大学生人际交往中,常见的心理问题主要表现为以下几个方面。

1. 自卑心理

自卑心理常常使人表现出忧郁、悲观、孤僻。社交自卑是指人在社会交往中的自卑心理,这种自卑心理容易使人孤立、离群、丧失信心。社交自卑感严重的人大多性格内向、感情脆弱、体验深刻、多愁善感,常常自惭形秽,经受不起刺激。

2. 孤独心理

孤独心理是一种经常独处或受到孤立而很少与人接触后产生的孤单、无依无靠的心理。长期的孤独心理会使人心情郁闷、精神抑郁、性格古怪,严重影响人的身心健康。

3. 嫉妒心理

在社会生活中,人总会自觉地在多方面与他人比较。当发现自己的才能、机遇、名誉、地位不如他人时,便会产生一种羞愧、怨恨、愤怒相混合的复杂的心理,即嫉妒心理。

4. 猜疑心理

猜疑心理是一种由主观推测而产生的对外界和他人不信任的复杂的不良心理。猜疑心理重的人常常疑心重重,总觉着别人在背后议论自己,看不起自己,算计自己。

5. 报复心理

报复心理强的人,在工作、生活以及社交活动中受到挫折时,会主动攻击给自己造成挫折的人,以发泄自己内心的怨恨与不满。一般性格暴躁、情绪易激动的人容易产生报复心理。

(四)恋爱及性心理问题

大学生有时难以把握住自己的情感,不能正确对待恋爱方面的问题,易冲动,好走极端。当前大学生恋爱的不良倾向主要表现为轻率化、公开化、肤浅化、游戏化等。大学生会表现出对性知识的兴趣,对异性的爱慕,甚至有些大学生出现性幻想、性冲动以及自慰行为,如果态度不端正,又缺乏科学的性知识,就常常会陷入苦闷和彷徨之中。

(五)情绪问题

1. 抑郁

抑郁是大学生最为常见的情绪困扰,主要表现为对事情悲观失望、消沉愁闷、郁郁寡欢等。抑郁情绪很常见,人人均可出现,当人们遇到精神压力、生活挫折、痛苦境遇、生老病死、天灾人祸等情况时,很容易会产生忧郁情绪。但是,抑郁情绪和抑郁症有显著差别。

2. 焦虑

焦虑也是一种常见的情绪反应,是由模糊的危险刺激所引起的一种强烈的、不愉快的情绪体验或心理状态,主要伴以紧张、恐怖的情绪,并引起相应的生理变化。如果持续过久,且蔓延到生活中各个方面,就有可能发展为焦虑症。大学生的焦虑主要分为以下几种。

(1)考试焦虑。这主要表现在迎考及考试期间出现过分担心、紧张、不安、恐惧等复合情绪障碍,还可伴有失眠、消化机能减退、全身不适和自主神经系统功能失调等症状。

(2)择业焦虑。它是指毕业生在落实工作单位之前表现出来的焦虑不安。例如,心情烦躁,意志消沉,忧心忡忡;整天闷闷不乐,疲劳不堪;食欲不振,睡眠不良。

(3)社交焦虑。在社交场合中,社交焦虑者在生理方面会表现出面部肌肉僵直、不自然,身体的某些部位不由自主地发抖,心跳加快,手心冒汗等症状;在心理上,感到别人都在盯着自己,看到了自己的紧张表现,甚至猜疑别人在内心嘲笑自己。所以,社交焦虑者在社交场合中,会尽量逃到不被人注意到的角落,而且尽量不发言,以减轻紧张感。

（六）人格问题

大学生中出现的人格问题,主要表现为在日常生活中盲目自卑、狂妄自大、病态恐惧、极度倔强、刻板固执、过分追求完美等。严重者可以发展到各种人格障碍的地步。

（七）网络成瘾

网络成瘾又称互联网综合征、网迷等,是指过度使用和依赖互联网所引起的心理、精神、躯体等一系列综合症状。主要有以下四种类型:①网络游戏成瘾,网络成瘾的大学生迷恋于虚拟的网络游戏世界里,不能自拔,因而影响在校学业和正常的人际交往;②网络人际关系成瘾,有些大学生过度地卷入网络人际关系中,如利用QQ、微信等聊天工具结交网友,忽视现实生活中的人际交往,忽视家人和朋友;③网络色情成瘾,有些大学生对成人聊天室和色情作品上瘾,如强迫性地使用成人网站、色情网站以获得满足;④网络信息下载成瘾,有些大学生强迫性地浏览网页,下载和收集大量的信息,有时大肆转发给其他人,而不管其对自己或对别人是否有用。随着智能手机的普及,网络成瘾现象直接侵入课堂,很多学生带着手机进教室,一边听课,一边玩手机,成了"手机控"一族。

二、大学生的自我成长

大学给我们带来的是新视野、新生活、新发展,同时也给我们带来新问题,我们会遇到种种成长的烦恼,甚至陷入心理困境,难以自拔。如何在新的环境中完成个人的自我蜕变和心理成长,是每一个大学生值得思考的问题。

（一）悦纳新的环境

每个大学生在进入大学之前,在内心已经描绘出了一幅关于大学的美妙蓝图,但是这个蓝图有时候过于理想化、主观化。不管自己是抱着什么样的心态和感受走进大学的,也不管现实的学校与理想的学校之间有多大的差距,我们必须首先学会承认和接受当下的现实,然后再对心中的"理想国"进行调整,逐步回归现实,减少内心的落差和失衡。"这山望着那山高""风景那边都好"的心态并不总是催人奋进的良药,有时候它可能会成为摧毁你的意志和努力的"迷魂药"。泰戈尔曾经说过,"如果错过了太阳你流泪,那么你也将错过月亮和星辰"。大学新生需要熟悉校园环境,悦纳校园文化,悦纳集体生活。

（二）确立合理的目标

理想的目标是人类生活的动力,目标对于大学生的适应与发展具有极其重要的作用。许多大学生进入大学以后都会出现一个目标的"真空期",中学时我们以考上大学为目标,当考上大学的目标实现了,对未来则缺乏新的目标。其实,对于我们的人生而言,大学是理想的"此岸",而不是"彼岸"。当人们没有目标的时候,会感到迷茫和空虚;目标过低时,就会缺乏动力;目标过高时,又会因为达不到理想而失望。如何确定合理而有效的人生目标,做好自身的发展规划,是大学生涯的一个重大课题。

（三）养成良好的习惯

习惯是因为重复或联系而巩固下来的自动化的行为方式。健康有序的生活习惯会使大学生生活规律、精力充沛、身体健康,从而高效率地完成繁重的学习任务。作为当代大学生,一定要学会自己照顾自己,独立处理生活中的问题,过好生活关,从点滴做起,在做中学,在做中成长,并逐步形成良好的习惯。具体可以从以下几个方面入手:①学会合理分配和使用时间。有研究表明,大学生时间管理能力越强,则成就动机越强,自尊水平越高,健康状况会更好,主观价值观和幸福感都会更强。大学生要学会区分轻重缓急,切记拖拖拉拉,夸夸其谈,要学会使用日程安排表。这既是出色完成学业的需要,也是个人能力成长的需要。②养成良好的饮食习惯。③坚持锻炼身体。文武之道,一张一弛,学习之余参加一些文体活动,不但可以缓解刻板紧张的学习生活,还可以放松心理,增加生活乐趣,有助于提高学习效率。④合理安排业余生活。⑤管好自己的"钱袋子"。⑥适当参加勤工助学。

（四）调节不良的情绪

个体的消极情绪必须得到有效的宣泄才能保持心理的平衡。如果抑郁的情绪得不到发泄,随着挫折的增多,消极情绪就会不断积累,最终超过人们的心理承受能力进而导致心理失衡。学会排解负面情绪是一种非常重要的心理调节方法。这种方法就是人为创造出一种情境,表达、发泄自己被压抑的情绪,通过宣泄达到心理平衡。大学生面临着社会、环境和角色的改变,难免会产生不良情绪。如果得不到及时的宣泄,轻者会情绪低落,重者则会产生恐惧、焦虑、烦躁等情感障碍,影响个人的适应与发展。

大学生要逐步学会根据自己的需要调节自身的情绪,具体有以下几个方面。

1. 不要过分苛求自己

俗话说,希望越大,失望也就越大。在现实生活中,不少人的挫折感均来源于对自己的期望值过高,过于苛求自己。因此,我们要学会以平和的心态待人处事,学会给自己留下一定的空间,把目标锁定在力所能及的范围之内。而不是好高骛远、四处出击,要求自己事事超过别人。同时,对任何人、任何事情的期望值都不必太高,这样,当事情的发展脱离了预设的轨道时,就不会产生强烈的挫败感。

2. 学会妥协

人的一生会有许多愿望和追求,但由于主客观条件的限制,不可能一一实现,需要我们学会放弃和妥协。否则,我们就会被这些欲望和目标拖累,失去人生的洒脱和生活的乐趣。就像一个登山者,若一心想登上顶峰而急于赶路,结果忘记了欣赏沿途的风景,那么,登山的乐趣也就无从体现,即便站在山顶,想想自己的付出与所得,也会有不平衡的感觉。

3. 学会自我安慰

自我安慰也称合理化辩解。个体遭受挫折后,为了维护自尊,减少焦虑,就会找出种种理由为自己辩解,增加自己的行为的合理性和可接受性,以起到减轻心理压力、获得自我安慰的作用。合理化的辩解有助于精神安慰。在社会生活中,人们的需要不可能全部获得满足,进行自我安慰可以使人的内心达到平衡。要学会和境遇不如自己的人比较,不要总是与比自己强的人比较,那样会加重心理不平衡。所谓"酸葡萄理论"和"甜柠檬理论"就是自我安慰的方式。

4. 运用心理调节方法

心理学上关于自我调节的方法很多,大学生完全可以通过自我学习或者通过心理课堂学习等途径掌握,主要有自我暗示法、自我宣泄法、自我放松法、移情转移法、顺其自然法等。

三、走进心理咨询——自我成长的专业助力

案例六

赵同学来自一个大城市富裕家庭,是独生子女,从小被父母视为掌上明珠。入学近一年,遇到了诸多困难,其中最大的困难是难以和同学,尤其是同寝室同学和睦相处。目前,同寝室的其他七位同学均和她

发生过矛盾,她感到孤独、寂寞,承担着巨大的精神压力。她也试图改变这种现状,但均以失败告终,于是向父母提出了终止学业的请求。当心理辅导老师向她问及和同学发生矛盾的原因时,她便滔滔不绝地道来:王××住在我的上铺,晚上睡觉总是打呼噜,我实在忍受不了,向她提出了意见,她就和我发生口角。李××有一个坏习惯,总是喜欢坐在我的床上和别人讲话,我平时最讨厌别人坐我的床,在家里连我爸妈都不可以坐我的床,于是我就和她发生了争吵。一次孙××在寝室里用我的水杯招待其他同学被我发现,我和她发生了争吵,因为我平时最讨厌别人用我的水杯……

案例中赵同学的情况,在很多新生中不在少数。这种不能够接纳别人,包容别人,缺乏与他人善意相处的问题,如果在入学之初不能很好地解决,后面就会引发一系列的问题。离家的不适感、校园生活节奏的加快、学习压力的增大以及同学间人际关系的复杂等问题,让许多新生无所适从,他们常常出现情绪困扰,由此也带来了其他问题。目前,很多高校已建立了心理咨询机构并开展了心理咨询活动,但很多同学对心理咨询认识不够,误认为接受心理咨询的人都患有严重的心理疾病甚至精神疾病,不知道如何借用外界的力量来帮助自己解决一些心理困扰和问题,从而影响自己在大学正常的生活和学习。因此,转变大学生对心理咨询的认知,提高他们主动求助的意识,增强自我救助的水平,非常重要。

(一) 什么是心理咨询

关于"咨询",在汉语的解释中有商讨、询问、会谈等意思。关于"心理咨询",国内外至今尚无公认的统一定义,对其内涵与外延的界定因各理论流派的观点不同而存在差异。简单一句话概括,心理咨询就是心理咨询师协助求助者解决心理问题的过程。这个含义强调了几个方面的内容:

(1) 心理咨询不是一般的助人行为,而是一种职业行为。心理咨询师必须掌握专业的基础知识和专门的操作技能,会运用各种专业知识与技能,并且符合专业伦理的规范。

(2) 咨询的要素之一是咨询师和求助者之间建立良好的咨访关系。只有具备良好的咨访关系才可能达到帮助求助者的目的。

（3）心理咨询解决的是求助者心理方面的问题，或由心理问题引发的行为问题甚至躯体症状，而不是处理生活中的具体问题，也不解决生理性的躯体症状，因此不包括药物的使用。

（4）心理咨询是一种互动的历程。咨询的关系是一种有目的的专业关系，是"求"和"帮"的关系，咨询的效果取决于求助者的自愿和配合程度。

（5）心理咨询也是一个学习和成长的过程。心理咨询师帮助求助者自强自立，而不是包办解决求助者的各种问题。心理咨询可帮助求助者的认识、情感和行为有所改变，找出问题的症结，探索解决的方法途径，从而让求助者克服障碍，增强信心，更好地适应环境，最终达到助人自助的效果。

(二) 心理咨询的功能

心理咨询不仅在缓解心理冲突、消除心理矛盾、疏泄负性情绪、挖掘生命潜能方面有着独特的价值，而且能为人们提供改变自我、完善自我、发展自我的机会，为人们提供一种新的学习经验，有助于人的自我成长。具体而言，咨询有以下功能。

1. 关怀与支持：使当事人深化对自我的认识

认识自我是一个很难的历程，只有极少数人能充分认识自我。很多人自以为看清了自己，但实际上并非如此，有些人对自己感到迷惑不解，不知自己到底是什么样的人。借助咨询，来访者可以澄清自己的需要、态度、动机，了解自己的长处和短处。

2. 觉察与了解：协助当事人纠正某些错误观念

每个人都生活在自己的观念所创造出来的认识环境中，很多来访者的脑海中都或多或少地存在一些错误观念，只有消除这种错误观念才能解决他们的问题。当事人常常是"不识庐山真面目，只缘身在此山中"，心理咨询为他们提供对自己固有的观念进行审视、思考、改进的机会。

3. 改变与行动：促成当事人有效面对现实

来访者在面对现实生活中的种种问题时，他们看不清自己的问题偏差所在，通过咨询可以帮助当事人更加全面、客观地认识自己和自己的行为，并改善自己的应对方式去解决所面对的问题。

4. 智慧与爱心：建立新型的人际关系

成功的咨询人员其自身心理是健康的，具有丰富的专业知识和助人技巧。

来访者在现实生活中能与这样的人交往的机会并不多,咨询人员若能够与来访者建立一种良好的关系,这对推动来访者正常成长和顺利发展具有积极意义。

(三)心理咨询的一般程序

心理咨询不是随便谈话和聊天,它是按照程序实施的特殊的"治疗"手段。早在20世纪50年代,就有人提出,语言、词句不仅仅是人类发出的声音,而且是负载各类含义(信息)的载体。它所负载的信息,可以对人们固有的经验、行为方式以及主观世界的各种内容发生作用。语言的这种功能,可以用来矫治人们的思维方式、情绪和行为。有人专门研究"词"的治疗意义,并提出恰当地使用语词,可以达到心理调节甚至心理治疗的目的。因此,心理咨询必须按照规范的程序进行。

1. 资料的收集

这是进行心理咨询的基本依据。可以通过会谈、心理测试、社会调查等方式收集一切关于咨询者的信息和资料,以便于后期进行正确的诊断和咨询治疗。

2. 资料的分析

通过排序、筛选、比较收集到的资料,对资料进行分析,找出造成问题的主因和诱因。

3. 综合评估

将主诉、直接或间接所获资料进行分析、比较,将主因、诱因与临床症状的因果关系进行解释,确定心理问题的由来、性质、严重程度,确定其在症状分类中的位置。

4. 诊断

依据综合评估结果,形成诊断。

5. 鉴别诊断

这一程序是为了防止误诊。通过症状定性、症状区分,确定鉴别诊断的关键症状和特征,进行鉴别诊断。

6. 制订咨询方案

心理咨询实施的完整计划,必须按着心理问题的性质、采用的治疗方法、咨询的期限、咨询的步骤、计划中要达到的目的等具体情况来制订。

(四)大学生心理咨询的类型

心理咨询几乎直接服务于人类生活的各个方面,根据不同的标准,心理咨询可以有多种分类方式。在大学心理咨询体系中,我们一般将咨询分为个体咨询和团体咨询。

个体咨询是心理咨询最传统的一种类型,是咨询人员与求助者建立一对一的咨询关系,主要实施地点在咨询室,主要的咨询方式以会谈为主,着重帮助求助者解决个人的心理问题。这种类型的心理咨询需要求助者主动来求助,方能进行咨询帮助。

团体咨询主要借助团体的特点来进行咨询。由于大学生存在的问题大多比较集中(如人际关系问题、恋爱问题等),且年龄相仿,非常适宜采用团体咨询,因此团体咨询是学校心理咨询当中应用最为广泛的一种咨询形式。在团体咨询中,更多的是利用成员集体的资源实现咨询目标,由于这种团体实现了对现实人际关系的模拟和再现,从而也就可以很好地帮助成员恢复社会功能。具体而言,利用团体咨询可以解决以下问题:

(1)使个人在人际关系中获得自信。由于团体咨询强调成员之间的相互帮助,突显了每个成员的地位,而把咨询人员和来访者看作是平等的个体,所以,成员在帮助别人的过程中实际上也就开始体验自信,并得到了帮助。

(2)使成员感受到对团体的需要。在相互帮助的过程中,成员之间由于互动而加深理解,建立了一种标志凝聚力的"我们感",从而有利于帮助个人增进对于社会投入的动机。

(3)帮助个人获得必要的社交技能。借助团体成员的相互沟通,可以使个人得到更多的和更加合理的社交技能,这也间接地提高了来访者的自信。

(五)大学心理咨询的对象

心理咨询的对象主要可分为三大类:①精神正常,但遇到了与心理有关的问题并请求帮助的人群;②精神正常,但心理健康出现问题并请求帮助的人群;③特殊对象,即已经过临床治愈的精神病患者(精神病患者即心理不正常的人,经过临床治愈后,心理活动已基本恢复了正常,他们已经转为心理正常的人,这时心理咨询和治疗具备介入和干预的条件。心理咨询可以帮助他们康复社会功能,防治疾病的复发)。因此,我们需要走出过去的"心理咨询的对象是精神不正常的人"的认识误区。事实上,心理咨询人员是绝对不能接待精神疾病患者的。2013年5月1日起施行的《中华人民共和国精神卫生法》第76条规定,"心理咨询人员从事心理治疗或者精神障碍的诊断、治疗的"将会"由县级以上人民政府卫生行政部门、工商行政管理部门依据各自职责责令改正,给予警告,并处五千元以上一万元以下罚款,有违法所得的,没收违法所得;造成严重后果的,责令暂停六个月以上一年以下执业活动,直至吊销执业证书或者营业执照"。

(六)大学生心理咨询的意义与特点

王女士的儿子今年被上海一所高校录取了,但不是自己喜欢的临床医学专业。为了能上这所知名大学,儿子接受调剂到医学影像专业去了。王女士说,虽然亲戚朋友都在恭喜儿子,但她看得出儿子并不高兴。她说,侄子三年前也考取了上海一所高校,但没有被自己喜欢的土木工程专业录取,而是被调剂到不喜欢的信息工程管理专业。后来,侄子无心念书,参加很多社会活动,考试挂科好几门。在大二重读一年后,因为违反校规被学校开除了。"如果我儿子跟我的侄子一样,因为没能读到自己理想的专业而自暴自弃,我真不知道该怎么办。"

其实,王女士所说的情况在高校新生中比比皆是。很多大学新生经常表现出这种思维倾向:如果我不是考试发挥不理想,我现在可能就在××大学的校园里读书了;××同学的高考成绩比我还差一些,但是他现在就读的学校比我好多了,如果我不是志愿没有填报好,我可能就在××大学念书了……

目前大学生普遍存在的心理健康问题有:学业问题、情绪问题、人际关系问题、焦虑问题、情感问题、性健康问题和大学生生活适应问题。学业问题包括学习压力大、学习目的不明确、学习动机功利化。情绪问题包括抑郁、情绪失衡。人际关系问题包括人际关系不适、社交不良、个体心灵闭锁。焦虑问题包括自我焦虑、考试焦虑。情感问题包括爱情困扰、友情困扰。性健康问题包括生理适应不良、性心理问题。大学生生活适应问题包括生活能力弱、自立能力弱、对挫折心理承受力弱。其中人际关系和感情问题成了目前大学生心理健康的首要问题,占有很大比例。因此,大学生心理咨询有其特殊性,主要体现在以下几个方面。

1. 以人格发展为第一要务

心理咨询不是学校教育,其主要关心人格的发展,关心学生的内在世界。

即使是学习辅导,关心的重点也不在于知识的获得,而在于学习的态度、习惯和方法。心理咨询人员运用晤谈、测验、解释、指导等,促进学生对自己内在世界的了解,帮助学生汇集智能,探索世界,从而引导学生向健全的人格发展。

2. 以助人自助为最终目的

人们经常会说心理咨询是一项"助人自助"的工作,正确理解心理咨询"助人自助"内涵对心理咨询工作者十分重要,因为这事关心理咨询的方向和目标,也最终决定心理咨询对来访者的意义。对于心理咨询"助人自助"内涵的理解五花八门,有些刚从事心理咨询工作的人员甚至认为通过心理咨询帮助别人就是帮助自己。社会大众对于心理咨询"助人自助"内涵的正确理解也同样重要,因为这将有助于我们接纳心理咨询,在需要的时候能够主动寻求帮助。

所谓助人自助,即帮助别人获得自己帮助自己的能力。心理咨询不是替代别人解决问题,而是帮助来访者看清自己问题的症结,发现自己的潜能,学会利用自身的资源,自己解决问题,提高社会适应能力,使之得到真正的成长。"助人自助"是心理咨询的最基本原则,心理咨询期望通过咨询师的帮助,增强咨询者的独立性,而非增强其依赖性,当他们在日后遇到类似的生活挫折和困难时,可以独立自主地加以解决。

"心理委顿说"认为,绝大多数人的心理问题都可以描述为这样一种状态:个体主观上产生无能感,认为个人无法应付他(她)自己以及周围的人都觉得他(她)能够处理的问题。"助人自助"的心理咨询最终目的就是消除个体自身的这种无能感,帮助来访者获得"自助"的能力。

3. 以心理咨询的要求贯穿咨询过程

学校心理咨询要想取得较好的实效性,必须与思想政治教育等工作区别开来,将心理咨询的全部要求贯穿于整个咨询过程中,包括心理咨询的理念、原则、程序等。心理咨询的效果取决于来访者的内在动机和改变的愿望,心理咨询人员决不能强迫别人接受咨询。心理咨询强调双向的、平等的沟通。以朋友的坦诚、亲人的温暖倾听学生的困扰,无条件地关注与接纳学生,信任、尊重学生,坚持个别化原则,与学生共同探讨其问题的症结,而不是以命令、灌输的方式"压服"学生。

总之,高校开展心理咨询的目的是使大学生能够身心健康地成长,而这种成长是自发的、主动的,是依靠大学生自身的意识和努力来完成的。它旨在帮助学生个人成长,却不企图强加指导;它促使大学生维持心理健康,却不完全提供病理性治疗;它是一种人际交流,却又不是社交活动;它力图让学生解除烦恼,却又不是简单地安慰人;它希望与学生建立无话不谈的亲密关系,却又不能发展私人友谊;它使人头脑冷静,却又不做逻辑分析。

大学四年,是青少年跨入社会前的重要阶段,帮助学生拥有一个良好的心态和较强的挫折承受能力,对于其人生的发展会非常重要,这是学校的责任,也是心理咨询和心理教育工作的重要内容。

第三节 心理策略训练

活动一: 热身游戏——有缘相识

活动目的

热身、活跃团体气氛。促进同学们尽快相识,建立新的人际伙伴,增强归属感。按照活动要求分组。

准备材料

纸盒、卡片。依照分组数购买几种不同颜色的卡片纸,然后按要求制作不同颜色和形状的卡片。卡片的总数量同活动人数,以 6~8 人为宜分小组,每组卡片的颜色相同,其中有两张卡片的形状相同。

活动过程

第一步,每个同学从纸盒中随机抽出一张卡片;第二步,找到与自己卡片相同颜色和形状的同学,相互介绍交流;第三步,两个人一起去寻找与自己卡片颜色相同的其他同学,并组成小组,然后彼此将对方介绍给其他小组成员,小组成员相识。

活动二: 寻找校园最美之风景、之同学

活动目的

让同学之间加深友情,在活动中增强集体荣誉感,成长路上彼此珍惜,相互

关爱。

活动过程

课后两周时间,布置摄影作业,让同学们拍摄校园最美的风景或者最美的同学;在以后的课堂上举办摄影作品展,并由同学们评选出十佳作品。整个课程结束后,可以以宿舍或者班级为单位进行最佳作品之故事讲述活动。

活动三: 心理小测验

1. 自我审视

说明:以下自评用来帮助使用者了解他们是否或者什么时候需要心理健康方面的帮助。以下情感或体验中,哪一种会让你感到痛苦或常常妨碍你做事?在肯定的陈述前面做一个记号。

(1) 感觉你的生活是无望的,并且你没有什么价值。

(2) 想要结束生命。

(3) 认为你自己非常伟大、世界闻名,或者你可以做出超自然的事情。

(4) 常感觉焦虑不安。

(5) 害怕一些很普通的事情,如出外或进到室内,或在特定的场所被人看到。

(6) 感觉似乎有什么不好的事情发生,并且对所有事情感到害怕。

(7) 觉得非常不安,神经紧张,持续烦躁或易怒。

(8) 很难控制自己的行为。

(9) 不能安静地坐着。

(10) 重复地做某件事情,如不停地洗手、数所有的东西或者收集不需要的东西。

(11) 做奇怪或冒险的事情,如在夏天穿冬天的衣服,或者在冬天穿夏天的衣服。

(12) 相信不寻常的事情,如电视或收录机在和你讲话,或者公共建筑中的烟雾警报器和电子钟正在拍摄你的照片。

(13) 再三重复说毫无意义的事情。

(14) 听到脑中有声音。

(15) 看到你知道其实并不存在的事情。

(16) 感觉每个人都在反对你或者试图抓住你。

(17) 感觉和世界失去联系。

(18) 有一段时间过去了,但是你不知道发生了什么或者时间是如何过去的,如有人告诉你,你曾经在某处,但是你不记得。

(19) 感觉和你的身体失去联系。

(20) 特别难以集中精神在你做的事情上。

(21) 你的思考、集中、决策和理解能力突然或逐渐降低。

(22) 你想割伤自己,或者用别的物理方法伤害自己。

如果你对这些体验中任何一个回答"是",你可能需要和心理健康专业人士讨论你的感受和行为。

2. 非理性思维测验

下列哪些测试项目符合你自己的实际情况?请在符合的项目上画"○"。

(1) 一个人要有价值,就必须很有能力,并在各方面有所建树。

(2) 某人是非常坏的,所以他必须受到严厉的责备和惩罚。

(3) 逃避生活中的困难和推卸责任比正视它们容易。

(4) 任何事情都要按自己的期待发展,任何问题都应得到合理的解决。

(5) 人的不幸绝对是外界造成的,人无法控制自己的悲伤、忧愁和不安。

(6) 一个人过去的历史对现在的行为起决定的作用。

(7) 自己必须有靠山,有人安慰。

(8) 其他人的不安也肯定会引起自己的不安。

(9) 和自己接触的人必须都喜欢和赞成自己。

(10) 生活中有大量的事对自己不利,必须花大量时间考虑对策。

(11) 没有爱情的大学生活是失败的。

(12) 爱情靠努力是可以争取的,即付出总有回报。

(13) 爱不需要理由。

(14) 因为相爱而发生的性关系无可非议。

(15) 恋人是完美的,爱情是至高无上的。

(16) 爱是缘分也是感觉。

(17) 不在乎天长地久,只在乎曾经拥有。

(18) 爱情重在过程,不在结果。

(19) 爱情能够改变对方。

(20) 失恋是人生重大的失败。

计分规则：符合一项，得 5 分；不符合，得零分；总分 100 分。得分越高，表示你的非理性思维越强；得分越低，表示你的思维越理性。

3. 积极心态测试

请用"是"或"不是"回答问题。

(1) 如果半夜听到有人敲门，你会认为有麻烦发生吗？

(2) 你会随身带安全别针以防万一衣服或别的东西裂开吗？

(3) 你与人打赌吗？

(4) 你梦想过彩票中奖或继承一笔遗产吗？

(5) 出门时你会带雨伞以防下雨吗？

(6) 你把收入的大部分用来买保险或储蓄吗？

(7) 天气预报说要下雨，你会不带雨伞而去游玩吗？

(8) 你觉得大部分人都很诚实吗？

(9) 度假时，你把钥匙给朋友或邻居保管，你会把贵重物品先锁起来吗？

(10) 对于新的计划，你总是非常热忱吗？

(11) 当朋友表示一定奉还时，你会答应借一大笔钱给他吗？

(12) 如果准备去郊外旅行，这时下起了小雨，你还会照原计划进行吗？

(13) 在一般情况下，你信任别人吗？

(14) 如果有重要约会，你会提前出门以防堵车或别的情况发生吗？

(15) 如果叫医生给你做一次身体检查，你会怀疑自己可能有病吗？

(16) 每天起床时，你会期待又一个美好一天的开始吗？

(17) 收到意外的信或包裹时，你会特别开心吗？

(18) 你会随心所欲地花钱，等花完以后再发愁吗？

(19) 你会买旅行保险吗？

(20) 你对未来的 12 个月充满希望吗？

计分规则：

1、2、5、6、9、14、15、19 八道题选"是"得 0 分，选"不是"得 1 分；3、4、7、8、10、11、12、13、16、17、18、20 十二道题选"是"得 1 分，选"不是"得 0 分。

0～7 分：你是个容易冷漠的人，从不往好处想，所以也很少失望。但是容易感觉人生灰暗,容易悲观,不愿去尝试新事物,害怕失败。

8~14分:你对人生的态度比较正常。不过,你仍然可以进一步学习以积极的态度来面对人生。

15~20分:你是个标准的热情主义者。你看人生总是看到好的一面,而将失望和困难摆到一边,活得更有劲。

补充说明:以上测试为非标准测试,仅供参考。

思考题

1. 如何科学地理解"健康"的概念?
2. 如何才能保持"心理健康"?

推荐书目

[1] 谢利·泰勒.健康心理学[M].朱熊,唐秋萍,蚁金瑶,译.北京:中国人民大学出版社,2012.

[2] 马丁·塞利格曼.活出最乐观的自己[M].洪兰,译.北京:北方联合出版传媒(集团)股份有限公司,万卷出版公司,2010.

[3] Irvin D. Yalom.日益亲近[M].童慧琦,译.北京:中国轻工业出版社,2008.

[4] 松原达哉.生活分析的心理咨询:理论与技法[M].樊富珉,吉沅洪,译.北京:中国轻工业出版社,2008.

推荐电影

《心灵捕手》《爱德华大夫》《我是老大我怕谁》《春风化雨》。

聪明的人只要能认识自己，便什么也不会失去。

——尼采

第二章

大学生自我意识

斯芬克斯是希腊神话中以隐谜害人的怪物，埃及最大的胡夫金字塔前的狮身人面怪兽就是斯芬克斯。为了传递神的箴言"人，认识你自己"，斯芬克斯化作狮身人面的怪兽，降临到了忒拜城。斯芬克斯给忒拜城的子民出了一个难题：什么东西早晨用四只脚走路，中午用两只脚走路，傍晚用三只脚走路？斯芬克斯的到来，对于忒拜城来说是一场灾难，因为所有经过斯芬克斯之前的人都需要回答"斯芬克斯之谜"，如果不能回答，将会被斯芬克斯吃掉。为了拯救忒拜城，忒拜城的国王拉伊奥斯在访贤途中不幸被俄狄浦斯所杀。忒拜城的大臣答应，如果俄狄浦斯能够解答"斯芬克斯之谜"，他将可以免死，并且接替拉伊奥斯成为忒拜城的国王。为了活命，俄狄浦斯选择了到斯芬克斯面前接受命运的挑战。最终，俄狄浦斯给出了正确的回答："是人。在生命的早晨，他是个孩子，用两条腿和两只手爬行；到了生命的中午，他变成了壮年，只用两条腿走路；到了生命的傍晚，他年老体衰，必须借助拐杖走路，所以被称为三只脚。"

俄狄浦斯给出了"斯芬克斯之谜"的正确答案，"人，认识你自己"这句箴言也就留在了人间，并被篆刻在驰名古希腊的德尔菲神庙的入口处。

第一节　自我意识是什么

"人,认识你自己"是阿波罗神的神谕。古希腊哲学家苏格拉底看到了这句箴言,寻找到了生命的归属,他穷其一生探索这一命题,甚至他的墓碑上都刻上了"人,认识你自己"。我们经常把"人,认识你自己"当作心理学发展的源头,把苏格拉底当作心理学研究的"始祖"。因为迄今为止,在心理学界仍然把自我意识及其相关研究当成焦点和难点。

一、自我和自我意识

(一) 自我

俗话说,人贵有自知之明。"我是谁?"这个问题看似简单,却是世界上最难回答的问题,甚至对于心理学家而言也是一个难题。"自我"是现代生活中人们经常用到的概念,也是心理学研究中最为复杂、最难理解的概念,甚至有的心理学家拒绝使用和解释"自我",但是它仍然保持着顽强的生命力,并最终成为心理学研究的重要内容。因为自我赋予我们生活经验以及意义,我们的认知、情感、动机、行为都是在自我的统合下发挥作用的。日常生活中我们经常使用自尊、自爱、自信等和自我有关的词汇,我们的情感体验也经常和这些内容紧密关联。临床心理学研究发现,许多人正是因为对自我的不满,从而出现了种种心理问题。

自我,就是自己所知觉、体验和思想到的自己。人类不同于其他动物的一个重要特征就是人具有反观自己的能力。最早对"自我"进行研究的心理学家是威廉·詹姆士,他认为"自我是个体所拥有的身体、特质、能力、抱负、家庭、工作、财产、朋友等的总和"。他还将自我分为客体自我(经验自我)和主体自我(纯粹自我)。

"经验自我"(empirical self)是指人们可以经验到的自我,即与世界的其他对象共存的存在物。詹姆士认为:"每个人的经验自我,就是他试图用'我'(me)来称呼的一切。"詹姆士认为"我"与"我的"很难区分,他反对将"从属于我的东西"与"真正的我"区别开,自我与世界之间没有明显的界线,我的身体、服饰、妻子儿女及财产都是自我本身的各种关系,参与了自我的构成。詹姆士进一步将经验自我分为物质自我、社会自我和精神自我。物质自我(material self)的核心部分是身体,因为人的一生都是通过身体和外界事物发生联系的,没有身体就没有自我。物质自我还包括身体之外的衣物、家属、财产等东西。社会自我(social self)指一个人从同伴那里得到关于自我的评价,即一个人在别人心目中的形象。社会支持、社会认可对于一个人的自我形象非常重要,每个人都有一种为自己的同类所注意的需要。精神自我(spiritual self)是个人内在的或者主观的存在,包括个人所有的能力和性格特征,这些内容可以通过个体的内省觉察到。

"纯粹自我"(pure self)则是指自我的认识功能本身,是作为认识者的自我,即作为认识主体的自我。与此相对的经验自我则是作为被认识者的自我,即作为认识对象的自我。

在詹姆士的思想提出以后,1902年查尔斯·霍顿·库利提出了镜像自我的概念,认为对每个人而言,他人都是一面镜子,个人通过社会交往,了解到别人对自己的看法,从而形成自己的自我。库利的镜像自我和詹姆士的社会自我是吻合的,只是库利的观点更重视自我与他人的关系。

当我们的客体自我为主体自我所反映的时候,我们的自我最终在人的心理上产生两方面的含义:一方面是关于自我的认知,也就是自我概念;另一方面是关于自我的体验,即自尊。

自我概念是指个人对自己的知觉、判断和评价,包括自己的身体、学业、能力、性格、愿望以及自己与环境、他人的关系等各个方面。自我概念是人对自身认知的结果,是由工作的我、家庭的我、社会的我、情绪的我等许多不同的自我形象组成的一个复合体。自我概念还具有自我导向作用,它包括理想自我和应该自我。理想自我是一个人想要成为的自我,建立在理想和目标的基础上。应该自我则是自己觉得别人希望自己成为什么样的人,建立在责任和承诺的基础上。

社会学家戈夫曼在《日常生活中的自我呈现》中关于自我,提到了前台和后台的概念,他说,前台是我们展现给他人的自我,而后台是我们可以自我去暴露最本真的自我。他最早发现人的前台和后台这一概念是在一个教会的学校里面,他发现教师上课的时候都非常的斯文、端庄,对学生态度也非常亲切。但是当这些教师回到办公室的时候,因为他们教学条件有限,三四十个人挤到一个办公室,他们作为一个普通的个体,也会因为一些琐事发生冲突,完全和上课时的状态不一样。戈夫曼认为在上课时,对教师来讲,那就是前台;回到办公室,就是后台。但后来他发现了在办公室当中依然有很多的教师仍然非常斯文、端庄。他想到这样一个问题,难道这些教师就没有生活中的后台吗,他们在生活中,是不是一如既往的这样斯文呢?经过仔细的观察,他发现这几个斯文的女教师都是未婚的女教师。她看到了在这个办公室里面有未婚的男性,她希望这个男性来约会自己,这样就不会把自己的后台展现出来,展现的仍然是前台,所以戈夫曼提到了人有前台、后台之分。

(二) 自尊

1. 有关自尊的研究

自尊是建立在自我概念基础上的自我体验,是个体做出自我价值判断后产生的主观感受,是评价性自我。心理学家研究发现,大多数人对自己的评价都是积极的,是高自尊的。

有关自尊的研究发现,高自尊的人和低自尊的人无论在认知、动机还是行为上均表现出差异。

(1) 高自尊的人自我提高的动机占据主导地位,低自尊的人自我保护的动机占据主导地位。自我提高的动机意味着提高自尊,自我保护的动机意味着避免失去自尊。每个人都同时具有这两种动机,只不过高自尊者有更多的自我提高动机,对自己充满信心,相信自己会成功,更乐意寻求成功的机会,借此提高自尊。低自尊者尽管也希望成功,但他们对自己没有信心,总是预期自己会失败,因而他们通常回避自认为可能会导致失败的事情,以免失去原有的自尊。从这一点上讲,自尊和自信是成正比例关系的,有些人尽管表现出很强的自尊心,但是他的自尊心总是表现在对自尊的维护上,这其实是一种不自信的表现。

(2) 高自尊的人的自我概念精细、清晰,对自己的认识稳定、一致;低自尊的人的自我概念混乱、模糊,对自己的认识不稳定、不一致。

(3) 能力相同的高自尊者和低自尊者有可能取得不同的成就。一般而言,自尊和成就不会有很高的相关性,因为成就主要与能力有关。但是面对同样的任务,特别是成败无法确定的任务,高自尊者和低自尊者的动机是不同的:前者充满信心,有追求成功、获取自尊的动机,并预期自己能做得更好;而后者只希望不失去已有的自尊。实际上在有可能失败的情境下,低自尊者经常会出现自我击败行为。采取自我击败策略的人对自己的成功没有信心,就故意给自己设置一些障碍,或者说为未来的失败预备借口。一旦失败,他们虽然失去一些自尊,但是,与没有借口的失败相比,他们还是更多挽回了自己的自尊。

(4)高自尊者和低自尊者对成败的反应是不同的。研究表明,对于一个失败的任务,如果要求再次去完成,高自尊者愿意投入更多的坚持,而低自尊者则很容易就放弃。

(5)低自尊者与抑郁和社会焦虑有较高的相关性。与高自尊者相比,低自尊者往往需要更长的时间才能从挫折和创伤中恢复过来,他们对社会生活的不幸更敏感。高自尊者的情绪则较为平稳。

(6)高自尊者和低自尊者的归因风格不同。高自尊者经常把成功归为内部因素,如归于自己的能力或努力,把失败归为外部因素,如难度、运气或者他人。低自尊者则相反,他们常把成功归为外部因素,将失败归为内部因素,如缺乏能力或努力。低自尊者在归因的时候倾向于总体归因,在认知上倾向于过度概括化。

总之,低自尊者始终受自我保护动机的制约,不敢探索自我概念,希望成功,却害怕因失败而失去原有的自尊。他们不希望自己很突出,无论是好的方面还是差的方面。而高自尊者则相反,他们的所作所为都受自我提高动机的驱使,他们对自己有清晰的认识,会给自己设置更合适的目标,追求成功以提高自尊,希望自己更优秀、更突出。

2. 自尊与社会比较

个人自尊跟他们在自己与他人之间做出的社会比较有关联。对那些自尊心较差者情况尤其如此。正如前面已经解释的那样,人们通过比较自己与他人来做出自我评价。因此,如果你感到一些人在某些方面比你优越,那么,这可能会降低你的自尊心;相反,如果你感到你自己在某些方面比他人更优越,那么,这可能会提高你的自尊心。但是,事情并不如此简单。社会比较对自尊的影响很大程度上取决于与你进行比较的对象是谁。我们设想你遇见了一个没有你聪明、迷人、机智的人(即下行比较)。如果这是个陌生人,遇见他们使你对自我品质感觉更优越,因此,社会比较对你的自尊形成的效果可能是积极的;如果这个人是你最好的朋友或是你的母亲,那么,比较带来的效果很可能是消极的,你把你自己与一些相同的消极品质结合起来。上行比较同样复杂。假如你正在观看电视里的运动员,那个赛跑选手跑得比你快许多。若运动员对你来说是完全陌生的,因此,对你的自尊并没有什么影响。如果运动员是同学或同事,那么,则会给你造成消极影响——你可能认为"我跑不过他们,我在运动方面毫无长处",这会给你的自尊带来消极影响;但是,如果你与一些亲近的人进行上行比较,比如你的兄弟或你最要好的朋友,你可能会感到他们的技术使你更加优异,因此你的自尊会得到提升——这种效果可描述为"享受他人敬重"。总之,社会比较(无论是下行还是上行)如果是带来积极情绪的,则提高自尊;如果是带来消极情绪的,则降低自尊。同时,无论比较带来的是消极情绪还是积极情绪,都要依据你所比较的对象。

(三) 自我意识

自我意识(self-consciousness)是指个体对自己各方面的认识,对自己身心状态的觉察和认识,包括认识自己的生理状况(身高、体重、形态等)、心理特征(兴趣、爱好、能力、性格等),以及对自己的存在及自己对周围的人或物的关系的意识(自己与他人的关系,自己在群体中的地位、作用等)。例如,我们平常所说的"我很喜欢自己的外表","我觉得我有远大的理想","我很满足自己现在所拥有的一切","我认为我能和别人和睦相处,并不孤僻","我感觉周围的同学都非常喜欢我","根据我的身体状况和当前的心理状态,我能胜任这项工作"。关于对自己的感知觉、思维、情感、意志等心理活动的意识,等等,都属于自我意识之列。

自我意识是一种特殊的认识过程,认识的主体和客体都是人自身,因此自我认识是主体我(I)对客体我(Me)进行认识,并按照社会的要求对客体我进行调控。比如,"我认为我很快乐",前一个我为"I",后一个我为"Me"。

自我意识是一种多维度、多层次的复杂心理系统,表现为一个人对自己的思想认识、情感行为、个性特征以及人际关系等各方面的统一。现代心理学一般从内容和形式上对自我意识进行多视角的分析。

1. 自我认识、自我体验和自我调控

从结构上看,自我意识可分为自我认知、自我体验和自我调控三方面。

自我认知是认知的一种形式,是指一个人对自己各种身心状况的认识,主要包括个体的自我感觉、自我观察、自我分析和自我评价等方面内容。例如,我是什么类型的人,我的言行举止是否落落大方,我的进取心是否很强等,都是自我认知的内涵。

自我体验属于情绪、情感的范畴,主要包括自尊、自信、自卑、自负、自责、自豪感等方面内容。例如,我对自己的学习成绩很满意,我对自己的社交能力弱而感到失望,等等,反映了个体的情绪体验。其中,自尊是自我体验中最主要的方面。

自我调控是指个体对自己的心理、行为和态度等方面的调节,主要包括自主、自立、自律、自我教育、自我控制等方面。例如,我如何控制自己的不良情绪,怎样才能成为一个受人欢迎的人,等等。其中,自我监控和自我教育是自我调控中最主要的方面。

心理学研究表明,每个人的自我意识都是由自我认知、自我体验和自我控制三个部分有机组合而成的。三者之间的和谐程度及与客观现实的吻合程度,决定了个体自我意识的健康状况。

2. 生理自我、社会自我和心理自我

从内容上看,自我意识可分为生理自我、社会自我和心理自我。

所谓生理自我,是指个体对自己的身体、性别、年龄、容貌、仪表、健康状况及所有物等方面的认识。在自我体验上,表现为自豪或自卑;在行为上,表现为追求外表美,对所有物的占用、支配与爱护等。

随着个体社会化程度的加深,个体获得了一定的社会经验,逐步意识到自己在社会中要担任一定的角色,在组织中要有自己的地位和作用,这就产生了社会自我。简而言之,社会自我就是个体对自己在一定的社会关系和人际关系中的角色、地位、名望等方面的认识。在自我体验上,也表现出自豪或自卑;在行为上,表现为追求个人的名誉、地位,和他人进行激烈竞争等。

与社会自我相伴而生的是心理自我,它是指个体对自己的能力、性格、气质、兴趣、信念、世界观等个性特征的认识。在自我体验上,常表现为自豪、自尊、自信或自卑;在行为上,表现为追求个人能力的提升、品格的完善等。

从层次来看,上述的生理自我、社会自我和心理自我是一个由低到高的发展序列,而且三者之间是密切联系的。其中每个层次都有不同的自我认识、自我体验和自我控制,由于这些要素不同的组合,形成了不同个体不同的自我意识。

3. 现实自我、投射自我和理想自我

从存在方式上看,自我意识可分为现实自我、投射自我和理想自我。所谓现实自我,就是个体从自己的立场出发对自己当前总体实际状况的基本看法;投射自我也称镜中自我,是指个体想象自己在他人心目中的形象或他人对自己的基本看法;理想自我则是指个体想要达到的比较完美的形象。

从自我观念存在的形式来看,现实自我是一种能被人感知到的客观存在,而投射自我和理想自我是在个体大脑中的一种客观存在,容易受到个体主观因素的影响,往往不稳定、易变化。研究表明,当现实自我和投射自我相一致时,个体会产生加快自我发展的倾向;反之,个体会感到别人不理解自己,或试图改变现实自我。当理想自我建立在个体的实际情况基础之上,且符合社会要求和期望时,它就会指导现实自我积极适应并作用于内外环境,从而使自我意识获得快速发展;反之,如果理想自我、现实自我和社会要求三者之间有矛盾,就会引起个体内心的混乱,甚至会产生严重的心理疾病。

(四) 自我意识的发展

个体自我意识是个体生理和心理能力在一定的基础上发生、发展的,它是个体在与社会环境长期的相互作用过程中形成和发展的。心理学研究表明,个体自我意识从发生、发展到相对稳定,大约要经过20多年的时间,综观自我意识的形成过程,我们可以把它分成以下四个阶段。

1. 自我意识萌生时期(生理自我形成发展期)

在生命降生之初,婴儿是没有自我意识的。他们甚至不能意识到自己和外界事物的区别。他经常吮吸自己的手指头,就像吮吸自己母亲的乳头一样津津有味,因为他把母亲当作他自己的一部分。可见,他还生活在主体和客体尚未分化的状态之中。婴儿一般在8个月左右,生理自我开始萌生,这是自我意识的最初形态。

到1岁左右,儿童开始能把自己的动作和动作对象区别开,初步意识到自己是动作的主体。在9~12个月的婴儿那里,当他看到关于自己的视频、自己的照片或者镜子里的自己,虽然他没有一个非常准确的认识,但是他感觉到非常的亲切,表现为拍手、微笑。例如,当他手里抓着玩具的时候,他不再把玩具当作自己身体的一部分了。1周岁以后,儿童逐步认识自己的身体,也开始意识到自己身体的感觉。不过,他只是把自己作为客体来认识,他从成人那里学会使用自己的名字,并且像称呼其他事物一样称呼自己。15~18个月的婴儿,研究人员做了点红实验,在儿童的鼻子上面画一个红点,再让他照镜子,儿童会有意识地去蹭这个红点,他已意识到这个红点不属于自己,是别人涂抹上去的。不管他蹭的这个动作是不是准确,是不是能够把红点准确地摩擦下去,但至少说明,他知道了镜像中的那个是自己。21个月的时候,婴儿已经完全具备了自我意识,或者说自我的概念了。

一般到2岁左右,儿童逐渐学会用代词"我"来代表自己。

3岁左右的儿童,自我意识有了新的发展,主要表现在以下两点。①出现了羞愧感与疑虑感。当做错了事时,会感到羞愧;当碰到矛盾时,会感到疑虑。②出现了占有欲和嫉妒感。儿童看到自己喜欢的东西,就想独自占有,不愿与人共享;如果母亲对其他儿童表现出关心和喜爱,他会产生强烈的嫉妒感。第一人称"我"使用频率提高,许多事情都要求"我自己来",开始有了自我独立的要求。应该说,3岁儿童的自我意识已经有了一定的发展,但其行为仍然是以自我为中心的,即以自己的想法解释外部世界,并把自己的想法和情感投射到外界事物上。

2. 自我意识形成时期(社会自我形成发展期)

3岁到青春期之前这段时期,是个体接受社会化影响最深的时期,也是学习角色的重要时期。个体在家庭、幼儿园、学校的游戏、学习、劳动中,通过模仿、认同、练习等方式,逐步形成各种角色观念,如性别角色、家庭角色、伙伴角色、学生角色等。这一时期,也是获得社会自我的时期,他们开始意识到自己在人际关系、社会关系中的作用和地位,能意识到自己所承担的社会义务和享有的社会权利等。

青春期以前,个体的眼光是向外的,引起他们兴趣和注意的是外部世界,他们对自己的内心世界视而不见。他们虽然已经意识到自己是一个主体,可以充分认识到自己的行为,但不了解自己的下列状态:他们常常把自己的情绪视为某种客观上伴随行动而产生的东西,不懂得情绪是自己的主观感受;他们还不善于应用自己的眼光去认识世界,只是照搬成人的观点作为对外部世界的认识。

3. 自我意识发展时期(心理自我形成发展期)

从青春发育期到青春后期大约10年时间,是心理自我的发展时期,自我观念渐趋成熟。在青春期,个人无论是在生理、认识还是情绪等方面,都有很大变化。例如,性的成熟、逻辑思维和想象力的发展、感受性的敏感,都是自我意识发展的基础。这一时期,个人的自我意识具有以下三个特点:一是自我意识分裂为观察者的我和被观察的我,因而个人能从自己的观点出发,认识和考量自己的心理活动;二是个体能够透过自我去认识客观世界,即由自我的观点来认识事物而不是从他人的观点去考量事物;三是个体价值体系的发展和理想自我的活动,总是与自我观念的发展相联系。这时,个体常常强调自己所具有的个性特征的重要性,以及认为自己追求的目标对于自己的重要性。由于自我意识的发展,到了青春期,青年要求独立、自治的意识强烈,更想摆脱成年人的影响和束缚。

一般地讲,青年自我意识的发展,经历着一个特别明显的与典型的分化、矛盾和统一的过程。自我明显的分化意味着自我矛盾冲突的加剧,即主体我与客体我的矛盾斗争、理想我与现实我矛盾斗争的加剧。两个我不能统一,自我形象便不能确立,自我概念也就不能形成。于是青年表现出明显的内心冲突,甚至产生一定的内心痛苦和强烈的不安感。他们对自我的评价常常是矛盾的,对自我的态度常常是波动的,对自我的控制常常是不自觉、不果断的。他们可能一会只看到自己的这一方面,一会只看到自己的那一方面;时而能较客观地评价自己,时而又不能这样做;时而肯定自己,时而又否定自己;时而感到自己什么都行,时而又感到自己特别幼稚;时而步入憧憬境界,对自己的现实缺乏意识,时而又厌恶自己长大而津津乐道那令人留恋的童年;时而对自己充满自信,时而又感到自己无能,对自己不满;等等。

4. 自我意识完善时期(自我意识同一期)

如果说青春期是自我意识迅速发展并趋向成熟的阶段,那么青春期之后则是个体的自我意识完善和提高的阶段。即主体我与客体我、理想我与现实我经过激烈的矛盾和斗争,重新实现统一的时期。这种统一是在新的水平与方向上的协调一致,使现实我努力符合理想我的要求。当然,矛盾斗争的同一结果有两种可能性:积极的结果是形成新的真实的自我统一,使人增强自信,努力奋斗,有利于自身发展;消极的结果是形成歪曲的自我统一,或自卑,或自负,影响自身的成长和发展。

自我意识的形成和发展的过程,正是一个人人格成长的过程,忽视了任何一个阶段的健康成长,都会给人带来终生的遗憾。

二、自我意识与心理健康

(一)"心理健康"界定中的"自我"成分

什么样的人才是心理健康的人呢?自20世纪50年代后期以来,心理学家总结了许多种健康的人的模式：

（1）美国人格心理学家奥尔波特提出心理健康的人有 7 个特点：有自我扩展的能力；与他人热情交往，关系融洽；情绪上有安全感，自我接纳；具有现实性知觉；客观地看待自己；有多种技能，并专注于事业；行为的一致性是其人生哲学。

（2）美国人本主义心理学家马斯洛在其需要理论的基础上，提出了心理健康的人的模型——"自我实现的人"：能充分地、准确地认识现实；对自己、他人、整个自然能够做到最大限度地认同和接纳；有自然、朴实、纯真的美德；经常关注社会上各种疑难事情；喜欢独处，有超俗的品质；独立自主，不受文化、环境的约束；高品位的鉴赏力；常有高峰体验。

（3）美国人本主义心理学家罗杰斯提出"功能充分发挥者"模型：他们的社会经验都能正确地、符号化地进入意识领域；协调的自我；以自己的内在评价机制来评价经验；自我关注；乐意给他人以无条件的关怀，能与他人高度协调。

此外，还有诸如弗兰克、弗洛姆等人也总结了关于心理健康的人的特点。

综上，我们可以发现大量的内容是关于"自我意识"的，概括起来，有以下几点：恰当的自我关注；合理的自我分析与评价；积极的自我体验；善于自我接纳；有效的自我控制（知行一致、情行相适）；不断的自我发展。

（二）心理健康的自我意识特点

对于这个问题，我们必须用发展的眼光来看。自我意识的每一个发展阶段都与心理健康有密切的联系，而且不同阶段的个体的心理健康特点也有所不同。心理健康不等于自我意识成熟，而成熟的自我意识将是心理健康的标志。

结合上面心理健康的若干理论上的模型以及自我意识本身的发展特点，我们说心理健康的自我意识至少应该具备以下几个特点：

1. 恰当的自我认识

在不同的阶段心理健康的人应该对自我有不同程度的认识。

2. 真实的自我体验

不能断然说有某一种自我体验就是心理健康的，没有某一种自我体验就是不健康的。心理健康的自我体验首先应是真实的，喜、怒、哀、乐皆自然。

3. 合理的自我控制

不同的年龄有不同的自我控制方式，也有不同的自我控制程度，心理健康的自我控制就是恰当自我展示,包括有符合年龄要求的行动导向和情感宣泄。

总之,心理健康的自我意识应该是可以促进"自我"不断发展的意识,当"自我"倒退或停滞不前时能及时提供觉察信息,能发挥主观能动性来调整行为,明确方向,使"自我"始终处于不断发展的状态。

(三)自我意识与大学生心理健康

1. 大学生自我意识的形成过程与特征

青年期被称为"第二次诞生"的时期,是自我意识迅速发展和确立的阶段。大学阶段是个体自我意识急剧增长、迅速发展和趋于完善的重要时期。大学生自我意识的发展会经历一个分化—冲突—整合的过程,并具有自身的特点。

大学生的自我意识正经历着一个特别明显的分化过程。这时,原来儿童、少年时期"笼统的我"被打破了,出现了两个"我":一个是处于观察地位的我,即主体我(I),它是根据主观的自我和主观感受的社会现实所希望的自己未来成为什么样的人而达成的自我状态,也就是"理想我";另一个是处于被观察地位的"我",即客体我(Me),它指实际所达成的自我状态,也就是"现实我"。这种"理想我"与"现实我"的分化标志着大学生自我意识已开始走向成熟。正是这种分化过程,促进了大学生思维和行为主体性的形成,从而为客观地评价自己或他人、合理地调节自己的言行奠定了基础。这也是大学生自我意识发展的最重要的过程。

大学生是富于理想的,自我期望值较高,当他们在进行自我观察、自我分析、自我评价时,不情愿地看到"理想我"与"现实我"之间存在的较大差距,而这种差距又不是一时半刻能消除的,因而产生了自我意识的矛盾,表现为内心冲突,甚至出现极大的内心痛苦和强烈的焦虑不安。归纳起来,当代大学生自我意识的矛盾冲突主要表现在以下几个方面:

一是"理想我"与"现实我"的冲突。这是大学生自我意识矛盾最突出、最集中的表现。大学生对未来充满信心,抱负水平较高,成就欲望较强,但由于他们生活范围相对狭窄,社会交往比较单一,社会阅历缺乏,对自我认识的参照点较少,因此,不能很好地将理想与现实结合起来,从而使"理想我"与"现实我"之间产生较大的差距。这种差距在给大学生带来苦恼和不满的同时,也会激发大学生奋发进取的积极性。但如果这种矛盾与冲突过于强烈,不能及时加以调适,则会导致自我意识的分裂,从而带来一系列心理问题。

二是独立意向与依附心理的冲突。上大学后,大学生的独立意识迅速发展,他们希望能在经济、生活、学习、思想等方面独立,希望摆脱成人的管束,自主地处理所遇到的一些问题。但他们在心理上又依赖成人,无法真正做到人格上的独立。这种独立意向与依附心理的矛盾一直困扰着他们。

三是交往需要与自我闭锁的冲突。大学生迫切需要友谊,渴望理解,寻求归属和爱。他们有强烈的交往需要,希望能向知心朋友倾吐对人生和生活的看法,盼望能有人分担痛苦、分享欢乐。但同时他们又存在着自我闭锁的倾向,许多人往往不愿主动敞开自己的心扉,而把自己的心灵深藏起来,在公开场合很少发表个人的真实意见。他们在与他人交往时存有较强的戒备心理。正是这种交往需要与自我闭锁的矛盾冲突,使得不少大学生感觉十分"孤独"。

四是自信心与自卑感的冲突。大学生考上大学时得到了老师、家长、亲朋好友的赞誉以及同辈人的羡慕,故而优越感和自尊心都很强,对自己的能力、才华和未来都充满了自信。然而进入大学后,群英荟萃,强者如云,许多大学生发现"山外有山",尤其是当学习、文体、社交等方面显露出某些不足时,有些大学生就会陷入怀疑自己、否定自己的不良情绪中,产生自卑心理。在这些大学生的内心深处,自信心和自卑感常常处于冲突状态。

五是追求上进与自我消沉的冲突。许多大学生都有较强的上进心,他们希望通过努力来实现自身的价值。但在追求上进时,困难、挫折在所难免,不少大学生常常出现情绪波动,在困难面前望而生畏、消极退缩,但又不甘心放弃,心中依然有追求,内心极为矛盾,困惑、烦躁、不安、焦虑由此而生。

六是激情与理智的矛盾冲突。这是自我意识的自我控制方面的冲突。自我控制是指个体摆脱监督和支配的一种自我意识倾向。青年大学生,最大的特点是感情易于冲动,表现出自我控制能力较差,甚至有时被人利用,听到赞扬时容易忘乎所以,受到责难时立刻怒发冲冠,讲到哥们义气处又极易铤而走险。往往理智让位于情感,做出一些错事、蠢事。在做过错事、蠢事后,又会后悔不迭,马上变得一蹶不振,使自己陷于懊悔的惆怅之中。处于激情与理智的矛盾冲突中的大学生起初往往激情占上风,意志力强的学生,理智才能控制激情。

由自我意识的分化带来的种种矛盾冲突是大学生自我意识发展中的正常现象,也是大学生迅速走向成熟的集中表现。自我意识矛盾冲突一方面让学生感到焦虑苦恼、痛苦不安,可能影响到他们的心理发展和心理健康;另一方面也会促使他们设法解决矛盾,来实现"理想我"与"现实我"的整合统一。

由于大学生个人的社会背景、生活经验、智力水平、追求目标等方面的差异,自我意识的整合统一途径也有所不同。总的来说,其整合统一途径有三个方面:一是努力改善现实自我,使之逐渐接近理想自我。二是修正理想自我中某些不切实际的过高标准,并改善现实自我,使两者互相趋近。三是放弃理想自我而迁就现实自我。一般来说,自我意识能进行积极的整合统一的,往往心情舒畅、生活如意、容易成功;自我意识消极整合统一的,即不惜牺牲理想自我而趋同现实自我以达到整合统一的,则往往胸无大志、悲观失望、难有作为;自我意识无法整合统一的,则往往内心苦闷、心事重重、无所适从。

大学生就其年龄而言,处于青年初期和中期阶段。特殊的年龄和心理生理发展阶段,使得他们表现出不同于其他青年人的自我意识特点。一是大学生较儿童少年时期更多地关注自己。二是大学生自我意识逐渐趋于稳定,但未完全成熟,存在矛盾冲突。三是大学生自我评价能力增强,但存在片面性。四是大学生自我体验深刻丰富,但两极性明显。五是大学生自我认识、自我评价很容易受情绪的影响。六是自我控制、自我教育能力有较大提高,但仍有明显不足。

2. 大学生自我意识的常见偏差

在自我认识、自我体验、自我控制三个过程中,大学生自我意识常常出现如下偏差:

(1) 自我认识的偏差:自我中心、从众。

不少大学生未能处理好主体我与客体我这对矛盾,常出现两种自我意识的偏差:一种是只看重"自省"而发展为"自我中心";另一种是一味受"人言"左右而变得丧失自我,也就是"从众"。以自我为中心的人,往往想问题和做事都从"我"出发,不能进行客观的思考和分析,盛气凌人。他们常不能赢得别人的好感与信任,人际关系大多不和谐。从众则是一种普遍的心理现象,因为个体在群体中生活,会不知不觉地遵从群体压力,在知觉、判断、信仰以及行为上,放弃自己的主张,趋向于与群体中多数人一致。通常所说的"随大流"即是一种较为普遍性的从众行为。在大学校园里常见的从众现象有:学习从众、消费从众、恋爱从众、作弊从众、入党从众、择业从众等。从众心理人皆有之,但从众心理过强,凡事从众,就会导致独立性差,缺乏具有个体倾向性的世界观、人生观、价值观,自我意识薄弱,有碍于心理发展。

(2) 消极的自我体验:孤独感、自卑、自负。

孤独感是由于主观我与客观我不一致,得不到他人思想上的理解与情感上的共鸣而产生的一种自我体验。大学生由于年龄的增长和与父母之间的"代沟",同长辈之间的交流日益减少。由于思想的深化、个性的分化,他们已不满足于同一般朋友交往,要求在更深层次上同知心的朋友互诉心声,能有情感共鸣,这时就往往产生缺乏知音的孤独感。自负与自卑产生于现实我与理想我的矛盾中,同属于自信的误区。一般来讲,现实我与理想我总是不一致的,二者之间总有着距离,如何看待这二者的距离直接关系着自我体验。当对缩短距离充满信心时,正处于积极体验中,也就是"自信",认为自己可以努力提高"现实我"以实现"理想我"。自信是大学生较为普遍的优秀品质,但有些学生自信过度,自我感觉太好,骄傲、自大,听不进师长的教诲,听不进同龄人的意见,一意孤行,这种自我膨胀过度的自信是"自负"。自负的人缺乏自知之明,容易失败,也容易受伤。相反,有的学生在将现实我与理想我做比较时,体验到的是"失望",认为现实我与理想我的差距太大,对自己缺乏信心,把目光总盯着自己的缺点、不足,从而逃避退缩,这就是"自卑"。自负与自卑都会影响大学生的心理发展和人格成熟,是不容忽视的自我意识偏差。

(3) 消极的自我控制:自我放弃、懒惰、逆反。

一方面,大学生在自我控制上开始有了明显的自觉性、主动性,但在追求上进的同时,由于困难、挫折在所难免,因而不少大学生常常情绪波动,在困难面前望而生畏、自我放弃。还有一些大学生认为中小学寒窗苦读十余载,如今考上大学,总算解放了,再也不愿意埋头苦读,只求"60分万岁",甚至面临数门功课不及格时仍然无动于衷,消极懒惰。另一方面,大学生随着自我控制独立性的增强,常表现出力图摆脱社会传统的约束,按照自己的意志行事。绝大多数大学生自认为自己已达到法定的公民年龄,强烈要求像成年人那样独立自主地行事,不愿受父母的约束和教师的训诫。独立意向是大学生自我意识发展中最显著的标志之一。大学生在摆脱依赖、走向独立的过程中,有时会矫枉过正,表现出过分的独立意向,产生逆反心理,其表现为不分正确与否,一概排斥,情绪成分很大,有时只是为了反抗而反抗。逆反的对象主要是家长、老师以及社会宣传的观念和典型人物等,其结果是阻碍了他们学习新的或正确的经验。

要准确了解自己,就应善于发现这些偏差,并努力将它们加以匡正。

3. 自我意识与大学生心理健康

自我意识是大学生个体全部心理活动的参照系统和调控系统,完善的自我意识是人格健全的保证,人格健全又是心理健康的标准之一。同时,作为个体最本质、最隐蔽的部分,自我意识又对个体的心理健康产生着重要影响。

(1) 大学生诸多的心理问题是其自我意识发展从不成熟到成熟过渡阶段的必然产物。

有研究表明,大学生是心理问题高发的群体,但其心理问题普遍是正常发展情况下的心理失衡,即"发展性心理失衡"问题。因为大学阶段是个体自我意识迅速发展并趋于成熟的阶段。在这一过程中,他们不断地进行自我否定—肯定—再否定,常常处于自我矛盾的状态和冲突中,正是这种种的冲突,使得不少大学生备受煎熬,内心极为矛盾,困惑、烦躁、不安、焦虑由此而生,因此很容易出现各种心理问题。自我经过一段时间的矛盾冲突,便会在新的水平和方向上达成协调一致,即自我统一。这就意味着主体我和客体我的统一;自我认知、自我体验和自我控制的统一;理想我与现实我的统一;自我与客观环境、教育、社会发展的要求的统一。从而使自我意识逐渐成熟、稳定下来,成为大学生人格调控系统的核心,并对他们社会化的进程和方向产生影响。许多"发展性心理失衡"问题也就随着大学生自我的成熟、内心矛盾的减少而减少或消失。

(2) 大学生自我意识分化和统一的结果是影响其心理健康水平的稳定的因素。

自我意识积极统一的大学生,对现实我的认识和评价比较清晰、客观、全面、深刻,理想我的确立也比较符合实际。他们善于总结经验教训,能积极调节自己的行为,能够正确地对待成功和失败。他们的心理素质较高,心理承受能力和自我调适能力较强,心理健康水平也较高。

自我意识消极统一的大学生,对现实我不满,理想我又缺乏以实际为基础。他们不能悦纳自己,又缺乏前进的动力,不能正确对待成功和失败,经常有负性的情绪体验,如自卑、自责、自弃、悲观、失望、孤独等。他们的心理素质较差,心理健康水平也较低。

自我意识无法统一的大学生,其自我认知、自我体验和自我控制缺乏稳定性和确定性。他们常常会处于苦闷、矛盾、无所适从的状态中,易受外界因素的影响,情绪起伏较大,常会受到心理问题的困扰。

(3) 影响大学生心理健康的客观因素是通过个体的自我意识而起作用的。

影响大学生心理健康的因素多种多样,非常复杂,既有生物因素、家庭环境及教养方式、学校状况和人际关系及社会区域文化等客观因素的影响,也有气质、性格、情绪等主观因素的影响;既有压力和挫折事件等直接因素的影响,也有对直接因素的不同认知风格和体验的间接因素的影响。身处相同的环境,面对同样的压力和挫折,不同的大学生有着不同的心理感受。这主要是因为影响大学生心理健康的客观因素,是通过个体的自我意识这一人格调控系统的核心而起作用的。

自我意识越成熟、越完善的大学生,其自我认知、自我体验和自我控制越能够协调一致地工作。他们对生活中的负性事件的认知比较客观,情绪体验较适度并能积极地进行调解和控制。他们表现出较强的心理承受能力和自我调节能力,因此他们能够经常维持心理健康。而自我意识不成熟或自我意识本身就有障碍的大学生,由于对自身都无法正确地认识,也就无法客观地分析、评价生活中的负性事件,要么产生歪曲的认知,要么情绪反应过激,要么缺乏行动的动机。因而他们的心理素质较差,心理健康水平也较低。

第二节 自我意识与自我成长

自我意识对人的心理健康起着很重要的作用,它制约着人格的形成及发展,在人格的优化中发挥着强大的动力功能。健全的自我意识是心理健康的重要标准,是人类自身内在的一种成功机制,在人才发展中发挥着重要作用。健全的自我意识有以下五个标准。

(1) 自我意识健全的人,应该是一个自我肯定、自我统合的人。

(2) 自我意识健全的人,应该是一个自我认识、自我体验、自我控制协调一致的人。

(3) 自我意识健全的人,应该是一个独立的同时又与外界保持协调的人。

（4）自我意识健全的人，应该是一个自我发展的人，其自我具有灵活性。

（5）自我意识健全的人，应该是一个心理健康的人，不仅自己能健康发展，而且能促进社会文明和进步。

那么，大学生应该如何培养健全的自我意识，促进自我的健康成长呢？

一、正确认识自我

（一）全面地认识自我

正确地认识自我必须建立在全面的自我认识基础之上。有人做过这样一个实验，一位老师进了教室，在白板上点了一个黑点。他问班上的学生说："这是什么？"大家都异口同声地说："一个黑点。"老师故作惊讶地说："只有一个黑点吗？这么大的白板大家都没有看见？"人在认知世界和人自身的时候，都有一种习惯，就是根据直觉注意选择知觉的对象，古人所谓"一叶障目"就是这样的。这种心理功能在远古时期，为我们的祖先保护自身创造了条件，但是在21世纪这样一个社会高度发展、人的心理功能和社会功能高度分化的时代，我们凭着直觉注意已经不能准确地完成对世界和自我的认识了。人在认识自我的时候，需要有更多的理性思维，从更为丰富的角度认识自我。日本的管理之神松下幸之助在总结自己的成功经验时说："我有三个缺点，都被我变成了优点：第一，因为家里穷，知道奋斗才能成功；第二，没文化，懂得要自学；第三，身体不好，懂得要依靠别人。这样三个弱点就变成了优势。"理性的认知意味着全面、丰富而辩证地认识问题。

真正地认识自己、全面评价自我的方法很多，主要有以下五种：

（1）与他人比较认识自己。个人认识自己的能力、自己的价值、自己的品德以及个性特征往往是通过与他人的比较而实现的。与他人比较，最重要的是要选择恰当的参照人。大学生不仅仅要与自己情况差不多的人相比，更要与优秀的人们相比，与理想的人物和标准相比，"见贤思齐焉"。

（2）从他人对自己的态度中认识和评价自我。人们总是要在与他人的相互交往中不断深化对自己的认识，同时也在认识和评价他人，在评价他人的过程中，也接受他人对自己的评价。

（3）通过反省自己的心理活动和行为来认识、评价自我。随着大学生自我认识与自我评价能力的提高，大学生必须经常反思自我，勇于并善于将自我作为一个认识的对象,严于解剖自我,敢于批评自我。

(4) 积极参加实践活动,借活动成果认识和评价自我。大学生应打破自我封闭,增加生活阅历,在积极参加实践与交往中使自己的天赋与才能得以发挥,以便进一步全面评价自我和发展自我。

(5) 综合分析评价。将通过各个途径获得的关于自我的信息进行分析、综合与比较,实事求是地全面评价自我。

(二) 正确地评价自我

学会正确地评价自我,在认识自我的过程中既要能够认识到自己的优点,也要能够准确地把握自己的缺点。人如果不了解自己的优点与缺点,就会迷迷糊糊;如果刻意夸大自己的优点,掩饰自己的缺点,就可能变得狂妄自大;如果仅看到自己的缺点,见不到自己的优点,就可能变得自卑萎缩;如果放弃了自己原有的实在,去追寻那缥缈的希望,那么生活就会充满痛苦、无奈。

> 有一则西方的寓言故事:有一天,一群动物聚在一起,彼此羡慕对方的优点,抱怨自己的缺点,于是决定成立一所学校,希望通过训练,使自己成为一个通才。它们设计了一套课程,包括奔跑、游泳、飞翔和攀登。所有动物都注了册,选修了所有的科目。最后的结果是:小白兔在奔跑方面,名列前茅,但是一到游泳课的时候,就浑身发抖;小鸭子在游泳方面,成绩优异,飞翔也还差强人意,但是奔跑与攀登的成绩惨不忍睹;小麻雀在飞翔方面,轻松愉快,但不能像样地奔跑,碰到水就几乎精神崩溃;至于小松鼠,固然爬树的本领高人一等,奔跑的成绩也还不错,却在飞翔课中学会了逃课。
>
> 大家越学越迷惑,越学越痛苦,终于决定:停止盲目学习别人,好好发挥自己的长处。它们不再抱怨自己、羡慕别人,因此又恢复了往日的活泼和快乐。

这个寓言故事至少告诉我们两点:

(1) 天生万物,各有所长,各有所短,不能强求。

(2) 人的价值,在于回归自我,也就是把自己的长处充分发挥出来。

我们必须相信自己,信任自己才能生存;我们必须把握自我,获得自我认定(self-identity),进而获得自我实现(self-actualization)。

（三）主动地悦纳自我

悦纳自我是形成健全的自我意识的核心和关键。有的人从生下来就不满意自己，天天审判自己：如我为什么是个女孩，不是男孩；我为什么是单眼皮，不是双眼皮；我为什么生在穷人家，没有生在富人家；我为什么拥有天使的身材，却无漂亮的脸蛋；我为什么不如别人那么优秀；等等。这种过度的审判就是不接纳自己。心理学研究表明，人的很多心理问题是由于不接纳自己造成的。

悦纳自我就是相信自我。有人说世界上没有两片相同的叶子，同样，你就是世界上独一无二的，有史以来，曾经有亿万人生活在这个地球上，但从未有过第二个你。所以我们要自尊自爱，哪怕遭受挫折、历经坎坷。如果你连自己都怀疑，还能指望谁能相信你？要相信自己的能力，对于贬抑性的评价不要盲目接受。事实上，社会上有些评价并不总是正确的。例如，发明大王爱迪生，上小学时被老师认为"智力迟钝"，刚念了三个月小学就被学校开除了；爱因斯坦在学生时代被老师斥责为"永远不会有出息"。而事实上呢，他们都在科学领域做出了杰出贡献。同学们，要学会把贬抑性的评价化为向上的动力，看成是对自己的鞭策和督促，这样就能防止自卑感的产生。

悦纳自我就要原谅自己。人生的大道并不总是平坦的，总会有太多的不如意，如某件事没有做好，考试没有考好，等等，假如你总是无休止地埋怨自己，惩罚自己，你将陷入一种自卑和自暴自弃的恶性循环之中。曾有一位学习尖子，偶然一次败得很惨，便开始给自己挖精神陷阱。她向班主任倾诉："老师，我原来是全年级前五名，这回我在班级内才考到30名，回家后怎么向父母交代？左右邻居怎么看我？我的竞争对手不知会怎么嘲笑我呢，同学们一定会指手画脚地议论我……"不要把一次偶然的失败看得太重，把失败当成给自己心理施加压力的包袱。有效的方法就是原谅自己，把用于挖精神陷阱的时间，用于分析失败原因，用于研究重新取胜的办法，走出失败的陷阱，重现当年的辉煌。

悦纳自我就要正视自己。"尺有所短，寸有所长"，每个人都有短处和缺陷，其中有的是无法补救的，或只能做有限的改善。在这种情况下，应该正视自己，坦然接受这种缺陷，并不为此羞愧，不在别人面前加以掩饰，不采取其他防御行为。如只注意自身不足的人，容易产生自卑心理。例如，有些学生认为自己长得丑而有意把自己封闭起来，拒绝与人交往，幻想与世隔绝，躲到深山或沙漠里去。殊不知这样做往往事与愿违，内在美表现不出来，反而增添了孤独苦闷。人的美与丑从来就不是绝对的,相貌的好坏并不是人的本质内容。人的美包含有面貌、身材、心灵、气质等多种因素,其外在美与内在美相比较,后者重要的多,有价值得多。雨果笔下巴黎圣母院中的卡西莫多长得丑,但没有一个人认为他丑,因为他的内心是美的,他赢得了人们的敬爱。一位先哲说过,"人不是因为美才可爱,而是因为可爱才美丽"。

(四) 自觉地调控自我

世界上只要同时存在两个人,任何一方都要考虑到自己的行为对对方的影响。有效地控制自我是健全自我意识的根本途径,有效地进行自我调控是为了保证自我的健康发展。

(1) 注意培养顽强的意志力。

很多大学生为自己树立了远大的目标和理想,在努力的过程中,没有足够的自制能力和意志,经受不住挫折和打击,就无法实现自我理想。因此,大学生要发展坚持性和自制力,增强挫折耐受力,使自己能自觉主动地认清目标,为实现目标而努力排除干扰、克服困难。

(2) 建立合乎自身实际的目标。

要使自我控制积极有效,大学生应该建立合乎自身实际的目标,首先,要合理定位理想我。理想我是大学生将来要实现的目标,在确立其内容时,要立足社会需要,符合社会对大学生的要求和规范。其次,要从大学生自身的实际出发,既不好高骛远,也不过于简单,把远大的目标分解成一个个远近高低不同的具体目标,目标要符合自己的实际能力,不苛求自己,不被他人的要求所左右。只有明确这一点,才可能真正地认清自己,规划自己的发展方向,最终建立独立的自我。

(3) 积极参加社会实践。

自我评价、自我锻炼和自我教育是一个实践过程。因为参加社会实践,用学到的知识和智慧为社会服务,可以认清自己的责任和义务,确立科学的人生观、价值观。在实践中,学会用乐观的情绪和积极的心态去对待问题,客观公正地看待事物,增加自我意识中的理性成分,消除偏激和肤浅,使自己得到和谐发展。

(4) 塑造健全的人格。

人格不仅是人的心理面貌的集中反映,而且是人心理行为的基础,它在很大程度上决定了人对外界的刺激做出怎样的反应,因而会直接影响人的身心健康、活动效果、社会适应情况,进而也将影响到一个人的生理、心理和社会文化素质在内的综合素质的发展。健全的自我意识的形成,除了要有对自我的正确认识外,还要有健全的人格支持。

二、寻找理想自我

罗杰斯根据临床实践,提出了与现实自我(real self)相对应的理想自我(ideal self)。理想自我代表个体最希望拥有的自我概念、理想概念,即他人为我们设定的或我们为自己设定的特征。它包括潜在的与自我有关的、且被个人高度评价的感知和意义。现实自我包括对已存在的感知、对自己意识流的意识。通过对自己体验的无偏见的反映及对自我的客观观察和评价,个人可以认识现实自我。罗杰斯认为,对于一个人的个性和行为具有重要意义的是他的自我概念,而不只是现实自我。他在临床实践中发现,现实自我和理想自我之间的不一致或者巨大差距是导致个体迷失自我的重要原因。

人的生命,似洪水奔流,不遇着岛屿和暗礁,难以激起美丽的浪花。现实是此岸,理想是彼岸,中间隔着湍急的河流,行动则是架在河上的桥梁。人的价值是由自己决定的。燧石受到的敲打越厉害,发出的光芒就越灿烂。正如恶劣的品质可以在幸运中暴露一样,最美好的品质也是在厄运中被显示的。《自卑与超越》是很受大学生们喜爱的一本书,作者阿德勒在书中表述的最核心的观念就是自卑感是创造力的源泉,对自卑的超越的动机是我们达到理想彼岸的动力。

很多人在谈及理想的时候,总喜欢把理想和崇高联系在一起,认为只有崇高的理想才是理想,理想是少部分人的事情。其实不然,理想是每一个人的事情,是关乎个人存在意义的事情,理想是自我的拷问。尼采曾经说过一句话"He who has a why to live for can bear almost any how."(人如果知道了为什么而活着,那他就可以面对任何生活。)

一个博士自杀之前写下这样一段话:"我的人生目标就是考上名牌学校,我如愿以偿地考上了。上了大学,人们又说还得攻读硕士研究生,我又成为名牌大学硕士研究生的一员。之后,又有人告诉我攻读博士研究生才是人生的最高目标,我又继续努力,也考上了。可是再往前我还有什么可以追寻的呢?我活着是为了什么呢?找不到活着的理由,我想我的人生追求已经到了尽头,还是结束自己的生命好了。"

如果说失败是人生的一次挫折的话,那么失去理想就意味着放弃了对生命意义的追求。美国心理学家弗兰克认为人类的基本动力是"追求意义的意志"。弗兰克调查发现40%的欧洲学生曾感受到生命缺乏意义感,美国学生更高达81%;另一项调查由约翰霍普金斯大学完成,包含48个大学7 948名学生,结果有78%的学生表示其第一目标为寻找生命的意义,只有16%的学生是要赚大钱。

对于理想,孙中山先生曾经鼓励青年:"不要立志做大官,要立志做大事。"所谓做大事,应是把一件有意义的事从头到尾、彻彻底底地做好。它与功名、利禄、家世无关,人人可以做大事。孙中山先生所谈到的理想是一种能够承担、负责的态度,也是追求自我存在的主要途径。

弗兰克在谈及人生的理想与意义的时候,指出人生的意义不仅仅在于追求,更重要的是发现与体认。按照弗兰克的观点,人们能以三种不同的途径去发现生命的意义:创造或工作、体认价值、受苦。

工作的意义:工作使人的特殊性在对社会的贡献中体现出来,从而使人的创造性价值得以实现。这是发现生命意义的一条重要途径。因此,人所从事的工作是什么并不重要,关键在于他是如何从事这项工作的,或者说他对工作采取了何种态度。正是积极的、创造性的、有责任感的态度给工作赋予了意义。然而,工作常常被有些人用作填补生活的空虚与无意义感的手段。于是,一旦一周的工作匆忙结束,无目的、无意义感便再度袭来,并使人觉察到对自己生命的不满意。

爱的意义:发现生命的意义的第二条途径是体认价值。可以通过体验某种事物,如工作的本质或文化,尤其可以通过爱体验某个人。爱是将某个人当作独特的个体去体验。只有借助爱,才能进入另一个人的灵魂深处,也只有借助爱,才能发现所爱者的潜能,并促使他发挥那些潜能。在这种超越自己的爱中,潜藏着生活的意义和价值,等待着人们去发现。

苦难的意义:当一个人面临无可改变的厄运,创造性价值和体验的价值都难于实现时,人们也得到了一个机会,去实现最深的意义与最高的价值——态度的价值。因为坦然正视命运所带来的痛苦本身就是一种进取,而且是人所具有的最高层次的进取。苦难让人远离冷漠与无聊,让人更为积极,从而能不断成长与成熟。当然,只有在痛苦是不可避免的时候,忍受痛苦才具有巨大的价值。否则,苦难不称其为苦难,忍受也就没有意义。

弗兰克对于意义意志实现途径的诠释和孙中山先生的解释虽然表述的层次、角度不一样,但是表达的内涵则有相似之处:生命的理想与意义是选择与承担的过程。当前,有一句话很流行,就是"态度决定一切"。如果我们在态度上选择了迎接生命的挑战与拷问,那么我们将是最强大的。

三、做最好的自己

马斯洛在《一流菜汤与二流绘画》中写道:如果一个家庭主妇认真仔细地做出了自己认为最好的菜汤,那么此时她已经做到了自我实现。如果一个一流的画家草草画了一副二流的画,这时相比一流的菜汤,这个画家就没有做到自我实现。因此,并非只有干出一番轰轰烈烈大事业的人才算成功,真正的成功应是多元化的,每个人都有属于自己的成功,那就是做最好的自己。

(一)发挥优势

"天生其人必有才,天生其才必有用。"每个人都与别人不同,都具有个别性和特殊性,经营好自己,谁都能成就自我。

成功心理学发现,每个正常人都有其独特的优势。才干、知识和技能三者结合在一起就构成了一个人的优势。一个人需要识别自己的主导才干,然后有针对性地获得相应的知识和技能,继而将它们转化为优势。最重要的是每个人应该知道自己的优势是什么,之后要做的则是将自己的生活、工作和事业发展都建立在这个优势之上,这样方能成功。美国数学家盖洛普曾做过上万个成功企业家的研究,通过对案例分析发现,尽管其路径各异,但成功者有一个共同点,就是扬长避短。而"传统智慧"则鼓励人们不遗余力地去纠错补缺,然而当人们把精力和时间用于弥补缺点时,就无暇顾及增强和发挥优势,它会消耗大量的精力,使人越来越难以保持热情。因此,成就自我的两大原则就是:最大限度地发挥优势,而不是克服缺点;通过学习和实践获得成功品质以形成和保持自身的优势。

无论你是怎样一个人,由于你的独特性,总有适合你的事情。"吹毛求疵"的人是好的质量监督员,"谨小慎微"的人是安全生产监督员,"眼尖嘴利"的人是优秀的纪律监督员,"斤斤计较"的人是最合适的仓库验收员,爱"抛头露面"的人是公关的最佳人选。所有这些看似的缺点,只要放到了合适的地方,就是最大的优点。

(二)挖掘潜能

脑科学研究表明,如果一个人的大脑全部开发,那么他将学会40种语言,拿14个博士学位,将百科全书从头到尾一字不漏地背下来,他的阅读量可以达到世界上最大的图书馆——美国图书馆1 000万册书的50倍。

心理学家威廉·詹姆斯认为,"普通人只用了潜力的极小部分,与我们应该成为的人相比,我们只苏醒了一半。我们的热情受到打击,我们的蓝图没能展开,我们只运用了我们头脑和身体资源的极小一部分"。成就自我就是要最大限度地开发个人潜能,让自己走向力所能及的高度。

任何的限制,都是从自己的内心开始的。

1. 愿望要强烈

案例二

一对母女相依为命,一天母亲赶在女儿睡醒之前去买菜,没想到女儿提前睡醒了,到处找妈妈,最后跑到阳台上去找,正好看见母亲回来,就大声地喊妈妈。母亲怕女儿摔下来,急喊:"女儿,你千万不能往下跳。"结果女儿没听到母亲说什么,也没看懂手势,以为母亲让她跳,就跳了下来。这时,母亲飞奔了100多米,竟然把女儿接住了。后来让母亲尝试在相同时间内再接同样的重物,一次也没有成功,又找到日本跑得最快的选手来试,仍然做不到。

正是拯救女儿的强烈愿望让一个母亲发挥出了生命中的最大潜能。如果你的成就动机足够强烈,便能永远寻找到做事的方法,如果你有充分的理由,便能超越任何极限。

2. 变"想要"为"一定要"

案例三

21岁身无分文的陈安之到世界潜能大师安东尼·罗宾的公司应

聘,那时约有85位应征者,结果他是唯一被录取的。他当时觉得不可思议,这么多有智慧、有经验的人竟然没有被录取。后来他问公司的总经理:"为什么你录取我呢?"总经理说:"因为只有你一个人看起来很想成功,而且只有你一个人决定你一定要成功,其他的人都只是有兴趣要成功而已。"

很多人之所以不成功,是因为时常犹豫不决,畏首畏尾,没有下定决心。当一个人决定"一定要"的时候,他的潜能才可能真正被激发出来。达到目标与否取决于"想要"与"一定要"的差别,因为一个人总是先做"一定要"的事情,然后才做他"想要"的事情,决心不够就会阻止行动的潜力。所以你想达成所愿,就要变"想要"成功为"一定要"成功。

(三) 打造成功品质

1. 不要等待机会,而要创造机会

在当今社会,消极被动的人常常错失良机、无所作为,只有积极主动的人才能在瞬息万变的竞争环境中获得成功,只有善于展示自己的人才能在事业中获得真正的机会。我们不要被动地等待别人的吩咐和安排,而要主动去了解自己想做什么,规划它们,然后全力以赴地去实现。

(1) 拥有积极、乐观的人生态度。

积极的心态是成功人士的重要标志,从困境中看到希望,从失败中领悟教训,积极应对、乐观向前,这些才能决定你的成功。

陈安之演讲时曾连续八次被轰下台,因为讲得太烂了,大家都不想听,他就告诉自己:"每一次失败都让我更接近成功,每一次失败都让我更接近成功……"当他这样对自己说的时候,内心的态度和外在的表现就变得非常积极。

(2) 改变消极、被动的习惯。

不要习惯性地盲从别人,要有自己的想法。遇事习惯性地先问别人:"你怎么看?"何不问自己:"我怎么想?"我们应该有自己独立的见解和追求,而不是随波逐流。从现在开始,主动表达出自己的意见,而不是人云亦云。

不要等事情找上你,应主动对事情施加影响。被动就是弃权,不做决定也是一种决定,而且是最坏的决定。要让每一件发生在你身上的事都是因你的决定而发展、变化的,而不是因你无所作为才变成现实。

不说"我做不到",应当努力去尝试。遇到困难和挑战时,不找借口,要变消极退缩为积极尝试。

(3) 主动把握和创造机遇。

屠格涅夫曾说:"等待的方法有两种:一种是什么事也不做的空等;另一种是一边等,一边把事情向前推动。"

在一项对美国公司的首席执政官的调查中发现,他们最欣赏的就是那些主动要求做某项新工作的员工。无论他们能否做好,至少这些员工比那些只会被动接受工作的员工要令人欣赏,因为他们有勇气、积极上进,而且会从中学习。

有两种人永远与机遇不沾边:一种是只做别人交代的事的人;另一种是从不做好别人交代的事的人。所以当机遇尚未出现时,我们应该主动地为自己创造机遇,积极主动地尝试不同的事情;机遇往往一去不复返,机遇来临时就要全力以赴,抓住契机发展自我,切忌瞻前顾后、优柔寡断。

(4) 主动展示自己。

拿破仑·希尔曾说:"如果你想成为一个不平凡的人,就要学会怎样推销自己。"

社会上存在三种人:只肯做不愿说的人;不肯做只会说的人;既肯做又能说的人。在这个竞争激烈的时代里,哪类人更容易脱颖而出呢?答案不言而喻。如果你到现在还觉得怀才不遇、壮志未酬,不要埋怨没有"伯乐"来赏识、器重你,因为只有那些能够积极推销和表达自己、有进取心的人才能出类拔萃、一展宏图。我们不但要恪尽职守,更需要主动献计献策;主动请缨,承担任务和责任,向别人推销自己、展示自己。把握转瞬即逝的机会,是金子就自己发光,是千里马就主动向伯乐展示。

2. 坚持不懈地做下去

常言道:"有志之人立长志,无志之人常立志。"拿破仑也说过:"胜利在最后五分钟。"

成功的路上难免有困难和挫折,但认准的目标一定得坚持。能否在困境中继续前行常常是成功和失败的分水岭。也许,我们的人生旅途上沼泽遍布、荆棘丛生;也许,我们追求的风景总是山重水复,不见柳暗花明;也许,我们需要在黑暗中摸索很长时间,才能找到光明……但这只是暂时的,很多时候,越是到了困难时,就越是接近成功。成功只属于少数人,困难却是用来淘汰多数人的。因此,困难时要对自己说:"再坚持一会吧,可能成功就在前面一点点。"

3. 学会分享与协作

比尔·盖茨说:"虽然每个人的步伐有快有慢,作为个体行为这无可厚非,但在一个团队中必须保持步调一致。你的步子不能走得太快,走得太快反倒没用,走得太慢也不行,我们需要团队一致。"

俞敏洪说:"当你有六个苹果时,千万不要把它们都吃掉,因为你全都吃掉就只吃到了一种味道。若你拿出五个给别人吃,尽管表面上你失去了五个苹果,实际上你得到的更多。当别人有了别的水果的时候,也一定会和你分享,最后你可能就得到了六种不同的水果、六种不同的味道、六个人的友谊和好感。事实上要学会用你拥有的东西去换取对你来说更加重要和丰富的东西,在人与人之间学会交换和分享。"

分享体现出"舍"与"得"的智慧,你付出得越多,你得到的就越多。在资源共享过程中,团队每个成员都在收获,都在进步,团队的整体实力将大大提升。这是独占者和独享者无法体会到的成长快乐。

尺有所短,寸有所长,个人的成功离不开与他人的优势互补。强与弱是整体而言的。单从某个局部来看,强者会有其薄弱之处,弱者也会有强的一面。结合所有资源和优势,并懂得团队合作,取长补短,兼顾互利,共同发展,便会形成强大的整体优势,同舟共济走向成功。以下几条可供借鉴。

① 在学习过程中,施行资源共享,把好的思路、想法和结果与别人分享。

② 在读书之余积极参加各种社团工作,在与他人分工合作、互助互惠、分享成果的过程中,体会团队精神的重要性。

③ 掌握团体沟通的技巧,互相尊重、互相信任,协调利益冲突和个人矛盾。

4. 注重灵活变通与坚持不懈相结合

成功之路有时候会荆棘丛生、障碍重重,我们没有必要盲目硬冲、硬闯,可以选择灵活应对,有困难绕过去,有障碍跳过去,这种智慧更能确保目标的实现。

亨利·谢里曼幼时迷恋《荷马史诗》,决心投身考古研究。但考古耗资巨大,还需要衣食无忧,而他家境贫寒,在现实与理想之间,没有直线可走,他决定走曲线。很早他就开始赚钱谋生,且自修了多门语言。多年以后,他终于积攒了一大笔钱,放弃了有利可图的商业,开始在特洛伊挖掘。不出几年,他就发掘出了九座古城,而且挖到了两座爱琴海古城——迈锡尼和梯林斯,成为发现爱琴海文明的第一人,其发现在世界文明史中有着重要意义。

世间并没有真正意义上的障碍,有的只是不同的心态、不同的路径。人有时候应该像水一样前进,如果前面是座山,就绕过去;如果前面是平原,就漫过去;如果前面是张网,就渗过去;如果前面是道闸门,就停下来,等待时机。平面上两点之间,直线最短;而在现实生活中,更多的时候,走"曲线",则反而更容易达成目标。

第三节　心理策略训练

小测验

1. 自我概念(自我形象)与理想自我一致性测试

这个练习用于测试你的自我形象与理想自我之间的一致性。请将表2.1中15个项目所包含的内容分别写在卡片上,然后把它们随机放在桌子上。

首先,你会得到一个对你的自我形象的简单描述。按照从上到下或者从左到右的顺序直线排列这些卡片。在一端放上你认为对自己描述最确切的陈述,然后按照描述的确切程度顺序排列剩下的卡片。再在标记着"自我"的那一列中记下每个项目的排列位置。例如,卡片1排在第八的位置,就在卡片1的旁边写上"8"。

重复这个过程,以测试你的理想自我,即按照对理想自我描述的贴切程度来排列这些卡片,在一端放上描述最贴切的卡片,在另一端放上最不贴切的卡片。排列完毕后,在"理想"的那一列记下每个项目的位置(表2.2)。

表2.1　自我描述

序　号	自　我　描　述
1	我是个可爱的人
2	我有时有些以自我为中心

续表

序　号	自　我　描　述
3	我具有身体吸引力
4	我对赞许有很强的需求
5	我通常工作努力
6	我经常做白日梦
7	在必要时我很自信
8	我时常感到气馁
9	我是一个焦虑不安的人
10	我的智力水平在平均水平之上
11	我在人群中很害羞
12	我很幽默
13	我有时不诚实
14	我脾气很好
15	我爱讲闲话

表2.2　自我形象与自我理想差异

序　号	自我形象	自我理想	差　异
1			
2			
3			
4			
5			
6			
7			
8			
9			
10			
11			
12			

续表

序 号	自 我	理 想	差 异
13			
14			
15			

如果你想知道你的自我形象和理想自我之间的一致性如何,请注意每张卡片的排列位置差异。例如,卡片1在你的自我形象一栏排位为8,而在你的自我理想一栏排位是2,那么它们之间的差为6。无论正负,记录下每张卡片的绝对差。然后计算出差的总和。总和若在45左右,则是平均水平。总和若低于25,表示你的自我形象和理想自我具有高度一致性。总和若在70以上,则表明你的自我形象和理想自我之间的一致性比较低。当然,这只是一个联系,不是一个标准的测试,总和的高低并不意味着你有什么问题。

2. 心理自测——自我和谐量表

下面是一些个人对自己看法的陈述,填答时,请你看清每句话的意思,然后圈选一个数字(1代表该句话完全不符合你的情况,2代表比较不符合你的情况,3代表不确定,4代表比较符合你的情况,5代表完全符合你的情况)以代表该句话与你现在对自己的看法相符合的程度。每个人对自己的看法都有其独特性,因此答案是没有对错的,你只要如实回答就行了。

(1) 我周围的人往往觉得我对自己的看法有些矛盾。　　1 2 3 4 5

(2) 有时我会对自己在某方面的表现不满意。　　1 2 3 4 5

(3) 每当遇到困难,我总是首先分析造成困难的原因。　　1 2 3 4 5

(4) 我很难恰当表达我对别人的情感反应。　　1 2 3 4 5

(5) 我对很多事情都有自己的观点,但我并不要求别人也与我一样。　　1 2 3 4 5

(6) 我一旦形成对事物的看法,就不会再改变。　　1 2 3 4 5

(7) 我经常对自己的行为不满意。　　1 2 3 4 5

(8) 尽管有时做一些不愿意的事,但我基本上是按自己的意愿办事的。　　1 2 3 4 5

(9) 一件事好是好,不好是不好,没有什么可含糊的。　　1 2 3 4 5

(10) 如果我在某件事上不顺利,我就往往会怀疑自己的能力。　　　　　　　　　　　　　　　　　　　　1　2　3　4　5

(11) 我至少有几个知心朋友。　　　　　　　　　　1　2　3　4　5

(12) 我觉得我所做的很多事情都是不该做的。　　1　2　3　4　5

(13) 不论别人怎么说,我的观点决不改变。　　　　1　2　3　4　5

(14) 别人常常会误解我对他们的好意。　　　　　　1　2　3　4　5

(15) 很多情况下我不得不对自己的能力表示怀疑。　1　2　3　4　5

(16) 我朋友中有些是与我截然不同的人,但这并不影响我们的关系。　　　　　　　　　　　　　　　　　1　2　3　4　5

(17) 与朋友交往过多容易暴露自己的隐私。　　　　1　2　3　4　5

(18) 我很了解自己对周围人的情感。　　　　　　　　1　2　3　4　5

(19) 我觉得自己目前的处境与我的要求相距太远。　1　2　3　4　5

(20) 我很少去想自己所做的事是否应该。　　　　　1　2　3　4　5

(21) 我所遇到的很多问题都无法自己解决。　　　　1　2　3　4　5

(22) 我很清楚自己是什么样的人。　　　　　　　　　1　2　3　4　5

(23) 我能很自如地表达我所要表达的意思。　　　　1　2　3　4　5

(24) 如果有足够的证据,我也可以改变自己的观点。　1　2　3　4　5

(25) 我很少考虑自己是一个什么样的人。　　　　　1　2　3　4　5

(26) 把心里话告诉别人不仅得不到帮助,还可能招致麻烦。　　　　　　　　　　　　　　　　　　　　　1　2　3　4　5

(27) 在遇到问题时,我总觉得别人都离我很远。　　1　2　3　4　5

(28) 我觉得很难发挥出自己应有的水平。　　　　　1　2　3　4　5

(29) 我很担心自己的所作所为会引起别人的误解。　1　2　3　4　5

(30) 如果我发现自己某些方面表现不佳,总希望尽快弥补。　　　　　　　　　　　　　　　　　　　　　1　2　3　4　5

(31) 每个人都在忙自己的事,很难与他们沟通。　　1　2　3　4　5

(32) 我认为能力再强的人也可能遇上难题。　　　　1　2　3　4　5

(33) 我经常感到自己是孤立无援的。　　　　　　　　1　2　3　4　5

(34) 一旦遇到麻烦,无论怎样做都无济于事。　　　1　2　3　4　5

(35) 我总能清楚地了解自己的感受。　　　　　　　　1　2　3　4　5

量表评分

各分量表的得分为其包含的项目分直接相加,三个分量表包含的项目为:

(1) 自我与经验的不和谐:1、4、7、10、12、14、15、17、19、21、23、27、28、29、31、33 共 16 项,得分之和高分≥56 分,低分≤35 分。

(2) 自我的灵活性:2、3、5、8、11、16、18、22、24、30、32、35 共 12 项,得分之和高分≥55 分,低分≤37 分。

(3) 自我的刻板性:6、9、13、20、25、26、34 共 7 项,得分之和高分≥40 分,低分≤13 分。

总分:将自我的灵活性反向计分,再与其他两个项目分数相加。得分越高,自我和谐度越低,容易因为对环境的不适应或逃避而导致自我的僵化,或因不能改变导致无助感。一般来说,低于 74 分为低分组,75~102 分为中间组,103 分以上为高分组。

心理活动 寻找发光的自己——"认识自我"团体心理活动

活动目的

帮助同学了解自己的特质,发现个人的长处,建立自信和确定自己的价值。

活动准备

纸、笔和音乐。

活动过程

(1) 我爱我家。

集体活动:全体成员先手拉手围成一圈,然后教师说"变!X人一组",成员必须按照要求重新组合,组成自己的团队、自己的家。

(备注:①教师可以多次变换人数,让成员有机会去改变自己的行为,积极融入团体,让组员体验有家的感觉,体验团体的支持,从而更加愿意与团体在一起。最后一次变换人数,主持人应按照事先设定好的几人一组进行分组。②活动进行时,可播放歌曲如《缘来一家人》等相应的歌曲。)

学生活动:找到家后,让同学们制作自己家的名片,然后贴在胸前。名片上要有"家"名、"家"号。

注意:"热身"阶段,主要是为了营造融洽活跃的氛围,让学生更快地融入团队中。

(2) 和我一样。

根据前面活动分成的小组,从小组中某个成员开始,大声喊出:"我很想知道,在我们小组中有没有人和我一样……(可以是相同的兴趣爱好,也可以是相似的身体特征等)"如果有一样特征的成员则一起向前跨出一步,每个成员至少轮回一次。

分享:在这个活动中,你有什么感受,请与大家分享。请4～5位同学发言。

(3) 我是"谁"。

请写出20句"我是怎样的人",要求尽量选择一些能反映个人风格的语句,避免出现类似"我是一个男生"这样的句子。

我是一个＿＿＿＿＿＿＿＿＿＿＿＿＿＿＿＿的人。

我是一个＿＿＿＿＿＿＿＿＿＿＿＿＿＿＿＿的人。

……

在完成上述任务以后,你可以根据以下方式对你的自我认知进行进一步的分析。

(1) 将陈述的20项内容做下列归类:

① 身体状况(体貌特征,如年龄、身高、体形、是否健康等)。

编号:＿＿＿＿＿＿＿＿＿＿＿＿＿＿

② 情绪状况(常持有的情绪情感,如乐观开朗、振奋人心、烦恼沮丧等)。

编号:＿＿＿＿＿＿＿＿＿＿＿＿＿＿

③ 才智状况(智力、能力情况,如聪明、灵活、迟钝、能干等)。

编号:＿＿＿＿＿＿＿＿＿＿＿＿＿＿

④ 社会关系状况(与他人的关系、如何和别人应对进退、对他人常持有的态度、原则,如乐于助人的、爱交朋友的、坦诚的、孤独的等)。

编号:＿＿＿＿＿＿＿＿＿＿＿＿＿＿

⑤ 其他。

编号:＿＿＿＿＿＿＿＿＿＿＿＿＿＿

分类是为了了解自己对自己各方面的关注和了解程度,某一类项目多,说明你对这方面关注和了解多;某一类项目少或没有,说明你对这方面关注和了解少或根本就没关注、不了解。健全的自我意识应能较为全面地关注和了解自己。

（2）评估你对自己的陈述是积极的还是消极的。

在你列出的每句话的后面加上正号（＋）或负号（－）。正号表示"这句话表达了你对自己肯定满意的态度"；负号的意义则相反，表示"这句话表达了你对自己不满意、否定的态度"。看看你的正号与负号的数量各是多少。

如果你获得的正号的数量大于负号的数量，说明你的自我接纳状况良好。相反，如果你获得的负号将近一半甚至超过一半，这显示你不能很好地接纳自己，你的自尊程度较低，这时你需要内省一番，寻找问题的根源，比如是否过低地评价了自己？是什么原因使你成为这样？有没有改善的可能？

（3）自我肯定。

让学生提供自画像，画出过去的自己，通过各种方法来展示过去自己的个性、爱好、成就、生活、学习等，画好后，每个成员再从过去中挑出有挑战性的或者最有成就感的、最擅长的事情，然后向小组内的其他成员介绍过去的自己，并把最有挑战性的或者最有成就感的事情介绍给大家。

分享：在这个活动中，请与大家分享你的感受。请4～5位同学发言。

注意："自我肯定"阶段，是为了让学生回顾自己以前的生活和学习经历，找出自己成功和有成就的事例，找回自信的自己，教师要注意调动同学们的想象力，每个同学肯定都有值得回忆的东西。

教师引导：① 全面认识自己是一个很重要的心理过程，怎么样全面地认识自己、更好地了解自己对自身成长非常重要。

② 从代表的发言中，看其他同学的过去是怎样的，发现大家都有值得肯定的过去。

③ 能充分发挥自己的长处，这也是一种成功。

 思考题

1. 通过课堂活动，你了解自己是怎样的人吗？
2. 通过本章的学习，你能全面地认识自己吗？你知道自己什么能改变，什么是改变不了的吗？你知道自己接纳或者改变的界限在哪里吗？

 **推荐书目**

［1］马丁·赛利格曼.赛利格曼的幸福箴言3——认识自己，接纳自己［M］.任

俊,译.沈阳:万卷出版公司,2010.

［2］罗伯特·费希尔.为自己出征[M].郭伟刚,译.西宁:南海出版公司,2009.

［3］张德芬.遇见未知的自己[M].北京:华夏出版社,2008.

［4］阿德勒.超越自卑[M].张艳华,译.北京:清华大学出版社,2016.

 **推荐电影**

《蒙娜丽莎的微笑》《三傻大闹宝莱坞》。

> 一个人的成功，只有百分之十五是由于他的专业技术，而百分之八十五则要靠人际关系和他的做人处世能力。
>
> ——卡耐基

第三章 大学生人际交往

第一节 人际交往是什么

人是社会性动物，生活在一定的关系之中，没有人可以脱离社会、脱离交往。俗话说："一个篱笆三个桩，一个好汉三个帮。"建立高质量的人际关系对每一个人来说都至关重要。如果有一些能够提供精神支持的、可以相互信赖的朋友，我们就会感到被接纳和认可，就会有较高的自我成就感，会感到安全和被支持。反之，如果没有朋友，甚至和家人、同事也没有交流，就会常常有愤世嫉俗、孤独无助之感。我们都希望烦恼时，有人一起分担；快乐时，有人一起分享。

人际交往看似简单，其实有很多学问。要保持健康和谐的人际关系需要彼此都做出一定的努力，而不同的人所选择的交往对象也各不相同。下面我们对人际交往做一个简单概述。

一、人际交往的概念及功能

（一）人际交往的概念

人际交往是指个体通过一定的语言、文字或者肢体动作、表情等，将某种信息传递给其他个体的过程。人的认知、动机、情感、态度等都会影响人际交往。认知包括个体对自己与他人、他人与自己关系的了解与把握，它使个体能够在交往中更好地、有针对性地调解与他人的关系。动机在人际交往中有引发、指向和强化功能。人与人的交往总是缘于某种需要、愿望与诱因。情感是人际关系的重要调节因素,人们在交往中总是伴随着一定的情感体验,如满意与不满意、喜爱与厌恶、快乐与纠结等,人们正是根据自身的情感体验不断调整人际关系的。因此,情感是人际关系中最重要的部分,它往往被当作判断人际关系状态的决定性指标。态度是人际交往的重要变量,直接影响着人际关系的建立、形成和发展,没有真诚付出,不去认真地对待交往,交往就很难长久保持下去。

(二)人际交往的功能

人的成长、发展、成功、幸福都与人际关系有密切的联系。对任何人而言,正常的人际交往和良好的人际关系都是其保持身心健康、享有幸福生活的必要前提。

1. 人际交往能够促进自我认知的深化

通过交往,我们可以深入了解他人。而与他人比较,接受他人的反馈是自我意识形成的重要途径。在人际交往过程中,我们能够了解别人对我们的印象如何,别人是如何评价我们的。通过比较他人对自己的评价和自己对自身的评价的异同,有助于我们实现多个自我整合,更好地认识自己,并有助于找到自己的社会位置,扮演好自己的角色。

2. 人际交往能够促进人格的发展

心理学研究表明,儿童与其照看者之间通过积极交往形成的稳定的亲密关系,是其心理乃至身体正常发展不可缺少的条件,如果儿童缺乏与社会成员的正常交往及由此建立起来的亲密关系,其智力就会出现明显障碍。研究表明,幼儿在两岁半到三岁半之间开始有群体意识。在这个阶段一定要鼓励幼儿多与同龄人交往。我国规定幼儿园接收幼儿的年龄正是三岁左右。没有上幼儿园的幼儿也应该为其多创造机会去接触同龄人。研究表明,许多有自闭倾向或情绪低落的幼儿都可以通过多与小朋友"玩",缓解情绪,而许多家长的过度保护则容易让孩子不入群,进而产生各种心理疾病。交往是个性发展与人格健全的必经之路。人有交往的需要,有合群的倾向,这是源于人类亲和的本能。人生在世,必须与他人、社会交流信息,沟通情感。身处逆境时,别人温暖的话语和真诚的关怀,会给人坚持的力量和勇气;取得好成绩时与他人分享,获得别人的祝福和祝贺,则会让人心情舒畅,并产生骄傲自豪感。有时虽无明确的主题,与朋友聊天,一样能让我们减压、心情舒畅。心理学家已经从不同角度做了许多研究,结果表明,健康的人格总是与健康的人际交往相伴随的。

3. 人际交往能够提高心理健康水平

精神分析学家凯伦·霍尼认为,神经症是人际关系紊乱的表现。显示治疗法的创始人格拉斯也认为,所有的心理问题都是由于缺乏满意的人际关系造成的。我国精神科医生许又新教授也提出,人际交往有利于心理健康,良好的人际关系是健康的心理和人格的一种表现。人类的心理病态主要是由于人际关系失调造成的。这是因为人们在人际交往中不仅可以得到他人的帮助,减少孤独和心灵痛苦,而且可以减少恐惧。例如,我们在空旷的房间里或者在野外,如果有个人做伴,心里就会安定很多;如果仅有自己一人,就会特别害怕。

与他人交往可以宣泄自己的愤怒,诉说自己的郁闷,从而减少压力。一般来说,心理健康水平较高的人都具有积极交往的品质,并能与朋友们长期保持关系,能与别人和谐相处,可以很好地理解别人,容忍别人的不足和缺陷,能够适时对人表示同情、赞美,给人温暖、关怀,带给人积极影响。人本主义者马斯洛认为高水平的"自我实现者"一般对人有着更强烈的友爱、关怀的品质。

二、人际交往的一般过程

在人际交往过程中,两个交往的主体从陌生到成为挚友需要经历以下四个阶段。

(一) 定向阶段

定向阶段包括对交往对象的注意、选择、初步交流等。生活中我们每天都会遇到许多素不相识、擦肩而过的人,甚至都注意到了对方的存在。后来因为某些原因,如一起等公交车,一起上自习等,与对方有了初步的交流。

(二) 情感探索阶段

在情感探索阶段,双方开始思考并寻找共同点,包括兴趣、爱好,甚至故乡、家庭背景、未来志向等。主要限于公共信息的交流和个人粗浅信息的交流。随着交往次数的增多,双方发现可以建立情感的着力点越来越多,交往就会持续下去。也有的人在情感探索阶段发现可聊的话题并不多,彼此没有继续交往下去的愿望,此时,交往便会结束。

(三) 情感交流阶段

在情感交流阶段,双方已经有了基本的情感和信任,交往的广度和深度都在不断加强。情感沟通和交流是这个阶段的重点。如果双方能够真诚、主动,并适时赞美对方的优点、指出对方的过错,能与对方共渡难关,在适当的时候给予关怀、理解和支持,那么双方的感情就会逐步加深。

(四)稳定交流阶段

在稳定交流阶段,交往双方都对彼此有了比较深入的了解,对对方的特点有了比较清楚的认识,知道了对方的优点和缺点,并能包容对方的缺点。双方通过不断的交往在心理上有了同一性或者相容性,在原则性问题上没有太大分歧,并在一定程度上允许对方进入自己内心深处,双方产生了较高的信任。

通过以下的例子,可以更明确地认识这四个阶段。

大一寒假回家过年的时候,我兴奋得不得了,从来没有离家这么久,想死爸爸妈妈了。想着回家又可以吃上妈妈做的饭,又回到了当公主的状态,就忍不住想乐。心中的兴奋急于与人分享。我打量四周,看到对面有个女生十分眼熟,就主动和她说起话来。原来她和我就读于同一所大学。她的基本情况与我比较相近,我俩都是独生女,从小被父母捧在手心里。两人聊得很开心,时间一晃就过去了,她在我前一站下车,我们俩约定好,回学校的时候还坐同一辆车。新学期我们俩成了朋友,虽然不在同一专业,但经常一起上自习、逛街,慢慢地越来越熟悉,有时候她和男朋友吵架了,我还给他们两人当和事佬……

三、人际交往的心理效应

人们每天都要和其他人进行交流,在交流过程中给人留下不同的印象,而这些印象往往与真实情况不尽相同,形成这种情况的原因其实就是由"心理效应"引起的。了解人际交往中的"心理效应",我们可以学会怎样留给他人一个好印象,同时也可以帮助我们克服这些效应的消极作用。

(一)首因效应

首因效应一般指人们初次交往时各自对交往对象的直觉观察和归因判断,在这种交往情景下,对他人所形成的印象就称为第一印象。首因效应在人的印象的形成过程中起着重要作用,甚至对一些印象形成的结果起决定性影响。首因效应是人之常情,人人都有切身体验。

案例二

心理学家洛钦斯在1957年撰写了两段文字作为实验材料,对首因效应进行了研究。材料的内容主要是写一个名叫吉姆的学生的生活片段,这两段文字的情况是相反的。一段内容是把吉姆描写成一个热情而外向的人,另一段内容则把吉姆描写成一个冷淡而内向的人,两段文字的描写内容如下:

"吉姆走出家门去买文具,路上碰到了两个朋友,就一起顺路走在铺满阳光的马路上,他们一边走一边聊天。到了文具店时,吉姆一个人走了进去。店里挤满了人,他一面排队等,一面和一个熟人聊天。这时他看到前天晚上刚认识的一个女孩也走进了文具店,吉姆就主动和那个女孩打了招呼。"

"放学后,吉姆独自离开教室出了校门。他走在回家的马路上,阳光明媚,吉姆走在马路有树荫的一边。路过一家文具店时,吉姆走了进去。店里挤满了学生,他注意到那儿有几张熟悉的面孔,但吉姆没有打搅他们,一个人安静地排队等待。这时他看到前天晚上刚认识的一个女孩也走进了文具店,吉姆好像没有看到一样,没和那个女孩打招呼。"

洛钦斯把被试者分为四组,这四组分别为:第一组,先阅读热情外向的材料,后阅读冷淡内向的材料;第二组,先阅读冷淡内向的材料,后阅读热情外向的材料;第三组,只阅读热情外向的材料;第四组,只阅读冷淡内向的材料。

他让四组按照要求阅读相应的文字,要求各组评价"吉姆是怎样的一个人",结果显示,第一组的友好评价比例远远高出第二组的友好评价比例,这就证明了首因效应的存在。此外,第一组的友好评价比例低于第三组的友好评价比例,原因在于第一组后阅读了冷淡内向的材料;第二组的友好评价比例高于第四组的友好评价比例,原因在于第二组后阅读了热情外向的材料。这就是首因效应的作用。

第一印象一旦形成,要改变它并不那么容易,即使后来的印象与最初的印象有差距,很多时候我们会自然地服从于最初的印象。在现实生活中,首因效应所形成的第一印象常常影响着我们对他人以后的评价和看法。有时我们会听见朋友抱怨:"坏就坏在没有给他留下好的第一印象,印象已无法改变。"

既然在人际交往中有这样一个首因效应在起作用,我们就应该充分地利用它来帮助我们完成漂亮的首次自我推销。社会心理学家艾根1977年根据研究得出:同陌生人相遇时,按照SOLER模式表现自己,可以明显地增加别人对我们的接纳性。SOLER是由五个英文单词的词头字母拼写起来的专用术语。其中:S(sit)表示"坐(或站)要面对别人";O(open)表示"姿势要自然开放";L(lean)表示"身体微微前倾";E(eye)表示"目光接触";R(relax)表示"放松"。从描述中我们可以得出"我很尊重你,对你很有兴趣,我内心是接纳你的,请随便。"这样一个轻松良好的第一印象。同时,我们要知道,与人交往是件长久的事,无论什么人都有可能成为好朋友,为了保持这份长久,最重要的是我们都应有一颗真诚的心。

案例三

　　一个新闻系的毕业生正急于寻找工作。一天,他到某报社对总编说:"你们需要一个编辑吗?"

　　"不需要!"

　　"那么记者呢?"

　　"不需要!"

　　"那么排字工人、校对呢?"

　　"不,我们现在什么空缺也没有了。"

　　"那么,你们一定需要这个东西。"

　　说着他从公文包中拿出一块精致的小牌子,上面写着"额满,暂不雇用"。总编看了看牌子,微笑着点了点头,说:"如果你愿意,可以到我们广告部工作。"这个大学生通过自己制作的牌子表达了自己的机智和乐观,给总编留下了美好的"第一印象",引起了其极大的兴趣,从而为自己赢得了一份满意的工作。

(二) 近因效应

所谓近因效应,是指在多种刺激一次出现的时候,印象的形成主要取决于后来出现的刺激,即交往过程中,我们对他人最近、最新的认识占了主体地位,掩盖了以往形成的对他的评价,因此,也称为"新颖效应"。多年不见的朋友,在自己脑海中的印象最深的,其实就是临别时的情景;一个朋友总是让你生气,可是谈起生气的原因,大概只能说上两三条,这也是一种近因效应的表现。

第一印象产生的"首因效应",一般在交往初期,即双方还处于彼此生疏的阶段时特别重要,而在交往后期,也就是双方已经彼此十分熟悉的情况下,近因效应就发挥了很大的作用。它对人际关系,特别是友谊生涯,产生的影响极其微妙,轻者闹一番别扭,彼此不愉快,重者还能酿成悲剧,断送友谊。

我们在交往过程中,常常用近因效应整饰自身的形象。例如,双方感情不和,一旦要分手的时候,一方主动向对方表示好感甚至歉意,会出乎意料地博得对方的好感,甚至将以往的恩怨化解。在与朋友分别时,给予他良好的祝福,你的形象会在他的心中美化起来。

面试结束时,主考官告诉考生可以走了,可当考生要离开考场时,主考官又叫住他,对他说,"你已回答了我们所提出的问题,评委觉得不怎么样,你对此怎么看?"

其实,考官做出这一种设置,是对毕业生的最后一考,想借此考察一下应聘者的心理素质和临场应变能力。如果这一道题回答得精彩,大可弥补此前面试中的缺憾;如果回答得不好,可能会由于这最后的关键性试题而使应聘者前功尽弃。

(三)晕轮效应

晕轮原指月亮被光环笼罩时产生的模糊不清的现象。晕轮效应又称光环效应,它是指人们在了解某人时,对他的某种特征和品质有清晰明显的印象,由于这个印象非常突出,从而掩盖了对这个人其他特征和品质的了解。这是一种以点概面、以偏概全的反应,或者说这种突出的特征或品质像一个光环一样,把人笼罩起来了,使观察者无法注意到他的其他特征和品质,从而以一个人的一种特征或品质,做出对他的整个特征的判断。

案例五

心理学家曾做过这样一项实验：让人看一张卡片，上面写着一个人的五种品质：聪明、灵巧、勤奋、坚定、热情。看后让人想象一下这是一个什么样的人，结果普遍将他想象成一个友善的好人。然后把卡片上的"热情"一词换成"冷酷"，顺序变成：聪明、勤奋、坚定、冷酷、灵巧。再让大家想象一下这是一个什么样的人，结果人们普遍推翻了原来的结论，变成了一个可怕的坏人。这说明"热情"和"冷酷"这两个品质产生了掩盖其他品质的晕轮效应。

热情的晕轮效应在人际交往过程中也被研究者称为"热情的中心品质效应"，充分表示了热情与否对于人际交往的影响。

多数情况下，晕轮效应常使人出现"以偏概全""爱屋及乌"的错误。"一俊遮百丑""情人眼里出西施"也是晕轮效应的反映。

晕轮效应一般产生在不熟悉的人之间或者伴随有严重情感倾向的人之间。最能产生晕轮效应的是外表，外表的美丽往往容易留下美好的第一印象。另外，一个人的气质、性格、能力、才智以及家庭背景、个人修养等都会产生晕轮效应。但是，无论是什么样的人，一个粗俗的举止，就会破坏他的全部好印象，而一个美好的举动则可使他倍增光辉。

"旁观者清，当局者迷"，我们要善于倾听和接受他人的意见，防备晕轮效应的副作用。同时也可以利用晕轮效应增加自身的吸引力。与人交往时，尽量让自己首先暴露出来的是闪光的特质，让对方了解我们的优势，以获得肯定积极的评价。晕轮是美丽的，让我们在其美丽的光环下，冷静、客观地透视人生，把握交往。

（四）刻板效应

提起法国人，人们往往联想到他们热情奔放、浪漫；提起日本人，往往会联想到他们勤劳肯干、崇尚武力；提到英国人，往往联想到他们传统、保守、有绅士风度。当产生这些感觉的时候，我们并没有和他们进行深入的接触。为什么会有这样的印象呢？这就是人际交往中的刻板效应，又称作信息的类别化。

刻板效应即笼统地把人划分为固定概括的类型而加以认识的心理现象。由于人们所处的地理、政治、经济、文化及职业的不同，人们对一定类型的人（如同地缘、同职业的人群)有一种沿袭已久的固定看法,而这种看法往往积淀为人的一种心理定式,并用于判断、评价具体人的人格特征。如人们常根据区域评价一个人,认为北方人一定身材魁梧、正直豪爽,南方人一定小巧玲珑、精明强干;有的大学生认为南方人小气、自私;也有大学生认为家庭社会地位高的学生傲气、不好相处等;还有些大学生按性别来判断一个人,认为男生一定勇敢,女生一定脆弱等。

　　刻板印象的积极作用在于它简化了我们的认识过程。因为当我们知道他人的一些信息时,常根据该人所属的人群特征来推测他所具有的其他典型特征。这样虽然不一定能形成他人的正确印象,但在一定程度上可以帮助我们简化认识过程。但刻板效应更多地带来的是负面效应,因为这种反映并不一定合乎实际,因为即使在同一类人中,除了共性之外,还存在个性,而且个性的存在是普遍的。显然刻板印象所产生的人际认知和评价是不全面的、不准确的,有时会造成偏见或成见,无疑会对人们之间的正常交往带来负面影响。

　　刻板印象的形成途径主要有两类:亲身经验和社会学习。当人们第一次与一个群体接触时,他们与其成员的互动就成了刻板印象形成的基础。一个群体中特殊的成员对刻板印象的形成有着重要作用;一个群体的行为对我们的知觉起着很大作用,群体的社会角色往往限制了我们所看到的行为,即一个群体所承担的社会角色,所要完成的工作往往决定了他们如何做。刻板印象还从父母、老师、同学、书本及大众媒体习得而来。

　　(五) 投射效应

　　古代一位喜欢吃芹菜的人,总以为别人也像他一样喜欢吃芹菜,于是一到公众场合就向别人热情地推荐芹菜,这成为一个众所周知的笑话。生活中每个人都免不了犯类似的错误,心理学上称之为投射效应,即在人际认知过程中,人们常常假设他人与自己具有相同的属性、爱好或倾向等,常常认为别人理所当然地知道自己心中的想法。

　　如自己心地善良,就认为他人也都心地善良;自己经常算计别人,就觉得别人也必然会算计自己;自己喜欢的东西别人一定喜欢,自己讨厌的东西别人也一定讨厌。这就是人们常说的"以己之心,度人之腹"。投射效应在人际交往中的表现形式是多种多样的,而且较为普遍。如有的大学生对别人有意见,就会认为别人对自己也有意见,总觉得对方一言一行都带有挑衅色彩;有的同学对别人不讲心里话,喜欢揣摩别人的心思,讲话喜欢兜圈子,对别人的话也总是持有一种不相信的态度;有的同学喜欢背后议论别人,总以为别人也在背后议论他人;有的大学生用自己的主观愿望或主观想象去投射别人,如有的男生或女生内心深处喜欢一个异性,希望他或她能看上自己,进而把对方的一个眼神、一句话甚至一句玩笑都看成是对自己的示爱等。

案例六

心理学家罗斯做过这样的实验来研究投射效应,在80名参加实验的大学生中征求意见,问他们是否愿意背着一块大牌子在校园里走动。有48名大学生同意背牌子在校园内走动,并且认为大部分学生都会乐意背;而拒绝背牌的学生则普遍认为,只有少数学生愿意背。可见,这些学生将自己的态度投射到其他学生身上。

由于人都有一定的共性,都有一些共同的欲望和要求,所以,在很多情况下,我们对别人做出的推测都是比较正确的,但是,人毕竟有差异,因此推测总会有出错的时候。投射效应常发生在两种情况下:一是当别人各方面的条件与自己相似时,如年龄、性别、学历等,就会产生一种"试比高低"的冲动或欲望;二是当自己有不称心的事时,就把一些问题转移到别人身上,以求心理平衡。例如,有人批评年轻人不该吸烟,有的年轻人就说:"你看电影上的大人物叼个烟卷多潇洒!"大人物还吸烟呢,我这无名小辈有什么不可以的?以此来解脱。

为了克服投射效应的消极作用,我们应该正确地认识自己和他人,做到严于律己,客观待人,尽量避免以自己的标准去判断他人。对方是否如我们所想象,只有尝试了才会知道。

案例七

宋代著名学者苏东坡和佛印和尚是好朋友,一天,苏东坡去拜访佛印,与佛印相对而坐,苏东坡对佛印开玩笑说:"我看见你是一堆狗屎。"而佛印则微笑着说:"我看见你是一尊金佛。"苏东坡觉得自己占了便宜,很是得意。回家以后,苏东坡得意地向妹妹提起这件事,苏小妹说:"哥哥你错了。佛家说'佛心自现',你看别人是什么,就表示你看自己是什么。"

（六）定式效应

定式效应是指认知主体对认知对象早已形成了完整印象，影响到对该对象具体特征的认知和评价的心理现象。定式效应与首因效应有所不同。首因效应是第一次接触中形成的印象，而定式效应是在头脑中已有的某些观念，其中有些是个体自己形成的，有些则可能是社会上长期流传和沿袭下来的习惯看法、观念在头脑中的留存。

一位公安局局长在路边同一位老人在说话，这时过来一位小孩，急促地对公安局局长说："你爸爸和我爸爸吵起来了！"老人问："这孩子是你什么人？"公安局局长说："这是我儿子。"请你回答：这两个吵架的人和公安局局长是什么关系？

这一问题，在100名被试者中只有两人答对！后来对一个三口之家问这个问题，父母没答对，孩子却很快答了出来："局长是个女的。吵架的一个是局长的丈夫，即孩子的爸爸。另一个是局长的爸爸，即孩子的外公。"为什么那么多的成年人对如此简单的问题的解答反而不如孩子呢？这就是定式效应。按照成人的经验，公安局局长应该是男的，从男局长这个心理定式去推想，自然找不到答案，而小孩子没有这方面的经验，也就没有心理定式的限制，因而一下子就找到了正确的答案。

定式是对某一特定活动的准备状态，它可以使我们在从事某些活动时能够相当熟练，甚至达到自动化程度，可以节省很多时间和精力；但同时，心理定式的存在也会束缚我们的思维，使我们只会用常规方法去解决问题，而不求用其他"捷径"突破，因而也会给解决问题带来一些消极的影响，上面的问题就是一个很好的例子。苏联心理学家曾做过一个关于"心理定式"的实验：研究者向参加实验的两组大学生出示同样一张照片，但在出示照片前，向第一组学生介绍，这个人是一个屡教不改的罪犯；对第二组的学生介绍，这个人是一位大科学家。然后他让两组学生各自用文字描述照片上这个人的相貌。第一组学生的描述是：深陷的双眼表明他内心充满仇恨，突出的下巴证明他沿着犯罪道路顽固到底的决心……第二组的描述是:深陷的双眼表明此人思想的深度,突出的下巴表明此人在认识道路上克服困难的意志……对同一个人的评价,仅仅因为先前得到关于此人身份的提示不同,做出的描述竟然有如此戏剧性的差距,可见心理定式对人们认识过程的巨大影响!

在人际交往中,定式效应表现在人们用一种固定化了的人物形象去认知他人。例如,与老年人交往中,我们会认为他们思想僵化,墨守成规,跟不上时代;而他们则会认为我们年纪轻轻,缺乏经验,"嘴巴无毛,办事不牢"。与同学相处时,我们会认为诚实的人始终不会说谎;而一旦我们认为某个人老奸巨猾,即便他对你表示好感,你也会认为这是"黄鼠狼给鸡拜年,没安好心"。

心理定式效应常常会导致偏见和成见,阻碍我们正确地认知他人。所以我们要"士别三日,当刮目相看"他人!不要一味地用老眼光来看人处事。

(七)亲和效应

我们在人际交往中,往往存在一种倾向,即对于自己较为亲近的对象,会更加乐于接近。"亲近的对象"即我们俗称的"自己人"。所谓"自己人",大体上是指那些与自己存在着某些共同之处的人。这种共同之处,可以是血缘、姻缘、地缘、学缘、业缘关系,可以是志向、兴趣、爱好、利益,也可以是彼此共处于同一团体或同一组织。在现实生活里,我们往往更喜欢把那些与自己志向相同、利益一致或者同属于某一团体、组织的人,视为"自己人"。

"生活是一面镜子,你对它笑,它就对你笑;你对它哭,它就对你哭。"人更是一面镜子,你爱他,他就爱你,你关心他,他就关心你。虽然偶有例外,但是大多数情况下是这样的。

在"自己人"之间的交往中,对交往对象属于"自己人"的这一认识本身,大都会让人们形成肯定式的心理定式,从而对对方表现得更为亲近和友好,并且在比特定的情境中,更加容易发现和确认对方值得自己肯定和引起自己好感的事实。所有这一切,反过来又会进一步巩固并深化自己对对方原来已有的积极性评价。在这一心理定式作用下,"自己人"之间的相互交往与认知必然在深度、广度、动机、效果上都会超过与非自己人之间的交往与认知,这就是所谓的"亲和效应"。它的主要含义是:人们在交际应酬里,往往会因为彼此间存在着某种共同之处或近似之处,从而感到相互之间更加容易接近。而这种相互接近,通常又会使交往对象之间萌生亲切感,并且更加相互接近,相互体谅。交往对象由接近而亲密、由亲密而进一步接近,形成一个良性的循环交往过程。

(八) 人际增减效应

人们总喜欢那些对自己的喜欢不断增加的人,而不喜欢那些对自己的喜欢不断减少的人,心理学家们将人际交往中的这种现象称为"增减效应"。

人们都希望在千变万化的人际关系中能产生好的效果。怎样才能如愿以偿呢?这就需要了解人际交往中的增减效应。所谓增(+),就是人际交往水平的提高;所谓减(-),就是人际交往水平的降低。社会心理学中用人际心矩来表示人际交往关系的程序,它从负到正分九个等级,即-4、-3、-2、-1、0、+1、+2、+3、+4,每个大等级中又可分上、中、下三个等级。

0级:是人际心矩坐标的中点,表示彼此互不搭界,既无好感,亦无厌恶感。

+1级:彼此有好感,愿意交往。

+2级:主动为对方提供帮助。

+3级:自觉帮助,不求报答,为好朋友。

+4级:人际关系的最好状态,交往双方亲密无间,无话不说,引为知己。

-1级:有看法,但能相容相处。

-2级:有对立,有冲突,互不接触。

-3级:已存报复之心,但尚未公开化、极端化。

-4级:人际关系的最坏状态,彼此仇深怨重,千方百计想给对方施以报复。

人际心矩是可以变动的。甲和乙的关系,今天是0级,经过几次接触,可能提高到正级,也可能下降到负级。当然,作为人际交往状态的测量坐标——人际心矩不可能像物理距离那样纯客观,它带有一定的主观性。这是因为彼此对人际心矩的判断不完全一样,而且这种判断有时符合实际,有时不然。这说明,人际心矩不能仅仅从自我感觉来衡量。双方的交往水平和相互关系,只有当双方的认知趋于一致时,才能得到比较正确的反映。

那么,影响人际交往关系,使人际心矩发生增减的因素主要有哪些呢?

1. 交往有效性

人们常说,感情在交往中增进。但严格说来,并非所有的交往都能达到此目的,只有有效交往才能增进感情、发展友谊,无效交往可能适得其反。什么叫有效交往?就是能使人产生快感的交往。例如,有的人好做锦上添花的事,而不善于雪中送炭;有的人与别人讲话不善于察言观色,常让对方难堪,此类交往就达不到愉快的目的。同样的交往方式,条件不同,产生的效果也不同。朋友之间坦诚相见,有利于友谊的深化,但与已有隔阂的同事直来直去地说话,常会产生误解。一个人身处逆境时,有时一句宽慰的话,也会使他引你为莫逆之交;"顺风"中的人,有时无论你表现得如何友善,他也未必引你为知己。所以,人际关系的水平、条件不同,交往方式也应有所不同。

2. 交往品质

生活中,谁都愿意和热情、正直的人交友,而真诚的人也容易获得朋友,这完全符合大多数人的交往心理。人在交往中成长,幼时的交往仅是生理上的需要,而作为寻求友谊的社会交往,则是有了自我意识后才有的。人生活在社会中,有一种本能的安全需求,意识越成熟,这种需求越自觉、越发展。从这个需求来说,真诚的人品是受人欢迎的。人对友谊的寻求,还包括感情的倾诉和心灵的共鸣,它的满足在很大程度上取决于友谊的真实程度。此外,人的自尊心也参与交往,因为互相尊重是以真挚感情产生的信任为基础的。所有这些常人普遍具有的交往动机与心理,都使真诚的行为成为受人欢迎的交往品质。此外,为人热情、友善、宽容等,也是良好的交往品质,人们能从中获得愉快的交往感受,收获友谊之果。

3. 交往需求度

交往是每个人都需要的,但需要的程度因人因时因地而异。犹如吃饭,人人都需要,但饱的时候与饿的时候,觅食的欲望不同。交往的需要不仅影响着人际间的交往主动性,也影响着交往水平。交往的需要越强,交往的有效度就越高,所以锦上添花远不如雪中送炭,顺境中的帮助远不如逆境中的支持,就因为两者的需求度有悬殊的差别。人们大多具有善于发现别人的需要并适时加以满足的本事,别人不需要宽慰的时候,你再三上门问候,这样的交往就是次数再多,热情再高,人际心矩也是难以增值的。

第二节　人际交往与自我成长

如何处理良好的人际关系,要受到多种因素的影响,但其中最重要的是人际吸引。人际吸引是指个体主观上体验到的在空间及时间上直接或间接的相互依存关系,是人际关系中彼此相互欣赏、接纳的亲密倾向。人际吸引以直接的交往为基础,具有浓厚的感情色彩,那么,怎样才能增强你的人际吸引力,使别人喜欢上你呢?

一、掌握影响人际吸引的因素

(一) 邻近性吸引

空间上距离较近的个体,相互间接触的机会较多,能够增进彼此的了解,所以他们在人际交往中容易成为知己,特别在交往的初期更是如此。比如,学生在排定座位后,同座的和邻座的同学就有了更多的接触机会,因而多半能够互相吸引,成为好朋友。住在一起的邻居也是如此。美国社会心理学家费斯汀格等人的研究就很好地证明了这一点。他们调查了一个区域内的友谊模式。这个区域是由17座独立的二层楼房组成的,每座楼房有10个单元,楼上5个,楼下5个。各单元房大致相似,住户们是偶然住进去的。调查的方式是向各个住户提问:"在该区社交活动中你最亲近的是哪三个人?"结果表明,居民们与住得最近的人更亲近。41%的人选择了隔壁的邻居,22%的人选择了隔一个门的邻居,只有10%的人选择了同一层最远的邻居。在该小区中两户相距最近的约5.7米,最远的约26米。可见即使是这样并不大的距离差别都会在选择友谊上起重要的作用。

邻近性之所以起作用,与交往频率有关。处于同一环境的人,常常见面,容易产生吸引力。常常见面的人容易彼此了解,这也是邻近性起作用的原因。俗语"远亲不如近邻",说的就是邻近的人易于互相帮助,彼此有益。邻近性也有一定的局限。我们所喜欢的人往往是邻近的人,但我们所厌恶的人往往也是邻近的人。所以邻近是吸引的必要条件,但不是充分条件。

(二) 相似性吸引

研究表明,人们喜欢那些和自己相似的人。相似性包括:

(1) 信念、价值观和个性特征的相似性。

(2) 吸引力的相似性。

(3) 社会地位的相似性。

(4) 年龄的相似性。

这里值得注意的一点是,这里的相似性不是实际的相似性,而是感知到的相似性。

通常研究这个问题的方法是提供问卷,要求被试者在一系列问题上表明态度。几周或几个月后,把由别人填好的同样的问卷提供给他们,要求他们说明是否喜欢这个答卷人。实际上,这个答卷人是主试者,这样做是为了把被试者的两次表明的态度加以比较。研究者利用这个方法可以系统地改变被试者与想象的另一个人之间的一致性程度。在这种条件下发现,各方面的相似性与喜欢程度之间有直接关系。被试者认为他人越是与自己相似,便越喜欢这个人。如果被试者与另一个人的爱好一致,比如都喜欢体育运动,都喜爱音乐等,则吸引力特别强。这个结果在不同场合、不同文化程度、不同年龄的人身上都得到了印证。

研究进一步表明,具有相似的信念、价值观和个性特点的人相互之间具有吸引力。1961年,美国心理学家纽科姆曾做过一个实验。这个实验的对象是公开征求招来的志愿住宿者,共17人,都是大学生。进入宿舍以前,对他们关于经济、政治、审美、社会福利等方面的态度和价值观以及他们的人格特征进行了测试,然后将对上述问题的态度、价值观和人格特征相似和不相似的大学生混合安排在几个寝室,一起生活四个月。在这四个月中,定期测试他们对上述问题的看法和态度,让大学生互相评价室内成员,喜欢谁,不喜欢谁。结果表明,在相处的初期,空间距离决定了人们之间的吸引力;到了后期,相互吸引发生了变化,彼此之间的态度和价值观越是相似的人则相互之间的吸引力越大。

在实际生活中,人们在初次交往中不可能涉及信念、价值观、态度等较深的层次,而年龄、社会地位、外貌的相似性往往起主要作用。随着交往的加深,人们之间的了解加深了,这时信念、价值观和个性特征的作用就突显出来,甚至可能压倒其他一切因素。所谓"物以类聚,人以群分","酒逢知己千杯少,话不投机半句多",说的就是这种现象。

(三)熟悉性吸引

熟悉能增加喜欢的程度。1968年,美国心理学家扎琼克进行了这方面的实验。他将12张陌生者的照片,随机分成六组,每组两张,按以下方式出示给被试者:第一组看1次,第二组看2次,第三组看5次,第四组看10次,第五组看25次。当被试者看完全部10张照片以后,实验者又把另外两张陌生照片编为第六组,与前五组照片混合后给被试者看,并要求他们按照喜欢程度将照片排出顺序。结果发现,照片被看的次数越多,排在最前面的机会也越多。

社会心理学家梅塔也进行了这方面的实验。他要求被试者看自己的两张照片,问他们喜欢哪一张。两张照片是一样的,只是一张是正像,一张是镜像。同时,也要求他们的朋友表明喜欢哪一张。结果是,被试者自己更喜欢镜像,而他们的朋友则更喜欢正像。因为自己常常看到自己的镜像,而朋友则常常看到正像。

看到的次数的多少能增加喜欢程度,这在社会心理学中也被称为多看效应。但次数也有一定界限,超过一定界限会产生厌烦的感觉。美国心理学家米勒的研究证明了这一点。他把广告分别按中等次数和过量次数贴在大学生宿舍公共场所墙上。中等次数为每隔50英尺贴一张,共贴30张,贴两天。而过量次数为贴170张,贴三天以上。结果是,中等次数增加了大学生对广告画内容的喜欢,过量的次数则减少了喜欢。另外,次数的作用只表现在积极的或中性的刺激物上,而对反面的东西即使增加见到的次数,也不会提高对这个东西的喜欢程度。扎琼克让被试者在几周内重复看一个戴手铐的人,很快人们便认为他确实是犯人,而不喜欢他。

(四) 相互性吸引

相互性吸引指我们喜欢那些喜欢我们的人,我们不喜欢那些不喜欢我们的人。心理学家研究发现,如果告诉甲小组成员,乙小组成员喜欢他们,那么后来在新成立小组时,甲小组成员愿意选择乙小组成员。当然,相互性原则不是绝对的。有时我们喜欢一个不喜欢我们的人,或者不喜欢一个喜欢我们的人。但在一般情况下,我们的确喜欢那些喜欢我们的人。

(五) 才能吸引

人对有能力的人的态度往往出人意料。表面上似乎在其他条件相等的情况下,一个人能力越高,越完美,就越能受到别人的欢迎。研究结果表明,实际上在一个群体中最有能力、最能出好主意的人往往不是最受人喜爱的人。在工作实践中,我们常常遇到这样的学生,因为他的出类拔萃反而失去了同学的喜欢与信任,这是因为,人都希望自己周围的人有才能,有一个令人愉快的人际关系圈,但如果某人的才能使人们可望而不可即,则会对别人产生心理压力。这就是中国人所讲的"木秀于林,风必摧之"。显然,才能与被人喜欢的程度在一定范围内成正比,超出这个范围,可能会让人做出逃避或拒绝行为,任何一个人,都不愿意选择一个总是贬显自己无能和低劣的对象去喜欢。因此,一个才能出众但偶尔犯点小错误的人在一定程度上比没有犯错误的人更受欢迎。

  富兰克林在参加某次议会活动时,有位议员对他大肆攻击。富兰克林并不反驳。他知道这位议员非常博学,又听说他珍藏了几部非常珍贵的书,于是修书一封,希望借书一阅。议员立即把书送来。一星期后,富兰克林将书送还,并附了一封热情洋溢的信。那位议员本来不和富兰克林说话,但自从"借书事件"之后,遇到富兰克林,竟然主动上来打招呼,并表示愿意帮他任何忙。

  照一般做法,要和一个人搞好关系,最好是去帮助别人。富兰克林却相反,要求攻击自己的人帮助自己。为什么这种一反常态的做法竟然取得这么好的效果呢?关键的一点是人有多重需求。他既有得到帮助的需求,也有被尊重的需求。对某些能力较弱的人来说,需要帮助的要求更大一些。对某些能力较强、自我感觉又好的人来说,自己被尊重的愿望更强一些。像富兰克林的做法,反倒使人觉得亲近,让对方更有成就感,因此,更好地取得了别人的肯定。

  这一故事其实也说明了人际关系的辩证法:有时受(接受)比授(给予),更能给人以快乐,并让人有更大的成就感。

(六) 仪表吸引

  仪表包括了一个人的外貌、风度和气质,不管承认与否,人们都喜欢与有风度、漂亮的人打交道。美丽比一封介绍信更具有推荐力,外貌美可以产生一种光环作用,即认为外貌美的人也具有其他优良品质,虽然实际上并不一定如此。1972年,有研究者做了一项研究。他们从大学年鉴上选出一些学生照片让被试者看。有些照片很有魅力,有些一般,有些无魅力,要被试者评价照片上的学生。结果是,照片越是有魅力的学生,就越被认为有好的个性品质。但当实际与本人面对面接触时,或者当双方有了更多的交往时,这种光环作用就会减小。

(七) 个人品质吸引

  随着人际交往的深入,外在的因素变得越来越不重要,而交往者的内在品质则变得越来越重要。有研究者曾向 100 名大学生展示了表现性格的 555 个形容词的词表，询问大学生对各种性格的人的喜欢或厌恶程度，让他们对各个词进行评价，并按照自己对它们的喜欢程度排出顺序。结果发现，热情是令人喜欢的最重要的个性品质，一个开朗的人总是比冷淡的人具有吸引力。另外，一些内在的个人特性，比如真诚、幽默、有涵养、体谅、理解、关怀、礼貌、有能力、聪明等，也是影响人际吸引的重要因素。其次才是外表的特点，比如容貌、体形、服装等因素。

二、人际交往的艺术和技能

（一）主动而热情地待人

心理学家发现，热情是最能打动人、对人最具吸引力的特质之一。一个充满热情的人很容易把自己的良性情绪传染给别人，一个面带微笑的人很容易被他人接纳。每个人在生活中都会遇到许多烦恼的事，我们不应被它们所奴役，而应像鲁迅先生所说的那样，敢于直面惨淡的人生！学会愉快地面对生活，可以从行动入手，让自己高兴地去做事，以微笑去待人。

美国心理学家威廉·詹姆斯曾说过："行动似乎跟随在感觉之后，但实际上行动和感觉是并肩而行的。行动是在意志的直接控制之下，而我们能够间接地控制不在意志直接控制下的感觉。因此，如果我们不愉快的话，要变得愉快的主动方式是，愉快地坐起来，而且言行都好像是已经愉快起来的样子……"要热情待人还须从心里对他人感兴趣，真心喜欢他人。"对别人不感兴趣的人，他的一生中困难最多，对别人的伤害也最大。所有人类的失败都出自这种人。""只要你对别人真心感兴趣，在两个月之内，你所得到的朋友，就会比一个要别人对他（她）感兴趣的人在两年内所交的朋友还要多。"

（二）运用积极的心理暗示

生活中不难发现，有的人身上仿佛有一种魔力，周围人都乐于聚在其身边，这类人往往能在短时间内结识许多人。心理学研究表明，这类人大都具有良性的自我表象和自我认识："我是一个受人欢迎的人，我喜欢与人交往。"这样的心态让人以开放的方式走向人群，他们心地坦然，很少有先入为主的心理防御，因而言谈举止轻松自在，挥洒自如。在这种人面前，很少有人会感到紧张或不自在，即使一些防御心理较强的人也会受其感染而变得轻松、开放起来。同学之间的交往，许多时候都是在紧张的学习之余求得一种轻松感，所以能满足他人这一愿望的人自然会有吸引力。

许多同学,包括一些才华和品质都很优秀的人,也可能存在一些消极的自我意象。在与人交往时,常常会产生出"他(她)会喜欢我吗?会尊重我吗?"的疑问,由此带来的结果是防卫心理。由于对自己的某种东西缺乏信心便想掩饰,其行为表现带有表演的味道。再者,由于时时注意别人如何评论自己,心情难以轻松下来,所以其言行、表情总会显出某些不自然的东西,交往气氛也会因此受到一定程度的损害。

之所以有以上差异,是由于习惯性暗示在起作用。运用积极暗示能够减少或消除不良的自我意象。比如经常在心里默默对自己说:"我是受欢迎的人!"每天早晨醒来,都要充满信心地默诵这句话。除言语暗示外,还可运用形象暗示。在头脑中把自己想象成一个良好的交际者,直到这种形象在头脑中能够栩栩如生地浮现出来并根深蒂固为止。这就是西方心理学中有名的想象方法。

（三）把每个人都看成重要人物

自尊得以维护,自我价值得到承认,这是许多人最强烈的心理需求。我们只有在交往中注意到这一点,才能应对自如。的确,每个人都是重要的,当我们把自己看得非常重要时,也应将心比心把别人看得很重要。据此,在交往中,我们应注意:

让他人保住面子,如果一个人习惯于通过挑别人的毛病和漏洞来显示自己的聪明,那将是愚蠢的,必将为此付出高昂的代价。人人都有毛病和缺点,所以找起来并不难。但被人暴露自己的"小",这是许多人所反感的,因为这威胁到了他的自尊。

不要试图通过争论使人发生改变,同学之间常常争论,若是为探讨问题,这是有益的,但试图以此改变对方,则结果往往会适得其反。

每个人都或多或少把某种观点看成是自我的一部分。当你反驳他的观点时,便或轻或重地对他的自尊造成了威胁。所以争论双方很难单纯地就问题展开争论,其间往往渗入了保卫尊严的情感。这种情感促使双方把争论的胜负而不是解决问题看成是最重要的。所以赢的一方常常难以抑制自己的洋洋得意,他把这看成是自己尊严的胜利,自己有能力的明证。而输的一方则会觉得自尊受到伤害,他对胜方很难不产生怨恨。从而我们不难理解,为什么许多争论到最后会演变成为人身攻击,或变成了仅仅比嗓门高低的游戏。所以争论往往会影响正常的人际交往。

(四) 发现和赞赏别人的优点

每个人都有其不足,每个人也都有其所长。人类天性中最大的动力之一是"做个重要人物的欲望";人性中最深切的品质是"被人赏识的渴望"。心理学家认为,赞扬能释放一个人身上的能量,调动人的积极性。赞扬能使羸弱的身体变得强壮,能给恐怖的内心得以平静与依赖,能让受伤的神经得到休息和力量,能给身处逆境的人以务求成功的决心。真心真意、适时适度地表示你对别人的赞扬,赞扬要既对人也对事,能够增进彼此的吸引力。

最有效的赞赏是赞扬他人身上那些并不是显而易见的长处和优点。如果你赞赏一个领导能力强,他(她)会高兴;但若赞赏他(她)有风度或很会教育子女,他(她)一定会更高兴。如果你赞赏一个容貌出众的女孩子漂亮,可能不会引起太大的反响,因为她对这一点很自信;如果你说她性格很好或聪明,她可能会更高兴。

既然如此,我们何不去多多赞赏别人身上那些闪光的东西呢?然而我们常常忘记和忽略这么重要的事情。或许我们的自然倾向是寻找他人的缺陷,这样可能会间接提高我们的自信。在生活中,最为人渴望而不用费钱费力就能给予的"赞赏"却常常难得一见。在大学里,有一些同学由于家境、容貌、见识等原因而深藏自卑感,他们多么需要得到认同和鼓励!一句由衷的赞赏很可能会让他们的生活洒满阳光,甚至改变他们的命运。

给予和接受赞美是发展成熟的人际关系的必要条件之一,它能满足个体的需要,增进人际交流,表现人与人相互间的接纳、信任和关心。

为什么给予赞美是重要的?有以下几个理由:

(1) 别人非常乐于听到关于你对他们的感受,尤其是真诚而积极的表述和反馈。

(2) 表示赞美会加深和加强两人之间的关系。

(3) 当人们被赞美时,很少有人会感到不适。

(4) 只表述批评性的感受或为自己的权利争执到底,将无益于早先建立在相互接纳和赞赏基础上的关系的进一步深化和融洽。

(5) 若一个人有能力注意到他人身上的积极品质并能对那人表达自己的赞赏之情,那么他应该为自己有这样的能力而自豪。

(6) 若想让一个好行为多出现,就应该及时给予赞赏和鼓励。

为什么接受赞美也很重要？有以下几个方面的原因：

(1) 接受赞美是提醒自己保持已有的积极品质或行为的途径之一。

(2) 不接受赞美是怀疑别人积极意愿和否定别人的判断力的表现。比如，我每次赞美阿美的打扮的时候，阿美都用这样的回答否定我的赞美："哦，不，我今天看上去太可怕了！"或者"这是一套旧衣服，我已经穿了有好几年了。"那么，我可能会认为她要么不同意我的评价，要么不愿意别人评价她的打扮。此后我很可能会停止对阿美的赞美，因为我给出的反馈似乎并没有被接受或认同。

(3) 接受赞美能显示自己的信心，表现出对别人和对自己的接纳。

(五) 注意倾听

专心听别人讲话，是我们所能给予别人的最大的赞美。我们在谈话中常常会有一种冲动，把溜到嘴边的话讲出来。为此，我们会对别人讲的话心不在焉，甚至急不可待地想打断对方的谈话。还有一种人话匣子一打开，就再也收不住了，既不允许别人插嘴，也不在乎别人是否感兴趣。这类举动赢得了一时的畅快，但也丧失了许多与别人深交的机会。这种人有以自我为中心的倾向。只谈论自己的人，所想到的也只有自己，这是不受欢迎的。因为跟你谈话的人，对他自己的需求和问题更感兴趣。

其实，许多时候耐心而认真地倾听别人讲话并不是委曲求全。深入的了解有赖于倾听，从而做到有的放矢。倾听有助于我们从别人那儿学到许多有益的东西，每个人充满感情所谈论的往往是其感受颇深的，这些对于弥补和增长我们的经验是大有益处的。许多时候，冷静的倾听还能化干戈为玉帛。比如在一个家庭里，夫妻中的一方火冒三丈、大发牢骚的时候，另一方也怒目圆睁、义正词严，非但什么事解决不了，而且常常导致不欢而散。如果一方耐下心来，不加评论、不加辩解地倾听对方说下去，对方就会渐渐平息下来，甚至主动开始反省自己；或待其冷静下来后，再平静地讲清一切，效果一定强于冲动之举。

倾听不是被动地接收，而是有反馈地引导和鼓励。通过言语和表情告诉对方你能理解对方的描述和感受，可以让对方受到鼓舞。阐释，即把对方表达的含义用你自己的语言复述一下，常常是有效的鼓励技巧之一。有意识地强化某一谈话主题（即对之表示出理解和兴趣，或直接指出希望对方谈什么）可以引导谈话方向，使之更符合你的需要。当然，如果对方一味地高谈阔论那些你不感兴趣甚至反感的话题而将你的暗示置之不理的话，你完全可以拒绝倾听。

记住,鼓励他人谈论他们自己、他们的感受、他们的成就,是赢得友谊的有力保障。

(六) 适时地自我表露

真正可以深入下去的交谈必然是双向的。因而自我表露是另一项应该掌握的技能,即自信地袒露关于自己的信息——怎样想,有什么感受,对他人的自发信息如何反应等。然而,许多人却不能顺畅地表达自己的思想感情,从而给交往制造了障碍。正如威廉·詹姆斯所说:"有些人之所以不善谈吐,是因为他们担心自己所说的东西要么会被人们认为太平淡、太浅薄,要么被人们认为太虚伪。他或者认为自己不配和对方谈话,或者认为自己所说的东西多少有点不切场合。""一旦人们打开心中的闸门,解除对自己语言的压抑,那么语言的交往便会兴旺发达,社会也会日见清新。"看来对那些表达有困难的人来说,应把谈话的目标放在内容表达上,而不应放在赢取别人赞美上。"没有人能够时时刻刻光照他人。靠冥思苦想是挤不出妙言警句的,富有哲理的词汇只有在我们不自以为是和思维轻松之时,才会自发地从我们的口中飞出……"有学者这样说道。表达的技能只有通过表达才能提高。

自我表露需要把握好时机,否则就可能犯滔滔不绝、只顾自己之大忌。一般而言,谈自己的合适时机之一是有人邀请你谈谈自己的时候。这时,如果你能适度地展示自己,就会引起大家的兴趣和好感。另一种时机是当他人谈的情况和感受与你自己比较一致时,即"我也……"。人们总是喜欢那些经历和看法与自己一致的人,因为赞成自己的人实际上是在肯定我们的价值和自信。所以,"我也一样""我也喜欢这个""我有过和你同样的经历"之类的表白往往能激发对方积极的反应,让谈话气氛热乎起来。

(七) 掌握批评与自我批评的技巧

从社会心理学角度来看,人不喜欢受到别人的批评和指责,批评最容易导致人际关系的紧张。但是人际交往中又不可避免地遇到批评和指责。因此,掌握批评和自我批评的技巧,就显得十分重要。正所谓"一句话让人笑,一句话让人跳",这就要求我们在人际交往中,学会掌握批评和自我批评的技巧,注重批评和自我批评的效果。

(1) 批评要从称赞和诚挚入手,批评前可先了解对方的立场、言行的动因,从而找到合理的因素,而后给予中肯的评价,使对方感到你是想真诚地帮助他的。

（2）批评别人应先严于律己，甚至找一找自己的不足，要让对方感到你的态度是真诚的。

（3）无论什么样的批评，都不以发泄为目的，要多注意别人的面子。一般不公开点名，而以间接式或私下式的、启发式而不是命令式的方式进行。

（4）批评人宜就事论事，不旧事重提；需要时也必须有节、有度，避免给人以纠缠不休、揭人伤疤的感觉。

（八）学会换位思考

如果我在他的位置上，我会怎样处理？经常站在对方的角度去理解和处理问题，一切就会变得简单多了。一般而言，善于交往的人，往往善于发现他人的价值，懂得尊重他人，愿意信任他人，对人宽容，能容忍他人有不同的观点和行为，不斤斤计较他人的过失，在可能的范围内帮助他人而不是指责他人。懂得"你要别人怎样对待你，你就得怎样对待别人"，懂得"己所不欲，勿施于人"，懂得"得到朋友的最好办法是使自己成为别人的朋友"，懂得别人是别人而不是自己，因而不能强求，与朋友相处应存大同，求小异。

第三节　心理策略训练

游戏：失火事件

将全班分成若干小组，每组 7 人。每组都准备一个肚大口小的瓶子，瓶口只有乒乓球那么大，瓶中有 7 只带线的乒乓球，线的另一端露出瓶口。假设这个瓶子是一幢房子，7 只球代表小组中 7 个成员。假设房子失火了，只有在规定的时间内逃出来的人才能生还。请每个小组成员各拉一线，第一声哨响后便以最快的速度将球从瓶中拉出。当老师吹第二声哨子时停止。在规定的时间内，哪一组同学拉出的乒乓球多哪个小组就获胜。

心灵互动

（1）游戏结束了，你所在的小组获胜了吗？

（2）在这次"失火事件"中，你所在的小组有几人逃了出来？原因是什么？

(3) 讨论一下,从这个游戏中你认为竞争与合作是什么关系?为什么?

小测验

请根据自己的实际情况,对下面15个问题如实回答,然后对照后面的分数统计表计算分数,再看看分数评语,可了解自己的人缘状态如何。

(1) 你和朋友们在一起时过得很愉快,是因为 （　　）

　A. 你发现他们很有趣,既爱玩又会玩。

　B. 朋友们都很喜欢你。

　C. 你认为你不得不这样做。

(2) 当你休假的时候,你 （　　）

　A. 很容易交上朋友。

　B. 比较喜欢自己一个人消磨时间。

　C. 想交朋友,但发现这不是一件很容易的事。

(3) 当你已安排好见一个朋友,但你又感到很疲倦,而你又不能让朋友知道你的这种状况时,你 （　　）

　A. 希望他会谅解你,尽管你没有到朋友那儿去。

　B. 还是尽力去赴约,并试图让自己过得愉快。

　C. 到朋友那儿去了,并且问他如果你想早回家,他是否会介意。

(4) 你和朋友的关系 （　　）

　A. 一般情况下能维持不少年。

　B. 有共同感兴趣的东西时,也可能一起待几年。

　C. 一般时间都不长,有时是因为迁居别处。

(5) 一位朋友向你吐露了一个非常有趣的个人问题, （　　）

　A. 你会尽自己的最大努力不让别人知道它。

　B. 你根本没有想过把它传给别人听。

　C. 当朋友刚离开,你就马上找别人来议论这个问题。

(6) 当你有问题的时候, （　　）

　A. 通常感到自己能够完全应付这个问题。

　B. 向你所能依靠的朋友请求帮助。

　C. 只有问题十分严重时才找朋友。

(7) 当你的朋友有困难时， （ ）

A. 他们马上来找你帮助。

B. 只有那些和你关系密切的朋友才来找你。

C. 通常朋友们都不会麻烦你。

(8) 你要交朋友时， （ ）

A. 通过你已经熟识的人。

B. 在各种场合都可以。

C. 仅仅在经过一段较长时间的观察、考虑，甚至可能经历了某种困难之后才交朋友。

(9) 在下面三种品质中，你认为你的朋友应该具备的品质是 （ ）

A. 使你感到快乐和幸福的能力。

B. 为人可靠、值得信赖。

C. 对你感兴趣。

(10) 对你最为合适，或者接近你的实际情况的是 （ ）

A. 我通常让朋友们高兴地大笑。

B. 我经常让朋友们认真地思考。

C. 只要有我在场，朋友们会感到很舒服、愉快。

(11) 假如让你应邀参加一次活动，或者在聚会上唱歌，你会 （ ）

A. 找借口不去。

B. 饶有兴趣地参加。

C. 当场就直率地谢绝邀请。

(12) 下列对我的描述确切的是 （ ）

A. 我喜欢称赞和夸奖我的朋友。

B. 我认为诚实是最重要的，所以我常常不得不持有与众不同的看法，我讨厌鹦鹉学舌。

C. 我不奉承但也不批评我的朋友。

(13) 你是否发现， （ ）

A. 你只是同那些能够与你分担忧愁和欢乐的朋友们相处得很好。

B. 一般来说，你几乎和所有人都能相处得比较融洽。

C. 有时候你甚至和对你漠不关心、不负责任的人都能相处下去。

（14）假如朋友对你恶作剧，你会　　　　　　　　　　　　　（　　）

A．跟他们一起大笑。

B．感到气恼，但不溢于言表。

C．可能大笑，也可能发火，这取决于你的情绪。

（15）假如朋友想依赖你，你会　　　　　　　　　　　　　　（　　）

A．在某种程度上不在乎，但还是希望能和朋友保持距离，有一定的独立性。

B．感觉很不错，喜欢让别人依赖，认为自己是一个可靠的人。

C．对此持谨慎的态度，比较倾向于避开可能要承担的某些责任。

记分标准如下表所示：

题项		1	2	3	4	5	6	7	8	9	10	11	12	13	14	15
选项得分	A	3	3	1	3	2	1	3	2	3	2	2	3	1	3	2
	B	2	2	3	2	3	2	2	3	2	1	3	1	3	1	3
	C	1	1	2	1	1	3	1	1	1	3	1	2	2	2	1

说明：

36～45 分：你对周围的朋友都很好，你们相处得不错。你能够从平凡的生活中得到很多乐趣。你的生活是比较丰富多彩而且充实的，你很可能在朋友中有一定的威信，他们很信任你。总之，你会交朋友，你的人缘很好。

26～35 分：你的人缘不怎么好，你和朋友们的关系不牢固，时好时坏，经常处于一种起伏波动的状态中，这就表明，你确实想让别人喜欢你，想多交一些朋友，尽管你做出很大努力，但是别人并不一定喜欢你，朋友跟你在一起可能不会感到轻松愉快。你只有认真坚持自己的言行，虚心听取逆耳忠言，真诚对待朋友，学会正确地待人接物，你的处境才会改变。

15～25 分：那就太糟糕了！你很可能是一个孤僻的人，思想不活跃、性格不开朗、喜欢独来独往。但是，这一切并不意味着你不会交朋友，更不能武断地说你人缘差。其主要原因在于，你对于社交活动，对人和人之间的关系不感兴趣。但是，请你记住，一个人生活在社会中，就不可能不和人交往，认识到这一点，你就会积极地改善自己的交友方式了。

 思考题

1．学习本章之后，你认为在你的人际交往中哪些因素是促进交往的？哪些因素

是限制交往的?
2. 请你尝试与 10 位陌生人主动交往(打招呼、攀谈或者参加一个活动等),然后体会一下自我的感受是什么。
3. 总结你在人际交往中的成功经验和失败教训。

> 人们最出色的工作往往在处于逆境的情况下做出。思想上的压力，甚至肉体上的痛苦都可能成为精神上的兴奋剂。
>
> ——贝弗里奇

第四章 大学生压力应对

第一节 压力是什么

一、压力概述

（一）压力的概念

国内外有不少学者对压力概念进行了探索。不同的学者从不同侧重面提出了压力概念的内涵和外延。从心理学的角度看，压力是指"事件或环境，包括个体在与这些事件或环境的相互作用过程中，通过个体的认知与评价而在心理上产生的一种情绪体验"。一般认为的心理压力是指个体在环境中受到种种刺激因素的影响而产生的一种紧张情绪，简称为压力。

这里所说的压力不同于力学范畴中的压力。力学中的压力是实实在在的直接作用，可以测量，并且也容易控制和消除。而心理压力则是一种心理感受，同时存在着个体差异。压力是心理失衡的结果，来源于内心冲突。心理作为现实的反应，必定是日常生活中遇到的各种各样的矛盾，如理想与现实、自我与社会等冲突，反映到人们的内心世界，从而引发焦虑、苦恼等情绪体验和感受。

压力虽然是一种体验，但离不开客观刺激——压力源。诸如生活费超标、即将到来的期末考试、毕业后的就业问题等，是大学生产生压力的主要原因。

压力并不直接导致我们的感受和体验，而我们对压力的认识反应或主观评价,决定了我们的感受和体验。

压力实质上是指个体在面对自身认为较难应付的情况时所产生的一种应激状态。它是人和环境相互作用的结果。压力的产生因素包含以下两个方面:一是个体因素,个体独有的生活经验、个性特征决定了个体面对生活事件时的感受差异;二是外部环境因素,大至社会、政治、经济、文化的变革与发展,小至个体所处的生活、学习与人际氛围等,都直接或间接地使个体产生心理压力。

压力是个体对一定刺激而带来的对环境必须做出选择或者改变时的个人感受。压力是一种持续不断的体力和心理的付出,时时刻刻消耗着人的耐心、活力与激情。

(二) 压力的反应

日常生活中经常会使用压力这个词汇,但是,很多人经常会把导致事情变化的"刺激"误解为"压力"。比如说,"高峰地铁的压力"之类的说法,这并不是正确的表达。乘坐高峰时间段的地铁时所导致的刺激,造成的不快与烦躁才是压力。

在物理学的范畴内,压力定义为"对物体进行外力施加时,造成物体内部力的不均衡,或者变形"。在医学领域里,最初使用压力这个词汇的人是汉斯·薛利。当因某种因子(刺激)导致身体出现变化时,所产生的对应性防御(适应)反应,他将这种情况称为"生物体内的变形状态"或者压力。根据汉斯·薛利的观点,人们在面对压力的产生源(刺激)时,会有如下的身体反应表现出来,如血压升高、肌肉紧张、血糖升高、瞳孔扩散、出汗等,这些身体反应被解释为,在面临刺激这种外力时,为了对抗以及逃避所做出的准备。

在现代社会里,有繁多的条规或者守则,面对刺激,没有必要刻意做出挑战或者逃避,我们的身体在毫无意识下就会做出相应的反应。这样产生的压力反应是正常人理所当然会出现的,如果我们依照反应顺其自然地行动,也未必会形成违反社会准则的行为。如果想去发泄,但不能发泄,想要逃避,但无法逃避,最终,由刺激导致了困境的产生,身体上会产生某些反应,但理性在压抑控制着,在这种反应的过程中,压力就在不断积蓄。

在受到外力刺激时汉斯·薛利将人体所做出的反应定名为"全身适应症候群",并且分为三个阶段。第一阶段,警告反应期。受到压力之后,血压以及血糖降低,身体机能暂时低下。经过一段时间之后,对抗压力的反弹开始出现,血压、血糖、体温上升,伴随肌肉和神经运动的活跃。第二阶段,抵抗期。身体产生逐渐想要战胜压力的反应。这时,身体机能里比平时更加强烈的抵抗力开始活跃。第三阶段,疲劳期。控制自我的抵抗力开始低下,压力反应占据优势,呈现被疲劳困扰的状态。到了这个阶段,会导致自律神经失调症、抑郁症、官能症等身心疾病的产生。人就会丧失思维的灵活性,偏执、固执地往悲观方向思考。

(三)压力源和应对源

压力源是导致个体产生压力反应的情境、刺激、活动、事件等。应对源是个体所拥有的降低压力的内外资源。它们是一个共同体,互相矛盾又互相依存。

1. 压力源

一个人在一定的社会环境中生活,总会有各种各样的刺激对人施以影响。作为刺激被人感知到了,或作为信息被人接收到了(输入),一定会引起主观的评价,同时产生一系列相应的心理生理变化(输出)。如果人对刺激(情境)需要付出较大努力才能适应,或这种反应超出了人所能承受的适应能力,就会引起人的心理、生理平衡的失调即紧张反应状态的出现,在这个意义上使人感到紧张的内外刺激就是压力源。压力源可分为三种:生活事件、日常烦扰、心理困扰。

(1)生活事件。

生活事件是指那些非连续性的、有清晰起止点、可以观测、明显的生活改变。生活方面的突然变动是造成压力的主要来源。由于变动得太突然,人们很难有效地应对处理。符合这个定义的生活事件,应该包括积极生活事件和消极生活事件两种。但通常只有消极生活事件与心理问题有着高相关关系。消极生活事件也称急性压力源,急性压力源与下面所说的慢性压力源(日常烦忧),主要是以持续时间的长短作为划分标准的。

(2)日常烦扰。

日常烦扰主要指慢性压力源。日常烦扰可以分为生活小困扰和长期社会事件所带来的烦扰。生活小困扰的严重程度虽不足以造成很大的压力,也不足以构成危害,但累积的压力会对个人身心造成不良的影响和烦扰;长期的社会事件,如人口膨胀、交通拥挤、环境污染、升学竞争、经济衰退等,这些都可能令人产生心理上的压力。日常烦扰有两个特点,一是持续事件比较长,但不会达到压力高峰点;二是它与急性压力不同,慢性压力不是非连续性事件引起的。日常烦扰与心理问题的关系更强,相比之下,消极生活事件与心理问题的关系要弱得多。

日常烦扰有多种表现,下面几种尤为突出:①家庭经济方面:家庭生活中的一切费用支出,诸如衣、食、住、行、病等。②工作方面:对一般人来说,失意者多,得意者少,加之工作不稳定等因素,会给人们造成很大的压力。③身心健康方面:各种物理、化学刺激在内的生物性刺激物,对人的身体直接发生刺激作用。这类压力源首先引起生理反应,然后随着人们对生理反应的认识评价和归因过程,进一步引起心理反应。④时间分配方面:生活在现代都市里的人,无法支配及把握自己的时间已成为一个很大的心理压力。第一是因为事物太多,顾此失彼,陷入焦虑;第二,因交通拥挤而造成的等待与浪费时间的痛苦;第三,耗费大量时间在自己不喜欢和不愿意做的事情上。⑤生活环境方面:居住在现代都市中的人,环境污染问题日趋严重。不仅仅是自然环境的污染,还有文化环境的污染也随着社会变迁而日益恶化。⑥生活保障方面:除了现实生活外,对未来安全保障的担忧也会给人们的心理带来沉重负担。⑦人际关系方面:人作为社会中的一个成员,是生物性和社会性的统一体,作为社会成员,有时会失去与集体的联系和社会支持,处于孤立无援的状态,在这种情境下,有的人就会产生严重的无助感和一系列紧张情绪,如焦虑、愤怒、怨恨、忧郁和绝望等。

(3) 心理困扰。

也可称为心理性压力源,它是个人内在心理因素的困扰所形成的压力的重要来源,比如个人心理冲突、动机或行为的挫折、个人期望值过高、完美主义、对过去经历的追悔以及对人际关系的不满意等。很显然,这种压力可能是当前的,也可能是过去的或将来的。

在心理困扰中,道德痛苦比其他任何心理痛苦都深刻而剧烈。当一个人陷于自责、自卑的痛苦中时,他就处于极大的压力之下。道德痛苦作为一种压力源,有时能够完全破坏一个人的价值观和人格,使人陷于不能自拔的困境,甚至轻生。比如在现实生活中,一些性道德观念的冲突,诚信方面的冲突,都有可能使人产生严重的恐惧、焦虑和抑郁。

心理困扰与上述两类压力源不同,上述两类压力源主要涉及外在因素,而心理困扰是个人的内在心理因素,是自我的压力与紧张,是内在的压力。

2. 应对源

对压力应对源的研究,从总体上可以分为两个方面:一方面是强调个人所拥有的压力应对资源,如自我控制感、自我效能感等;另一方面是强调个人以外的压力应对资源,如社交网络,社会支持系统等。

(1) 自我控制感。

自我控制感是个体对事物结果具有的控制能力的感觉,或者是对自己把握行为和结果之间联系的感觉。这是一种在一件事的结果产生以前的主观认识(自我感觉),而不是客观上是不是真的能够控制。作为压力应对源,自我控制感是把对自我能力的感觉作为内驱力而努力达到最终目标的心理状态。这种心理状态能够增强人的优越感和自信心,减轻压力感。

自我控制感之所以能够缓解压力,主要有如下原因:

第一,它可以提高对结果的预测性。如果一个人相信事情的结果受他自己的行为影响,他会期望比较好的结果。这时,真正发挥作用的是预见中所期望的目标是否出现,而不是这个目标将会通过什么方式和途径出现。事实上,对结果的期望也可以理解为是一种有关控制的感觉,只是它不强调由谁来实施控制(自己或是他人)。第二,它给消极后果设一个上限。自我控制感会让人产生一种结果不至于太不好的感觉,因为他相信自己对结果有一定的控制力。第三,它给无助感和无能感设一个下限,或者说自我控制感使人不至于产生过于无助的感觉。从这个意义上说,自我控制感的实质,就是获得能力感和有助感。

虽然自我控制感在很多情况下都有缓解压力的作用,但并不总是如此。自我控制感在压力应对过程中有时也有消极作用。当个体试图控制某个事物而没有成功时,自我控制感的作用就多半是负面的;一个人努力地试图达到某个目标,并且努力地避免失败,一旦真的失败了,他会感到更大的压力;如果一个人认为事物是可以控制的,一旦遇到不可控的事件时,会变得更加脆弱。

(2) 生命意义。

生命意义是关于生命的积极思考和个人信仰,是个人正在努力实现的、并给予高度评价的生命目标。具体来说,包括个人存在的意义,寻求和确定获得有价值的目标,并去接近这些目标。

生命意义作为压力应对源,是从三个方面发挥作用的:

第一,体会生活的意义。一个人理解并坚守生活中的责任,在多方面肩负起责任,才会感到满足与充实,体验到生活的意义。第二,确立生活目标。个人应当有不同阶段的生活目标,这样才会充实、踏实。第三,加强自我顽强性,个人的自我顽强性包括对刺激的忍受力与耐挫力。加强自我顽强性的关键在于个人在追求生活目标受到阻碍时,坚定沉着,不轻言放弃,有不断尝试解决问题的决心。

只有这样才不会在挫折面前产生无力感。个人的心理健康与自我顽强性成正比,与压力成反比。

缺乏生命意义可能导致的后果:①消极补偿。如果人们没有找到(确立自己的)生命的意义,他们可能被生存的空虚感所笼罩。因为人们在探索生命意义的过程中遭受了挫折,他们便会转而寻求享乐和金钱作为补偿。奥地利心理学家维克多·弗兰克尔(Viktor Frankl)发现"周末精神病"的发生,是因为到了周末人们不再工作了,因而感到生活空虚,因此很多人到了周末就去酗酒,周末的犯罪率往往高于平常时间。②生活的空虚感导致了内在的挫折。有研究发现,在全世界范围内,大约有20%的心理疾病不是因童年期的创伤或过去生活中的矛盾引起的,而是因生存意义的挫折感和价值观的矛盾造成的。这种状况最严重的会导致神经官能症、精神分裂症。

缺乏对生命意义的认识是大学生自杀的主要原因。对大学生自杀现象的研究指出,自杀的人缺乏对生存的重要信仰和价值的认识。有些大学生由于缺乏对生命意义的理解和认识,当遇到比较大的压力时往往会放弃努力和尝试,选择轻生。

(四)压力与身心健康

压力有二重性,一方面,压力过大且持续会严重威胁健康,影响工作效率、满意度和人际关系;另一方面,适度的、偶尔的焦虑上升,可帮助一个人更好地应对难度较大的事件。可见压力既有消极的一面,也有积极的一面。实际上,压力可以分为三种类型:正性压力、中性压力、负性压力。正性压力是好的压力,产生于个体被激发和鼓舞的情境中。坠入爱河便是一种正性压力,邂逅电影明星或著名运动员也是一种正性压力。一般来说,属于正性压力的情境都是令人愉快的,因此,它们不被视作威胁。中性压力是一些不会引发后续效应的感官刺激,它们无所谓好坏。例如,听到一则远方偏僻的角落发生的新闻,便属于中性压力。第三类是负性压力,一般分为急性压力和慢性压力,前者来势汹汹但迅速消退;后者出现的时候不甚强烈,但旷日持久。

如图4.1所示的耶基斯-多德森曲线说明,在某一个点上,压力或唤醒确实可以提高绩效。中点左边的压力被认为是正性压力;右边的压力则被认为是对绩效和健康有伤害的,被称作负性压力。当压力增加,正性压力会逐渐转化为负性压力,绩效或健康状况随之下降,生病的危险加大。最佳的压力水平是在中点,正性压力变为负性压力的临界点。研究表明,在最佳点处的与压力有关的荷尔蒙可以帮助人提高身体的效能和信息处理能力,如注意力等,使人更加警觉。不过,离开最佳水平后,各方面的效能都开始下降。从生理角度来说就是健康处于危险之中。

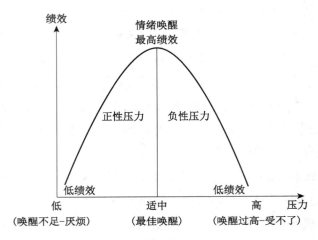

图 4.1 耶基斯-多德森曲线图

1. 积极的正性压力及影响

积极的正性压力可以帮助我们对身体的紧急状态做出迅速有力的反应,应对紧急事件,如避免车祸、避免孩子遭受各种危险等;给人提供激情和喜悦,有助于人们在压力下表现得更加出色;在规定期限前完成工作任务;有助于人们发挥自身的潜能;让日常生活变得多姿多彩;帮助人们在面对挫折挑战时提供专注力和精力;有助于个人成长。

个人成长往往需要突破一个人现有的极限,这种极限远远超过我们现在的舒适区。我们每一个人都有一个叫作"心理舒适区"的地方,在这个区域里,我们熟悉地呼吸、转身、行走,既不要太多的努力就可以达成目标,也不需要花太多心思去学习更新。如果我们经常处在安逸状态下,便容易停滞不前。为追求一个更有意义的目标,为应付一个紧急的事件,有时需要突破自己的极限。马拉松赛跑、为期末考试赢得好成绩、为一个项目长时间工作、废寝忘食照顾亲人等,都需要我们承受一定的压力,走出"心理舒适区",甚至要忍受暂时的痛苦,做出专注的努力,以达到个人成长。因此,完全没有压力,生活会停滞不前,积极的正性压力对提升个人极限很有价值,个人发展需要积极的正性压力。

2. 消极的负性压力及影响

心理学家认为事件本身并不会令人烦恼,只有当个体把它作为有害事件来看待时,它才会变得令人烦恼,这时候事件确实会对人们的健康造成危害,并且使个体没有十足的把握去解决它。

消极的负性压力经常会导致生理和心理两种类型的障碍。

生理上,消极的负性压力往往会导致以下疾病:压力给心理和身体施加长期的负担,降低身体的免疫力,如在考试期间患感冒,或长久的工作压力导致溃疡;压力导致突发性疾病,如心脏病或紧张性头疼;压力加重已有的疾病,如加重关节炎发作;压力让人产生破坏健康甚至导致疾病的应对习惯,如抽烟、酗酒、暴饮暴食或失眠。

心理上,消极的负性压力可以表现为严重的抑郁、令人衰竭的焦虑、混乱的思维、偏执狂或在日常生活中缺乏明确动机等。大多数情况下,由于身体和心理存在内在联系,心理抑郁症状会伴随身体上的疾病而存在。

长期和周而复始的不良压力会通过个体波及他人及其家庭,甚至工作,其危害主要表现为:工作或学习效率降低,潜能被埋没,低自尊,缺少快乐,产生无价值感,事业无进展,不关心公众问题,身患疾病,对生活、工作和人际关系满意度降低,不参加娱乐与游戏,活力衰退以及丧失性欲等。

消极的负性压力会使个体出现某种失调的信号,面对这些失调,个体得思考:"我的内部失调在哪里?我与周围环境之间的失调在哪里?要从失调中走出来,我该做些什么?"如能这样,某一段时期的负性压力就可转化为积极体验了。

不管什么时候,我们都应避免负性压力,若负性压力不可避免,我们要力图从中获得积极的益处。

二、大学生面临的主要压力

每一个人面临的压力可能各不相同,但大多数来自我们周围环境的人、事、物。大学生是承载家长及社会高期望值的特殊群体。但是,近年来国内大学里出现了一些虽不普遍却也并不罕见的令人担忧的负面现象:苦闷、彷徨、焦虑、偏执、脆弱,休学者有之,退学者有之,轻生自杀者有之……大学生缘何会产生这么大的压力?又该如何来解决这些问题?如何来减轻他们的压力?

需要我们反思。当代大学生面临的压力主要来自以下五个方面:

1. 就业压力

随着市场经济的发展和高等教育的普及化,大学生不再是人才市场的"香饽饽"。当今时代是竞争的时代:竞争择业,竞争上岗,适者生存,不适者淘汰,整个社会处于激烈竞争之中。连续多年的扩招加大了大学生就业的竞争程度,农村大量剩余劳动力涌入城市,城市里大量下岗职工的出现,使得就业矛盾非常尖锐。人才市场的竞争也日益激烈,从以前的"皇帝女儿不愁嫁"到现在的"千军万马过独木桥",从过去的"大学=工作""好大学=好工作"到现在人才市场的"唯才是举"的用人原则,理想与现实如此大的就业落差,加大了大学生就业的恐惧心理,对大学生的心理承受力是很大的考验。就业已经成为大学生普遍关注的话题,也是大学生诸多压力中最主要的压力源。

2. 学业压力

学习是大学生最基本的任务,尽管这一压力的强度有张有弛,并非永恒不变,但由于持续时间很长,其影响之大不可低估。有人曾经做过统计,在国内,各专业课程种类繁多,学生每周至少要上20节课,多则30节课,平均每天4~6节课,其中还不包括选修课以及参加其他社会实践活动花费的时间,大学生整天忙于上课和应对各种考试。到了大三、大四,他们或拼搏于考研行列,或参加各种技能培训班,为的是努力获取各种"证书"。过重的学习任务给大学生带来了巨大的压力。学业压力成为大学生心理压力的第二大压力,并日益影响着当代大学生,在高学历的硕士、博士研究生群体中表现得更为突出。

3. 人际交往压力

对大学生而言,大学是走向社会前的最后一站,很多大学生都把人际交往能力的培养作为一项重要指标。在人际交往中难免会碰到很多的挫折与不愉快,若能够妥当地处理,则会对大学生起到很好的磨砺作用。但是有很多的大学生性格比较内向和孤僻,遇到一次打击后就自我封闭,甚至不和任何人交往。有些学生各方面的表现均十分优秀,但人际交往表现不佳,甚至和同学说话都会紧张,时刻担心自己说错话被别人笑话或者瞧不起,平时越不与人交往越紧张和怯弱,这也严重影响到大学生的自信心。所有这些,从某种程度上讲是由于大学生的人格缺陷所造成的,这与家庭和学校的过度关心、包办学生事务以及从小不给学生自主权等因素有着密切的关系。

4. 生活压力

所谓生活压力,主要来自两个方面:

(1) 经济压力。学生上学的费用一般来自家庭。由于近年来社会的发展和生活水平的提高,上大学所需费用明显提高。这对来自贫困地区的学生影响更大。在一些贫困地区甚至出现了"高中生拖累全家,大学生拖垮全家"的现象。这对于尚未自食其力的贫困生会造成很大压力。

(2) 自理和自律压力。目前大学生多数是独生子女,从小受到"高考"指挥棒的影响,学习就是一切,长期忽视培养一般人应该具备的基本生活技能。因而不少人缺乏自理和自律能力,很多人不会或不善于独立生活和为人处世。面对挫折和新的环境,往往缺乏相应的自我调节能力,对大学生而言这也是一种压力源。

5. 情感压力

恋爱是大学校园内的一道风景线,给大学生活带来了温馨、浪漫与和谐的色彩。一场理想的恋爱可能会给大学生的一生起到重要的影响和促进作用,但是失败的恋爱经历也会给许多大学生留下深深的伤痛,甚至让很多大学生一蹶不振。调查显示,近几年来,情感上的压力在大学生心理压力中所占比例呈逐年上升的趋势。大学生刚步入成年,无论是家庭还是生理的发展要求,对异性的追求都成了大学生心中无法回避的问题,很多学生在学习期间,一方面努力学习,一方面开始留心周围的同学,物色比较理想的恋爱对象,这类学生在学生群体中占有相当高的比例,尤其以高年级学生比例为甚。恋爱在给大学生带来懵懵懂懂浪漫的同时,也给大学生带来了不可忽略的负面影响——情感上的压力,因为随着时间的推移,最初的浪漫与刺激逐渐退去,随之而来的是平淡、意见分歧、承担责任以及今后工作生活的打算,这一切都要求大学生及早地考虑,给大学生增添不少情感上的压力。

三、别让压力长期伴随你

著名的压力生理学家汉斯·薛利早年在进行老鼠内分泌生理试验时,他每天帮老鼠注射一些物质,希望透过试验了解某些内在激素对生物的影响。在每天帮老鼠打针的过程中,不论是实验组的老鼠还是对照组的老鼠,都经历老鼠从实验者手中挣脱、掉到地上、四处逃窜、被实验者追逐、被抓回笼子等过程。后来薛利检查这些老鼠,发现不论是实验组的老鼠还是对照组的老鼠,均出现了胃溃疡、肾上腺肥大、免疫组织萎缩等症状。薛利怀疑是不是老鼠身体处于的高度紧张状态是导致老鼠出现上述症状的原因。为了证实他的想法,他设计了另一个实验,在冬天将第一组老鼠放在屋顶,第二组老鼠放在锅炉室,第三组老鼠被强迫运动或进行手术,实验结果发现,这些身处恶劣环境下的老鼠,都易出现胃溃疡、肾上腺肥大以及免疫组织萎缩等症状。

通过上述的实验与研究,科学家们逐步了解到压力可能对人体产生的影响,并希望能更进一步了解,当人的大脑知觉危险或压力时,如何重新分配身体各器官的运作,适时地运送足够的能量或养分到需要的器官或组织。当我们愈了解压力对身体运作的影响时,我们也愈清楚地知道该如何面对压力,以减缓压力带来的负面影响,预防持续性压力对健康的伤害。

(一)压力是定时炸弹

个人对于压力的感受常常是因人而异的,也就是说,同样一个事件可能对不同的人会产生不同程度的影响,其原因可能是因为不同的人对于事情的看法或解读方式不同,又或是每个人的思考特性不同,所以受到压力事件的影响程度也不尽相同。一般而言,每一个人都有自我调适与应对压力的能力,如果个人处理压力的能力不足以应付环境需求的时候,压力便会持续影响个人,并对个体产生一些不良的影响。既然压力的影响如此的广泛,我们要如何检测才能了解自己是否承受过多的压力呢?你可以试着检视自己是否常常觉得紧张、急着完成很多事情、脾气暴躁、情绪不稳定、性情低落、肩颈酸痛、心悸、失眠、经常出现肠胃不适症状或近期内有免疫机能变差等情形发生。如果你的答案与上述现象相近,那么你很可能持续地承受着压力,却无法有效地缓解压力,从而出现一些身心不适的症状。

当压力来临时,我们的身体会迅速发生一些变化,以应对危机的状态。身体可能需要运用大量的葡萄糖以及结构最简单的蛋白质,此时,这些能量将会从身体的脂肪细胞、肝脏组织及肌肉组织大量释出,倾全力支援负责救命的组织与肌肉。当大量的葡萄糖被释出后,为了快速地聚集能量并将这些物资运送到需要的组织和肌肉,身体便会提高心跳、血压以及呼吸的速度,以供应重要器官所需要的氧与养分。面对压力时身体会暂时重新分配器官或组织的运作效能,这只是一个权宜之计,借以度过紧急的危难,当风雨过后,风平浪静时,一切将恢复到常态,身体各器官的功能逐步展开运作,各司其职,维持身体正常的机能。

一定程度的压力会增加生活情趣,激发我们奋进,有助于我们更敏捷地思考,更勤奋地工作,增加我们的自尊和自信。然而,如果压力超过了我们的承受能力,就会让我们心力衰竭、行为混乱。身体如果长期或反复处于压力状态下,身体内的很多重要器官就必须长期维持在高度运作的状态下,就会对人的生理和心理产生影响。人就会出现"压力身心综合征",也就是说,身体的疾病是由压力所造成的。当人受到压力时,可能会呼吸急促,并导致呕吐现象的发生。一旦呼吸急促,就表明人处于很焦急的状态。当身体逐渐缺氧时,会迫使人做深呼吸。除此之外,压力还可能导致伤风感冒,引起各种头痛,甚至导致心痛。压力还会压缩手和脚部的血管,从而增加人的心率。最终导致血压升高,甚至会使血压达到一个危险的水平。压力最常见的症状是头痛、偏头痛或紧张性头痛,甚至出现气喘、关节炎、糖尿病、高血压,以及肠胃不适、胸闷、胸痛等症状。

压力持续的时间太长,还会对我们的心理造成危害,最终让人垮掉。在面临压力需要做出认知评价时,常常会出现一个停顿,一旦做出评价,便会有反抗压力阶段,紧接着(如果拖延时间超出了个人的承受能力)就会是精疲力竭阶段。处于反抗阶段时心理作用会加强,从反抗到衰竭是一个循序渐进的过程,而一旦衰竭,心理功能就彻底停止作用。

生理和心理作用密切相关,不可分割。因此,我们在生理上越感到衰竭,那么对压力的心理反应便越衰竭,反之亦然。有部分人只要一发生生理受损,心理上就退却了。压力会影响我们的情绪,让情绪受到严重干扰,如焦虑不安、紧张、害怕、情绪低落,出现焦虑症、忧虑症、抑郁症等神经官能症。在人际关系方面,因为长期处于压力下而变得情绪不稳定,容易生气、多疑敏感,很容易跟人起冲突,跟其他人的互动也比较差,要不然就是整个人退缩,不跟其他人有接触。当然这些也会对工作、学习和生活造成很大的影响。

压力对心理和生理的影响是因人而异的,即使在遭受最大限度的压力时,也很少有人表露全部症状。严重的程度也是因人而异的,若某个人出现上述症状,说明他已经达到或正在达到压力不能承受的程度。要时刻注意检查自己,如果身上出现了上述不良影响的症状,说明你已经在重压之下了,你即将被压力压垮。你必须及时抓住这个危险的信号,调整自己,和压力开战。

(二)像电脑"键盘"一样承载压力

压力不是什么外在的东西,压力就是生活,生活就是压力,压力是人生不可避免的东西。有人经常承受沉重的压力,有人一生都压力轻微。压力无论是大还是小,当压力来临时,我们都不能有逃避的念头,更不要惧怕它,应该勇敢地接受它,和它开战,战胜它。唯有这样,我们才可以得到自在人生。

自在人生和不自在人生之间到底有怎么样的差别呢?当你所面临的一次考试,所承担的一项活动终于圆满完成的时候,当你心头的一块大石头终于落地的时候,体会一下这时的感觉。这份感觉难以言喻,好像人刚从地狱里出来,忽然感到轻松自在,那份压力感消失了,呼吸顺畅了,天空宽阔了,心情愉快了。压力虽然是心理上的,但变化却是心理和生理共有的。最简单的就是人在压力中,会变得极其烦躁、焦虑,呼吸会变得短浅,血液中的含毒物质变多,浑身都不舒服。一旦压力解除,一直在胸口的压迫感就会消失,可以吸一口新鲜的空气,全身感觉焕然一新。你如果想享受这种清凉自在,没有别的选择,一定要接受压力,战胜压力。

近几年来,我们时常从媒体中了解到大学生因无法承受来自学习或家庭的压力而自杀的事例,这已引起了社会的广泛关注。确实,现实往往会与理想矛盾,由此也就会产生压力。也许你心中有一盏理想的明灯,可它似乎可望而不可即;也许你想做好事,却把事情搞得一团糟;也许你很努力学习,可由于你不善耕耘,煞费苦心后成绩仍不上不下……生活中,压力不断地向我们袭来,我们要想活得充实,潇洒乐观,就要学会承受压力。

不能否定,学习对我们的确有一种压力,我们每天必须面对枯燥的数学公式、背诵枯燥的英语单词等,虽然它们剥夺了你自由安排时间的权利,但你何不这么想:忍一时风平浪静,退一步海阔天空。辛苦的日子过后幸福便会到来,只有掌握了这些科学文化知识,才能武装你的头脑,才会让我们成为一个有用的人。这样你的心里也许会感到平衡些。生活中有许许多多我们始料不及的事情,也许突如其来的暴雨会让人无所适从,但你不需要理会它,因为没有暴风雨的悲哀,便没有雨过天晴的欣喜;也许冬天里你感到寒冷彻骨,但你不需要在乎它,因为冬天来了,春天还会远吗?正是"欲渡黄河冰塞川,将登太行雪满山"。要不怎么会有"行路难,行路难,多歧路,今安在?"的感叹?但是,如果你能够承受压力,能够跌倒了再爬起来,那你还会涌出"长风破浪会有时,直挂云帆济沧海"的凌云壮志、冲天豪情。有棱角的少年,不知道现实的山是石头长成的,总是拼命去搏击;不知道幻想的云彩是雨做的,以致怎么也无法阻止它任意落雨。只有多承受压力,才会削掉幼稚的尾巴。

《士兵突击》中的许三多有句名言:"世界上有能喝酒的人吗?没有!只有能扛的人。"的确,压力谁没有啊,关键是谁能挺得住压力!

无论你属于什么气质类型,让我们都用坚强的意志、恢宏的气度、宽广的胸襟去承受磨难、挫折,去承受生活中的一切压力吧!

第二节 压力应对与自我成长

一、学会调整压力

培训师在课堂上拿起一杯水,然后问台下的听众:"各位认为这杯水有多重?"有人说是半斤,有人说是一斤,培训师接着说:"这杯水的重量并不重要,重要的是你能拿多久?拿一分钟,谁都能够;拿一个小时,会觉得手酸;拿一天,可能就得进医院了。这杯水的重量并未改变,你拿得越久,就越觉得沉重。这就像我们承担压力一样,如果我们一直把压力放在身上,不管时间长短,到最后就觉得压力越来越沉重而无法承担。我们必须做的是放下这杯水,休息一下后再拿起这杯水,如此我们才能拿得更久。所以,各位在承担一段时间的压力后适时地放下并好好地休息一下,然后再重新拿起来,如此才可承担更久。"

颜渊问仲尼曰:"吾尝济乎觞深之渊,津人操舟若神。吾问焉,曰:

'操舟可学邪?'曰:'可。善游者数能。若乃夫没人,则未尝见舟而便操之也。'吾问焉而不吾告,敢问何谓也?"仲尼曰:"善游者数能,忘水也。若乃夫没人之未尝见舟而便操之也,彼视渊若陵,视舟之覆犹其车却也。覆却万方陈乎前而不得入其舍,恶往而不暇!以瓦注者巧,以钩注者惮,以黄金注者殙。其巧一也,而有所矜,则重外也。凡外重者内拙。"

当你认认真真地从你内心出发,做你应当做的事,做你想做的事,你人生的花园就会开满鲜花。在你怡然自得的心情下,那些被你视为洪水猛兽的压力也就变成了一块块小小的绊脚石,你经过努力就会把他们都妥善解决。当压力被你战胜时,你就是一个幸福的人。

当我们面临压力时,一般都会主动寻求解压办法,而且男女学生的解压方法也不同。

(1) 有学习压力时,男学生多选择运动和娱乐,女学生多选择倾诉和购物。如果需要求助时,多数男女学生都会选择求助朋友和家人。

(2) 有就业压力时,男学生多选择运动和娱乐,女学生多选择倾诉和娱乐。其中在"发脾气"和"痛哭"两个选项上,只有女学生选,说明在就业问题上女生会感到更多的无奈。如果需要寻求帮助,男学生多会选择求助异性朋友或不求人,女学生多会选择家人和同性朋友。

(3) 有人际关系压力时,男学生多选择购物和娱乐,女学生多选择倾诉和运动。男学生在人际关系压力过大时也会选择哭泣来解压。如果需要寻求帮助,男学生多会选择求助异性朋友和家人,女学生多会选择同性朋友或不求人。

(4) 有经济压力时,男女学生排解方式无显著差别,多会选择娱乐、运动和埋藏心底等方式。如果需要寻求帮助,男学生多会选择求助同性朋友或不求人,女学生多会选择同性朋友。

当我们面临不同压力时,解压的方法也不尽相同,可以根据当时的情绪状态和环境条件来选择适合的解压方法。不妨试试下面的解压妙方。

(一) 静下来,把压力从脑海中踢出去

静坐是一种流行且易学的放松法,因为现代生活的压力越来越大,想逃离压力的人越来越多,所以越来越多的人加入静坐的队伍中来。静坐是利用心灵的活动来影响身体历程的一种方法,如同运动有益于心理健康,静坐也有助于身体健康。静坐的目的就是让人集中注意力,不被外在多变的环境所控制。学习静坐其实很容易。找一舒适、安静的环境即可。当你对静坐熟练之后,任何地方都可以静坐,如飞机上、咖啡厅、大树下甚至公交汽车上。

初学者还必须找一张适合的椅子。因为静坐不同于睡觉,为了防止睡着,要坐在一张直背的椅子上,它可以帮助你把腰挺直,并支撑住背部和头部。坐时让背部顶着椅背,双脚略微前伸,超过膝盖。双手放在扶手或膝盖上,尽量让自己的肌肉放松。闭上双眼,当吸气时,在心中默念"1",吐气时则默念"2",不要故意去控制或改变呼吸频率,要很有规律地吸气、吐气。如此持续20分钟。通常,在静坐过程中不会发生意外状况,若感到不舒服或头昏眼花,或者有幻觉的干扰,只要睁开双眼,挺直静坐就可以了。不过,很少发生这些情况。

(二) 把压力吹跑

渐进式放松法可以帮助我们彻底把压力吹跑。它的目的是放松我们的神经、肌肉,因此它又被称为神经肌肉放松法。这种放松法通常是在录音带的指导语下,先从身体上半部分的肌肉开始,当某一个部位的肌肉放松后,再进行下一个部位的肌肉放松。依次进行,渐渐地使全身的肌肉都放松下来,借着放松身体,来达到心理的松弛状态。当你练习渐进式放松法一段时间之后,你会更容易掌控自己紧张的情况,一有压力,你很快就能发觉。而且随时可以用放松法来驱逐你的紧张情绪,经常练习后,就能避免某一个部位的紧张扩散到另一个部位上去。

若要让肌肉维持在最放松的状态,建议躺着练习比较好,因为躺下来可以让你的身体重量由地板来支撑,而不需要肌肉费力地支撑着。双手放在腹部上或是自然平放在身体两侧,脚略微分开。也可以在脖子下面、腰下面、膝盖下面垫一个小枕头,这样会让肌肉更加放松。但需要强调的一点是,在做这个放松练习之前,必须把姿势调整到一个最舒服的位置,这样才可以很好地达到放松的效果。当你已经熟悉渐进式放松法后,就可以用坐姿或站姿来放松某些部位的肌肉。例如,颈部、肩膀的肌肉,不过在练习的阶段,特别是初学者还是以躺卧的姿势为宜。

(三) 适当地休息

多年前,一部日本动画片中的主人公有一句话:"休息一下,让我们休息一下吧!"

任何肌体处于高强度的压力之下都会面临崩溃的状态,这时休息是最有效的办法。一天中多进行几次短暂的休息,做做深呼吸,呼吸一下新鲜空气,可以放松大脑,防止压力情绪的形成。很多人为了节省时间而选择不休息。其实,为了节省时间而不休息是一种错误观念。军队里很少会持续不断地操练士兵,通常会让士兵每隔一小时休息几分钟。在这种方式下,行军时便能更迅速且走得更远。

休息的规则是"在你感到疲倦之前休息"。试试这样的方法,然后和以前比较一下,看看自己在一天中比过去多完成多少事情。即使休息的时间很短也没有关系。定期的"休息片刻"远比一天中的一次长时间休息来得有益。

如何运用休息将决定休息的质量。设法做些不同于日常所做的活动将有助于提高休息质量。假如你整天在室内坐着,出去散个步或做些适量的运动。假如你的朋友很多,经常与朋友应酬,那么就奖励自己一段独处的时间。记住这句古老的谚语:"一点改变与休息有同样的助益。"

当时间实在很紧迫,你根本不可能挪出 10 分钟或 15 分钟休息片刻时,你该怎么做呢?小憩一下也能达到休息的作用。一段小憩是指仅维持 10 秒钟至 60 秒钟的休息。少于 10 秒钟的休息令人怀疑是否真正能完全抛下工作来休息;而如果你的休息时间超过了 60 秒钟,那就称不上是小憩,就是休息了。当你感觉自己的反应完全来自情绪而非理智时,让自己暂停几秒钟。在这几秒钟的时间,你可以整理自己的情绪,让自己表现得更专业化。

当你感到压力开始升高时要学会叫停。若不让自己停下,则会陷得越深。一个防止压力不断上升的办法就是让压力停住。当被压力充塞而继续下去毫无结果时,就可以采取一些行动。比如,你可以对自己这样说:"假如我发现自己呼吸困难,我就停下手边的事,出去散散步。"或者你可以与他人达成协议,如:"假如我们两人之中,有人感到对方变得太情绪化时,我们可以暂停,稍后再继续。"

(四)提高睡眠质量

睡多久才够?人与人之间各不相同。可以这样测量:如果你在不瞌睡的时候想睡,或者周末时睡得很晚,那说明你没有得到充足的睡眠。专家建议说:争取在以后的一个星期里每晚多睡一个小时,然后看看你的感觉如何。

但是,身处压力下的人们都难以入眠。因为压力通常会导致睡眠问题,而且不良的睡眠意味着你没有精力,在第二天会更容易感受到压力。下面这些方法可以帮助你获得良好的睡眠。

养成固定的睡觉和起床时间,有助于保持生物钟;白天不喝刺激脑神经的饮料,比如咖啡、茶;在近傍晚的时候做些运动,以便让身体充分休息;在睡觉前散散步,不吃油腻、难以消化的食物,喝杯热牛奶是最有助于睡眠的;睡觉前洗个澡让全身放松;睡觉前把想法与烦恼逐一写下来,搁在一旁,等到明天早上再处理它们;闭上你的双眼想着睡觉,脑海中描绘"哈欠"的字样,想象打哈欠和打瞌睡的感觉;假若中途醒来,不要躺在床上,起床并找点事做,在你感到疲倦时再回到床上。

(五)用"灵丹妙药"解除压力

1. 香气治疗法

香气治疗法值得一试。这种治疗方法目前在世界上比较流行,它可不是简简单单地买回一些植物汁或者植物油来薰香就完事,已经有越来越多的商店开始利用这种薰香为人们提供服务。人在芬芳的环境下能够舒缓紧张神经,很多美容院都已开展了这项服务。在这种芳香的情境下,做一做伸展运动,练一练瑜伽,都会帮助你从容应对压力。

2. 洗澡

洗澡能增加血液循环,使人镇静,甚至能让身体发生某种生理变化,睡上一个好觉。为了提高热水澡的镇静作用,可以和身体的连续放松动作有机地结合起来。首先,完全让手松弛,轻轻地浮出水面上;接着,想象这种松弛感上升到肘部,沿着手臂、肩部和背部到头上;最后,分布在感到紧张的部位。

3. 阅读治疗

只要上过学的人想必都体会到书到用时方恨少的感觉。书真的有很大的妙用,适当地阅读不仅可以增加知识,还可以安定人的情绪。既然这样,身在重压下的你还犹豫什么呢?去逛逛书店吧,或者去图书馆走走。实在觉得出门太累,就把书柜里面压在箱底的金庸全集或者《简·爱》再重温一次吧。总之,就要让自己不停地阅读。

如果实在厌烦那厚厚的书本,那不妨看些如图4.2所示减压的图片,也会让自己的心情豁然开朗。

图 4.2　减压照片

4. 音乐疗法

音乐能培养人的理性思维。有研究者认为,音乐"能帮助我们感知和理解","增加我们的洞察力和智慧,培养我们的理解力并使之更加深刻和完整"。音乐能影响人的生理。一个人只要一听到音乐,生理上就会受到影响。人的呼吸、血液循环、皮肤触觉、肌肉张弛、脑能量等,与音乐的节奏、音频的高低、音量的大小等都有着密切的关系。我国古代思想家荀子说:"乐行而志清,礼修而行成,耳目聪明,血气平和,移风易俗,天下皆宁,美善相乐。"

推荐以下减压的放松曲目,以供大家选择:《春江花月夜》《空山鸟语》《雨打芭蕉》《渔舟唱晚》《高山流水》《梅花三弄》《阳关三叠》《瑶族舞曲》《长城随想曲》《翻身的日子》《二泉映月》《莫扎特小夜曲》《舒伯特小夜曲》《柴可夫斯基小夜曲》《舒曼梦幻曲》《蓝色的多瑙河》《沃尔塔河》《A大调(军队)波罗涅兹》《E小调第九(自新大陆)交响曲》《卡门序曲》《一八一二序曲》《大海》等。

5. 电影疗法

看看电影、电视也是一个很不错的减压方法。有空去电影院看看电影,悲剧片和喜剧片都是不错的选择。如果觉得一肚子的委屈实在无处发泄,选一部悲剧片来看看吧,看到悲伤的情节之时,不要再吝啬你的眼泪了,放声痛哭吧,电影院里没有人认识你,没有人会认为你神经有毛病;或者在心情烦躁时去看一些喜剧片,"笑一笑,十年少",笑声中压力就没了。实在不想出门,就在家里看看碟片或电视也好啊,周星驰的无厘头电影,保证让你笑到开怀,忘记一切烦恼,抛开一切压力。

6. 多吃零食

吃零食的目的并不在于仅仅为了填饱肚子,而在于对紧张的缓解和内心冲突的消除。当食物与嘴部皮肤接触时,一方面,它能够通过皮肤神经将感觉信息传到大脑中枢,产生一种慰藉,使人通过与外界物体的接触而消除内心的压力;另一方面,当嘴部接触食物并进行咀嚼和吞咽运动的时候,可以使人对紧张和焦虑的注意力转移到嘴部,在大脑摄食中枢产生另外一个兴奋灶,从而使紧张兴奋区得到抑制,最终使身心得到放松。

二、压力让生命更强健

案例三

一位动物学家对生活在非洲大草原奥兰治河两岸的羚羊群进行了研究,他发现东岸羚羊群的繁殖能力比西岸的强,奔跑速度也不一样,每分钟要比西岸的快13米。对这些差别,这位动物学家曾百思不得其解,因为这些羚羊的生存环境和属类都是相同的,饲料来源也一样,全以一种叫莺萝的牧草为主。有一年,他在动物保护协会的协助下,在东西两岸各捉了10只羚羊,把它们送往对岸。结果,运到西岸的10只一年后繁殖到14只,运到东岸的10只剩下3只,7只被狼吃了。

这位动物学家终于明白了,东岸的羚羊之所以强健,是因为在它们附近生活着一个狼群,西岸的羚羊之所以弱小,正是因为缺少这么一群天敌。没有天敌的动物往往最先灭绝,有天敌的动物则会逐步繁衍壮大。

只有战胜压力,我们的生命才更强健。要战胜压力,实现自己的人生目标,除了要有渊博的知识、敏捷的思维、较强的预见能力,选择恰当的时机和抓住成功的机遇外,还需要一系列其他主要条件,如要紧跟时代步伐,不断给大脑充电,增补新知识,还要消除自身一些不良习惯对于成才的影响。这所有的条件,都是我们战胜压力、实现自身理想的重要基础,缺一不可。

生活的海洋并不平静,人生的道路也不总是一帆风顺的,立志成才者难免会遇到种种压力、挫折、不幸,如家庭的不幸、身体上的病残、心灵上的创伤等。这种恶劣的环境对每一个人都是沉重的打击。身处逆境而能奋发崛起,是成功者之所以成功的原因。立志成才的人,要正确对待自己所处的社会环境,在顺境中自强不息,在逆境中奋发而超前。

(一) 找到学习的金钥匙

学业之战是事业之战的前哨站,要想成才,首先必须取得专业资格。其实,学业的压力克服起来是很容易的。只要掌握好的学习方法,学习可以收到事半功倍之效。只有持消极态度的人,才认为学业压力不可避免。

(二) 跳出定式,改变价值观

目前就业难大致分两种情况:一种是确实找不到工作;一种是"挑肥拣瘦",期望值过高,一心想找条件好、待遇高的岗位。造成这种现象的原因是多方面的,首先,与以城市为指向的现行教育体制有关,相关专业设置、教学内容等明显带有为城市服务的特点。其次,城市作为先进生产力代表和政治经济文化中心,一直都是主流价值的聚集地,造成了大学生偏好城市的倾向,这还没有考虑城乡收入、就业环境存在的差异等。在当前就业形势下,应考虑"先就业再择业",因为与前些年相比,东部沿海地区和大城市、大机关、大企业的人才相对饱和,只有西部地区和基层急需大量人才。所以对大学生来说,调整好价值观显然要比调整专业更重要,先就业再择业。

(三) 照料好友谊的房子

世界上只要有人,就会有矛盾。人际关系自然也一样,有些友谊经久不衰,有些则缘尽而散。有很多人会因为这种人际关系而产生巨大的压力。良好的人际关系,并不是要求你喜欢所有的人,也不是要求你把所有相识的人都视为知己。如果你认为某些人是有价值的朋友,那就应当细心呵护这段友谊;如果你认为某些人和自己志趣不投,也没有必要勉强自己。我们要善于处理社交活动中发生的人际矛盾。正确地处理这种矛盾不仅对你的人际交往有利,而且可以缓解你的社交压力。对于无关紧要的敌意,要宽容大度,不予理睬,可以装聋作哑,或转移话题,让对方无趣而止,绝不可斤斤计较,发生无谓的冲突。要做到这些当然需要抓住时机,掌握方法技巧,但最重要的是要自己主动,运用心理策略,发挥自己的能动性。人际关系就好像大房子一样,需要照料。而住在房子里的你,更加需要良好人际关系的呵护,才能免遭风吹雨打。

(四)塑造自己的魅力

什么样的人具有魅力呢?对于魅力的内涵,不同年龄、不同层次、不同职业以及不同性别的人都有着各自不同的理解。综合起来说,魅力常常与美貌、趋同意识、知识和能力联系起来。在生活中,长得漂亮固然是一个比较重要的魅力因素,但是如果不能很好地利用和修饰自己的自然美,一味地追求奇特,那反倒让人厌恶。外表美、心灵也美,才会美上加美。心灵美而长相平平者,也能产生独具的魅力。因此,人的魅力不仅在于外貌,还在于品德、气质、才能、智慧等素养的综合。在产生魅力作用的因素中,有些是先天的,有些则是后天自己创造的。人虽然不能改变自身的生理和自然素质,但可以在实践中提高自己的素养。

(五)对自己说"我还有半杯水"

科技高度发达,市场经济日趋完善,人们工作和生活的节奏不断加快,竞争日益激烈。有些人常常将"活得累"挂在嘴边。如果不注意调整心态,很容易产生压力疲劳感。在这种情况下,需要调节自己的心理。善于调节心理的人,如同善于调节自己的饮食以保持身体的营养平衡一样,能获得舒适的生存状态;而不善调节者,则长久走不出烦恼的怪圈,极容易受到消极和虚妄的心理暗示。若某个人有半杯水,消极者说:"我只剩下了半杯水。"积极者说:"我还有半杯水!"同样是半杯水,却有两种截然不同的人生态度和价值判断,也是两种截然不同的自我心理暗示。因此,你一定要端正自己的心理,勇于对自己说:"我还有半杯水!"

(六)向自己翘翘大拇指

1. 适时奖励自己

给自己一顿丰盛的大餐,是对自己"做得好"的一种奖励,同时与他人一起分享你的成功,也会令你有一种满足感。不要怕给自己奖励。我们给自己的赞美往往比他人给的赞美更有意义,也更能激励自己。

2. 肯定自己

肯定与奖励的方向不同。肯定是为了我们的存在,而不是为了任何特别的成就,所给予自己的一些特别的东西。自尊心高的人对自我的肯定较自尊心低的人多。因此,假如你已经有一段时间不曾给自己肯定,那么赶快给自己一个肯定,看看你是否感觉好多了。

3. 列出自己的优点

这个方法可以不断地提升你自己,尤其在你感到沮丧的时候。为什么不将你对自己感到满意的项目列成表,然后在你需要时做参考呢？你在列表时,可以想想这些方面：你最喜欢你个性的哪个方面？哪些事情你做得比大多数人好？最让你骄傲的发展技能是什么？你一生中所完成的最困难的事是什么？你一生中什么事情让你感到最骄傲？

4. 记录自己所取得的成就

记录你的成就可以让你每天都有所提升。每周甚至每日进行一次,并且在你回顾时,想想"我完成了什么？"不论是大事还是小事,你都可以简单地记录下来。记住,你是评断你自己成就的最佳裁判。有多少你乐意做的事被你完成了？有多少你先前并没有预期自己会做的事？那就做好你的记录,记录下你的成就。

(七) 轻松生活自己造

(1) 仰天长啸。最好组队同啸。

(2) 抖落恐慌。发言前活动活动关节,让自己放松。

(3) 明白自己能改变什么,不能改变什么。

(4) 分而治之。

(5) 不要凡事操心,学会交给别人去做。

(6) 玩玩压力球。

(7) 准备一个高尔夫球或者空瓶子,踩在脚下做足底按摩。

(8) 保持冷静。

(9) 如果可以,重新粉刷你的房间。柔和的蓝色可以帮助你降低血压。

(10) 尽量不要分散注意力。

(11) 把作业留在学习的时候做。

(12) 现实一点。绝大多数压力都是自己添加的。

(13) 微笑是个好办法,大笑就更棒了。

(14) 和别人交流一下,大家都是人。

(15) 休息一下,出去走走。

(16) 任何时候都有条不紊。

(17) 吃鲑鱼或者沙丁鱼可以减轻压力。

(18) 该休假就休假,不要怕。

(19) 向别人求助。

在生活中其实有很多细节我们平时容易忽视,那就从我们生活的点滴开始做起,让我们的生活动力和快乐再多一点点,压力和烦恼再少一点点。

第三节　心理策略训练

游戏：心情写字板

将所有烦恼的事情和所有的坏感受统统写在一张很大的白纸上,四周留白。然后所有参加者坐在一起,在统一的号令下尽情撕扯这张纸,越碎越好。一边撕一边念叨着"我才不在乎""滚远一点"等非常直白的话语。

小测验

1. 自我症状测试

下面的这个诊断表列举了30项自我诊断的症状,请你对照下列叙述进行自我检测,并记录下相符的项数。

(1) 经常感冒,且不易治愈。

(2) 常有手脚发冷的情形。

(3) 手掌和腋下常出汗。

(4) 突然出现呼吸困难的胸闷窒息感。

(5) 时有心脏悸动现象。

(6) 有胸痛情况发生。

(7) 有头重感或头脑不清醒的昏沉感。

(8) 眼睛容易疲劳。

(9) 有鼻塞现象。

(10) 有时会感觉眼花。

(11) 站立时有头晕的情形。

(12) 耳鸣。

(13) 口腔内有水泡或溃烂情形出现。

(14) 经常喉咙痛。

(15) 舌头上出现白苔。

(16) 面对自己喜欢吃的东西却毫无食欲。

(17) 常觉得吃下去的东西好像沉积在胃里,没有消化。

(18) 有腹部发胀、疼痛的感觉,而且常拉肚子或便秘。

(19) 肩部很容易僵硬、酸痛。

(20) 背和腰经常疼痛。

(21) 疲劳感不易消除。

(22) 体重减轻。

(23) 稍做一点事马上就会感到疲劳。

(24) 早上刚睡醒时经常有起不来的疲倦感。

(25) 不能集中精力专心做事。

(26) 睡觉时久久不能入睡。

(27) 睡觉时经常做梦。

(28) 深夜突然醒来后不易继续入睡。

(29) 与人交际应酬时变得很不起劲。

(30) 稍不顺心就会生气,而且有时有不安的情绪产生。

在上述情形中,如果你具有其中的五项,那你属于轻微紧张型,心理压力不是很大,只需多留意,注意适当休息便可恢复。如果有6~20项,则属于严重紧张型,平时感觉到的压力比较大,有必要的话可以去咨询一下心理医生。倘若在20项以上,就说明你的心理压力十分大,需要引起特别注意。

2. 性格与压力测试

以下各题,请你以第一反应做出"是"或"否"的回答。

(1) 你是否一向准时赴约?

(2) 和朋友相比,你是否更易和同学(同事)沟通?

(3) 是否觉得周六早晨比周日傍晚容易放松?

(4) 无所事事时,是否感觉比忙着工作时自在?

(5) 安排业余活动时,是否向来都很谨慎?

(6) 当你处在无聊状态下,是否常常感觉很烦恼?

(7) 你多数娱乐活动是否都和同学(同事)一同进行?

(8) 你周围的朋友是否认为你随和、易相处?

(9) 有没有某位朋友或同学(同事)让你感觉很积极进取?

(10) 运动时是否常想怎么提高技术,多赢得胜利?

(11) 处于压力之下,你是否仍会仔细弄清每件事的真相,才能做出决定?

(12) 旅行之前,你是不是会做好行程表的每一个步骤,而当计划必须改变时,会感觉不自在?

(13) 你是否喜欢在聚会时或聚餐时与人闲谈?

(14) 你是否喜欢闷头工作,躲避与人接触?

(15) 你交的朋友是不是多半都有共同语言?

(16) 当你生病时,你是否会坚持在床上接着工作?

(17) 平时的阅读物是否多半和工作、学习相关?

(18) 你是否比同学(同事)要花更多的时间在工作上?

(19) 你在社交场合是不是三句话不离自己感兴趣的话题?

(20) 你是不是在休息日也会焦躁不安?

说明:

第(4)、(8)、(13)题答"非"得1分,其他题答"是"得1分。

0~9分:B型性格。

10~11分:O型性格。

12~20分:A型性格。

A型性格特征:工作狂人。

喜欢过度的竞争,喜欢寻求升迁与成就感;在一般言谈中过多强调关键词汇,往往愈说愈快并且加重最后几个词;喜欢追求各种不明确的目标;全神贯注于截止期限;憎恨延期;缺乏耐心;放松心情时会产生罪恶感。

B型性格特征:悠闲达人。

神情轻松自在而且思绪缜密,工作之外拥有广泛兴趣;倾向于从容漫步;充满耐心而且肯花时间来考虑一个决定。

O型性格特征:百变伊人。

O型性格较之A型性格,对压力更敏感,也比较容易过激,对压力的心理承受能力也差一些;较之B型性格,容易陷入焦躁状态,常常处于紧张状态。不过

O型性格的人的具体特征还是由心情来定,不定期地游走在A型与B型之间。

 **思考题**

1. 大学生常见的压力类型有哪些?
2. 你的生活中有压力吗?请把你的压力和你的应对方法写下来。

> 真正的快乐,是对生活的乐观,对工作的愉快,对事业的兴奋。
> ——爱因斯坦

第五章 大学生情绪管理

第一节 情绪是什么

那是一家跨国公司策划总监的招聘,应聘者云集,考核也异常严格。层层筛选后,最后只剩下三位佼佼者。最后一次考核前,三位应聘者被分别封闭在一间被监控的房间内,房间内各种生活用品、家用电器一应俱全,但没有电话,不能上网,三人的手机也都被收走。考核方没有告知三个人具体要做什么,只是说,让几个人耐心等待考题的送达。

最初的一天,三个人都在略显兴奋中度过,看看书报,看看电视,听听音乐,只是在做饭的时候,因为都不太擅长出现了一些小问题,但手忙脚乱中三个人还都快乐地把饭吃到了嘴里。第二天,情况开始出现了不同。因为迟迟等不到考题,有人变得浮躁起来,有人不断地更换着电视频道,把书翻来翻去,甚至连吃饭也草草地应付了事;有人不停地在房间里走来走去,眉头紧锁,一脸凝重,夜里翻来覆去难以入眠……只有一个人,还跟随着电视情节快乐地笑着,津津有味地看书、做饭、吃饭,踏踏实实地睡觉……

五天后,考核方终于将三位应聘者请出了房间,那两个焦躁的应聘者已经形容枯槁,只有那个始终快乐着的应聘者依然神采奕奕。就在三个应聘者凝神静气等待主考官出最后考题时,主考官说出了最终考核结果,那个能够坚持快乐着生活的人被聘用了。主考官对三个同样诧异的应聘者解释着:"快乐是一种能力,能够在任何环境中都保持一颗快乐的心灵,可以更有把握地走近成功!"

一、情绪的含义

情绪,对于研究人员和普通大众来说,都是一大难题。目前,仍然没有一种统一的情绪理论,不过,大多数心理学家都认同情绪是一种复杂的变化模式,包括生理唤醒、主观感觉、认知过程和行为反应。所有这些都是我们对感知到的、具有个人意义的情境的反应。相应地,情绪具有四个组成要素。

(一)生理唤醒

情绪涉及大脑、神经系统和荷尔蒙,因此情绪唤醒的同时,身体也被唤醒。强烈或持续的情绪唤醒会耗尽太多的精力,并削弱我们对疾病的抵抗力。

(二)主观感觉

情绪还包括主观感觉,包括愉快或不愉快、喜欢或不喜欢等因素。因此,在研究情绪或了解他人的感觉时,我们必须在很大程度上依靠他们的自我报告。

(三)认知过程

情绪还涉及诸如记忆、知觉、期望等认知过程,我们对某个事件的评价会极大地影响这个事件对我们的意义。

(四)行为反应

情绪还涉及许多行为反应,包括表达型反应和工具型反应。面部表情、手势姿势和声调语气,都能帮助人们与他人进行交流(表达型反应)。因为担心而哭泣、因为恐惧而逃跑,这些都是提高人们生存机会的适应性反应(工具型反应)。

例如,当个体遇到某种威胁(唤醒),这种威胁启动了他对危险的认知以及害怕的主观感觉,而行为反应则是逃避这个威胁性的刺激物或事件。

完整的情绪活动就是由以上四个要素的共同活动构成的。换句话说,任何单一的要素都不足以构成情绪,只有当四个要素整合时,情绪才能产生。同时,在情绪活动中,这四个要素彼此间相互加强或减弱,相互补充或改变。

综上所述,我们可以给情绪下这样的一个定义:情绪是一种由客观现实与人的需要相互作用而产生的包含生理唤醒、主观感觉、认知过程和行为反应的整合性心理过程。

当我们观看电视上的运动比赛和选美比赛的时候,仔细观察一下冠军和亚军的笑容,虽然两个人都会笑,但冠军的笑容更加真实,而亚军的笑容更有可能是装出来的。

我们会因为很多原因而笑:出于礼貌、遭遇尴尬或假装微笑。这些"社交性"的笑容通常是故意的或被迫的,它们只是嘴角的上扬而已。真正的笑是什么样的?真正的笑容并不仅是动动嘴,还有眼部周围的小肌肉,这些肌肉使颊部上移,进而使得眼部周围出现皱纹,或称鱼尾纹。

真实的笑容称为 Duchenne 笑容(由 Guilluame Duchenne 而得名,他是一位研究面部肌肉的法国科学家),眼部周围的肌肉很难受到人为控制而收缩,因此若要辨认一个笑容是否真实,就看一个人的眼角,而不是嘴,换句话说,出现鱼尾纹意味着笑容是甜美的。

Duchenne 笑容表示真实的快乐和享受。最近的研究发现,在大学年鉴相册上有真实笑容的女性,在第6、22、31年后再观察其生活,结果发现真实笑容则与有更多积极情绪和更大成就有关。我们只能推测其中的原因,但是很可能一个人的笑容表明他(她)是一个乐于助人的人,这将会带来更多的支持性社会关系,从自我实现的角度来看,能带来更大的快乐。

二、情绪的形式

从生物进化的角度来看,情绪可以分为两种:基本情绪和复合情绪。基本情绪是动物和人都有的,是先天的,不需要学习;复合情绪则需要通过后天的学习才能习得。

(一)基本情绪

基本情绪又称原始情绪,对其种类的划分,各学派有不同的分法,近代多数心理学家把快乐、悲伤、愤怒和恐惧列为情绪的基本形式。这四种基本情绪是先天性的、在进化中为适应个体的生存而演化而来的,每种基本情绪都具有不同的适应功能,基本情绪可以在没有认知的参与下自发地发生。

1. 快乐

快乐是个体的需要得到满足、紧张得到缓解后的情绪。快乐是主要的正性情绪,是为人们带来心理上享受的重要来源。快乐不仅带有色彩,而且带来的是温厚或浓郁的暖色,它在心理上给人以舒适和幸福。

快乐能够在完成任务、实现诺言、达到自己的愿望和理想时产生,能够在得到他人的承认、被社会所接受的时候产生,能够在人际间的互相依赖和信任中产生。快乐的程度取决于目的的重要程度和目的达到的意外程度,如果追求的目的非常重要,并且目的的达到带有意外性则会引起异常的欢乐,否则只能引起微小的满意。一般把快乐程度分为满意、愉快、异常的欢乐、狂喜。

快乐可以让人紧绷的神经松弛下来,可以增强人的信心和勇气,而且有助于建立良好的人际关系。

2. 悲伤

悲伤是个人在失去所盼望的、所追求的东西或有价值的东西时所引起的情绪,由悲伤所带来的紧张释放产生哭泣,悲伤的哭泣使人感到失去力量、失去支持、失去希望,从而处于无助和孤独之中。

悲伤是痛苦的发展和延伸。有些学者认为,痛苦和悲伤是同一种情绪的两种表现形式。无论是孩子还是成人,都能忍受一般的痛苦,当强烈的痛苦忍耐不住时,就会痛哭失声,痛苦得到部分释放或转化为悲伤。

悲伤的强度取决于失去事物的价值,失去的东西价值越大,引起的悲伤程度也就越强烈。一般把悲伤的程度分为遗憾、失望、难过、悲伤、悲痛。失去亲人或失去重要资源时就很容易产生悲痛。当人必须忍受这种分离或丢失时,悲痛就转化为忧愁或忧郁。深重而突发的悲痛甚至可导致猝死,持续的过度悲痛对人十分有害。

3. 愤怒

愤怒是个体需要受到外界妨碍不能得到满足时的情绪。挫折不一定引起人的愤怒,但当人们认为其受挫的阻挠是不合理时,甚至是恶意的,则最容易引起愤怒。一般把愤怒的程度分为轻微的不满、生气、愠怒、大怒、暴怒等。

不良的人际关系常常是愤怒的来源,受到侮辱或欺骗、被强迫去做自己不愿做的事,都能诱发愤怒。情绪本身也能成为发怒的原因,如持续的痛苦能转化为愤怒。

愤怒的原本意义在于激发人以最大的魄力和力量去打击和防止来犯者,也用于主动出击。不过,在现代文明社会中,除了出于自我保护,愤怒所导致的攻击行为多数要受到道德规范的指责或法律的制裁。因此,愤怒的功能已经改变,变成一种表达自身反抗意向和态度的标志,而不是必然与攻击行为联系在一起。

4. 恐惧

恐惧是个人企图摆脱某种情景而又无能为力时所产生的情绪。恐惧是最有害的情绪,它对人的知觉、思维和行动均有显著的影响。引起恐惧的关键因素是人缺乏处理可怕情境的力量。恐惧具有很强的感染力,一个人在恐惧时,往往会引起周围人的不安和恐惧。

从进化的角度看,恐惧可以作为警戒信号,有助于人躲避危险,还有利于群体的社会结合。但是,恐惧在全部基本情绪中具有最强的压抑作用,对认知活动也有消极影响。严重的恐惧使感知范围变窄,思维刻板,行动呆板,而它所产生的心理震动甚至会危及人的生命。

美国和日本的5~12个月大的婴儿在家中接受了访问。实验者对每个婴儿采用了一套同样的实验程序:将每个婴儿的手腕抓住并交叉叠放于腹部。实验者对每个婴儿的反应都进行了录像,结果发现两种文化下的婴儿运动面部肌肉的方式都相同——高度相似的痛苦的表情。日本和美国的婴儿在发出负性的声音和身体挣扎的频率也很相似。

(二)复合情绪

复合情绪是由不同基本情绪的组合派生出来的,有惊奇、厌恶、羞耻、敌意、焦虑、嫉妒等情绪。例如,由恐惧、痛苦、愤怒等组合起来可构成焦虑情绪;由厌恶、愤怒、轻蔑等组合起来可构成敌意情绪。

三、情绪的类型

从现代心理学的角度,依据情绪发生的强度、持续性和紧张度,情绪又分为心境、激情和应激。

(一) 心境

心境是一种较微弱、平静、持续而带有渲染作用的情绪状态。心境不是关于某一事件的特定体验,它具有广延、弥散的特点,它似乎成为一种内心世界的背景,每个时刻发生的心理事件都受其情绪背景的影响,使之产生与这一心境相关的色调。所谓"忧者见之而忧,喜者见之而喜"就是对心境特点的写照。

心境往往由对个体有重要意义的情况所引起而滞留在心理状态中,如学业是否顺利、人际关系是否和谐、身体是否健康、人体的生物规律是否失调等,甚至天气、环境,都可能成为引起某种心境的原因。对重大影响事件的回忆、无意间的浮想也会导致相应心境的重现。人们并不都能清楚地意识到引起心境的原因,如常听到有的大学生说,"这几天不知道为什么我特别高兴,学习特有劲","其实什么坏事也没有发生,但心里总觉得怪怪的,不知为什么"。其实心境的出现总是有原因的。

心境对人的生活有很大的影响。良好的心境能促进人的身体健康,并有助于充分调动人的积极性,提高工作效率,增强克服困难的勇气。相反,不良的心境则让人心烦意乱,意志消沉,且容易被激怒,遇到困难也难以克服,同时对人的健康有极大的危害作用。因此,对自己或他人心境的觉知有助于克服消极心境。

(二) 激情

激情是一种强烈的、短暂的、爆发性的情绪状态。激情常常是由意外事件或对立意向的冲突所引起的。激情可以是正性的,也可以是负性的。

大学生由于内心意志和自我控制力尚处于发展阶段,激情表现得更为突出。他们常因一球之差而大打出手,或因占座的书被弄脏而出口不逊,或因成功而狂喜,等等。大学生要学会通过合理释放和升华、适当转移注意点等来缓解和调控激情的消极影响,不要以激情为借口原谅自己的过失。但对于正性的激情,应该给予正当的鼓励和支持,特别是对"书生意气、挥斥方遒"的激昂情绪要加以引导,不能压制。这不仅有助于培养大学生的个性,而且有利于塑造当代大学生朝气蓬勃的形象。

（三）应激

应激是在出乎意料的紧张和危急状况下引起的情绪状态。当已有的知识经验与面临的事件提出的新要求不相符、缺乏有效方法参照时，个体就会进入应激状态以备应对。例如，突然遭遇火灾、地震、抢劫或面临重大考试等。

个体在应激状态下的反应有积极和消极之分。积极的反应表现为头脑清醒、思维敏捷、动作准确，做出平时几乎不可能做到的事情。消极的反应则表现为目瞪口呆、惊慌失措，导致感知和注意混乱、行动呆板、正常处事能力水平大幅度下降。

研究表明，持续的应激状态会影响机体的生物化学保护机制，从而导致某些疾病的出现，如胃溃疡或高血压等多种疾病。一般而言，应激状态的某些消极影响是可以调节的。过去的知识经验、良好的性格特征、高度的责任感都是在应激状态下阻止行为紊乱的重要因素。

四、情绪的功能

在人们的生活中，情绪不是一种毫无目的、没有任何意义的伴随体验。相反，它们是在适应外界变化的过程中产生的，是具有重要作用的工具。

（一）调节功能

情绪的调节功能是指情绪对人的活动具有组织或瓦解的作用。这种作用表现为情绪产生时，通过神经中枢的作用，引起身体各方面的变化，使人能够更好地适应所面临的情境。例如，突如其来的险境会使人产生应激反应，引起体内一系列生理变化，使人更好地适应这种险境。

（二）动机功能

这是指情绪对人的行为具有直接的动力作用。它能够驱使个体进行某种活动，也能阻止或干扰活动的进行。例如，一个人在高涨的情绪下会全力以赴，克服种种困难，达到自己追求的目标；如果一个人情绪低落，则会畏缩不前，知难而退。美国心理学家奥尔兹的动物心理实验也证明了这一点。他将生物电极埋入大白鼠丘脑内的快乐中枢，并让大白鼠学会压杠杆以获得生物电的刺激，引起快乐的冲动。于是，大白鼠会竭尽全力去压杠杆以追求快乐，直到精疲力竭、进入睡眠状态为止。

(三）信号功能

人的各种情绪具有特定的表情,这些表情构成了表达人的内心世界的信号系统。通过这种信息系统的传递,可向他人传递自己的某种愿望和观点。有时它比语言信号的作用还要大。

(四）感染功能

情绪的感染功能是指个体的情绪对于他人的情绪施予影响的效能。当情绪在个体身上发生时,个体会产生相应的主观体验,还会通过外部的表情动作,为他人所觉察并引起他人相应的情绪反应。心理学研究表明,一个人的情绪会影响他人的情绪,而他人的情绪反过来能再影响这个人原先的情绪,情绪的相互作用正是情绪的感染功能的体现。

五、情绪与情感

情绪和情感合称为感情。在日常生活中,情绪和情感一般不做严格区分,但作为科学概念,情绪和情感的内涵及外延还是存在一定的区别和联系。

(一）情绪和情感的区别

（1）从需要的角度看,情绪通常与个体的生理需要是否满足相联系。例如,与饮食、休息、繁殖等生理性需要相联系的主观体验,是人和动物共有的。情感是人类特有的心理活动,通常是与人的社会性需要相联系的复杂而又稳定的态度体验。例如,爱国主义、集体主义、荣誉感、责任感等。

（2）从发生的角度看,情绪受情境的影响较大,会随着情境的变化及需要的满足状况而发生相应的变化。情感是个体的内心体验和感受,是具有深刻社会意义的心理体验,如对真理的追求、对爱情的向往等,虽然不轻易表露,但对人的行为具有重要的调节作用。

（3）从稳定性程度看,情绪具有情境性和短暂性的特点,情境一旦发生变化或不再存在,相应的情绪感受也会随之改变或消失。情感则具有较大的稳定性和持久性,一经产生就相对稳定,不易为情境所左右。

（4）从表现方式看,情绪具有明显的冲动性和外部表现,如悔恨时的捶胸顿足、愤怒时的暴跳如雷、快乐时的手舞足蹈等。情绪一旦发生,强度一般较大,有时会导致个体无法控制。情感则以内蕴的形式存在或以内敛的方式流露,始终处于人的意识调节支配之下。

(二)情绪和情感的联系

情绪与情感的区别是相对的,虽然它们表达的主观体验的内容有所不同,但两者又相互联系。一方面,情感离不开情绪,稳定的情感是在情绪的基础上形成的,并通过情绪反应得以表达;另一方面,情绪也离不开情感,情感的深度决定着情绪的表现强度,情感的性质决定了在一定情境下情绪表现的形式。总之,情绪是情感的外部表现,情感是情绪的本质内容,两者紧密联系。

六、情绪与身心健康

情绪是生理、心理、社会等因素相互作用的动态过程。它们的相互影响是情绪基本属性起作用的表现。这些属性协调的活动就会产生正性情绪,并有益于身心健康;也可以发生分裂而导致有害的负性情绪,影响身心健康。

(一)不良情绪对身心健康的消极作用

1. 不良情绪易于引发生理疾病

当情绪作用时,人的生理会表现一连串的反应。当情绪反应终了时,生理方面又将恢复平静;若情绪作用的时间延续下去,那么生理方面也将配合延长其变化。也就是说,不良情绪致病在大多数情况下并不是由一次大爆发而引起的,而是日常生活中紧张、烦恼、忧愁、焦虑、疑惧、失望等日积月累的结果。

人在悲伤和恐惧时,胃黏膜变白、胃酸停止分泌,可能引起消化不良;而在焦虑、愤怒、怨恨时,胃黏膜充血、胃酸分泌过多,常常导致胃溃疡。长期的焦虑、愤怒也会使血压升高,心脏负担加重而受到损伤。这些疾病因其源于情绪的作用,而不是机体本身的障碍,故医学上称之为心身疾病,并且将这类病症的研究和处理列为医学的一项专科,叫作"心身医学"。据统计,平日到医院就诊的病人中,有一半是完全或部分属于这类疾病,只是人们习惯于把注意力集中在身体的症状上,而不觉得这些疾病和情绪有关联。

2. 不良情绪易于导致心理障碍

在过度的尤其是强烈的情绪反应或持续的消极情绪的作用下,人的神经功能系统将受到影响,突然而强烈的紧张情绪的冲击,使大脑皮质的兴奋与抑制的平衡受到破坏,使人的意识范围狭窄、正确判断力减弱,失去理智和自制力,甚至可能使人精神错乱、行为失常,许多反应性精神疾病就是这样引起的;而持续的消极情绪的影响则常常会使人的大脑功能严重失调,从而导致各种神经症或精神病。

案例三

某人感到胃部不适,没有食欲,恶心,多次到内科检查未见异常,后来发现此人患有抑郁症。

某人感到自己一阵阵"心绞痛"发作、胸闷、压抑感、憋气、心慌,经反复检查无心脏病变的证据。而此人一向压抑自己,不善表露自己的情感,在工作压力渐大的情况下出现了"心绞痛"发作。他是在用"心绞痛"的生理表现来表达自己被压抑了的紧张焦虑的情绪。

某学生经常莫名其妙地腹泻,没有患肠炎、痢疾,也没有息肉与肿瘤,做了各种内外科检查均无异常。他每次考试前就腹泻加重,放假后则好转。焦虑情绪通过腹泻表现出来。

(二)良好的情绪对身心健康的促进作用

1. 良好的情绪是维护心理健康的必要保证

在良好、愉快的情绪状态下,人们容易更好地与他人相处,对工作、对生活更富有激情和创造力,也更能克服挫折与困难,对自我充满自信。

2. 良好的情绪是促进生理健康的有效途径

良好的情绪取代引起神经和精神紧张的不良情绪,可减少和消除对机体的不良刺激。良好的情绪可以直接作用于脑垂体,保持分泌功能的适度平衡,从而使全身各系统、器官的功能更加协调、健全。常言道:"笑一笑,十年少;愁一愁,白了头。"许多临床实践表明,积极开朗的情绪对于治疗疾病大有好处,甚至像癌症这些不治之症也会退缩。正如法国大作家乔治桑所说:"心境愉快是肉体和精神的最佳卫生法。"

良好的情绪对于大学生身心发展的作用是不可估量的。强健的体魄,使大学生能够保证有充沛的精力投入学习和生活中;良好的情绪有助于大学生开阔思路、集中注意力,使自身的潜能得到更多的发挥,促进自身的全面发展。

七、情绪智力

情绪智力又称情商,是近年来心理学家们提出的与智商相对应的概念。它主要是指人在情绪、情感、意志、耐受挫折等方面的品质。总的而言,人与人之间的情商并无明显的先天差别,而更多与后天的培养相关。

(一)情商的内涵

情商理论创始人丹尼尔·戈尔曼(Paniel Goleman)提出情商包含五方面内容:第一,认识自身情绪的能力。认识情绪的本质是"情商"的基石,一个人只有认识自我,准确把握自我,才能成为生活的主宰。第二,妥善管理情绪的能力。在认识自身情绪的基础上,管理和控制好自己的情绪,如自我安慰,摆脱焦虑、灰暗心理等。第三,自我激励的能力。在学习、工作中,无论是集中注意力,还是发挥创造力,都必须将情绪专注于某一目标上。成就任何事情都要靠情感的自制力,保持高度的热忱,充满成功的自信是取得一切成就的动力。第四,认识他人情绪的能力。戈尔曼认为,心理健康要有同情心,要感知别人的情绪、感受,这是人际关系的基本技巧。第五,人际关系的管理能力,即管理他人情绪的艺术。

(二)情商与智商的关系

首先,智商不能代替情商。智商只是一种潜在的认识和创造能力,这个潜能的发挥还得视其情商能力。一般而言,人的自然智力因素(智商)很难改变,而人的情商在生活中可以培养,通过后天的努力不断提高。正确的教育和引导起着十分关键的作用。

其次,情商是学生获得成功人生的重要因素,经常看到这样的现象:在学校中学习成绩平平,但在各项活动中比较活跃的一些学生,走上工作岗位后工作能力比较突出,很快得到了上司的提拔,其原因就在于这些同学的情商比较高。

再次,智商和情商两者之间并不互相矛盾、互相对立,而是反映人的智能的两个侧面。只有两者有机结合,协调发展,才能使一个人的潜能得到最大程度的发挥,最终走向辉煌的人生。丹尼尔·戈尔曼说:"孩子的未来,20%取决于智商,80%取决于情商。"

由此可见,情商是一个人取得成功的重要因素。目前,情商的教育和训练已作为一项崭新的任务摆在广大教育工作者的面前,同时也被教育界公认为是当前教育实践面临的重大课题之一。作为高校的教育工作者,应准确地把握大学生中存在的问题,即他们在学校、社会工作中都不同程度地表现出对自我能力的不恰当定位,对自我情绪的驾驭能力弱,不能很好地处理人际关系等,应及时根据学生的心理特点和情感需求,不失时机地通过多种渠道对学生进行情商教育,培养和提高学生的情商能力。

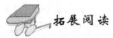 **有关情绪的经典理论**

情绪理论通常试图解释情绪体验的生理和心理方面的关系。这里,介绍几种比较经典的情绪理论。

1. 詹姆斯-兰格的外周情绪理论

詹姆斯说:"常识告诉我们,我们失去财产,会难过并哭泣;我们碰上一只熊,会害怕而逃跑;我们受到一个敌手的污辱,会发怒而打起来。这里我们要为之辩护的假设是,这样的序列是不正确的,这一心理状态不是直接由另一状态引起的,在两者之间生理表现必须首先介入。更合理的说法是,我们难过是因为我们哭泣;发怒是因为我们打人;害怕是因为我们发抖。而并不是因为我们难过、发怒或害怕,所以才哭、打人或发抖。于是,我们或许会看到熊而决定最好是逃跑,受了侮辱而认为去打击对手是对的,但我们并不真正觉得害怕或发怒。"在詹姆斯看来,情绪就是对外周机体变化的觉知。

兰格认为,血管运动的混乱、血管宽度的改变以及与此同时各个器官中血液量的改变,乃是激情引起的真正的最初的原因。他认为,随意神经支配加强和血管扩张的结果就产生愉快;而随意神经支配减弱,血管收缩和气管肌肉痉挛的结果就产生恐惧。兰格说:"假如把恐惧的人的身体症状除掉,让他的脉搏平稳、眼光坚定、脸色正常、动作迅速而稳定、语气强有力、思想清晰,那么,他的恐惧还剩下什么呢?"在兰格看来,情绪就是对机体状态变化的意识,只不过与詹姆斯看重骨骼肌肉系统的活动不同,兰格看重的是血液及内脏系统的变化。

2. 坎农-巴德的中枢神经过程理论

生理学家坎农反对外周主义而支持中枢主义,将行动集中于中枢神经系统的作用。坎农(和其他批评者)指出了詹姆斯-兰格理论的一系列不足。例如,他们提到,内脏反应同情绪无关——即使通过手术切断内脏同中枢神经系统的联系,实验动物仍然会继续存在情绪反应。他们还声称,自主神经系统的反应显然太慢了,不足以成为引发情绪的源头。根据坎农的看法,情绪反应要求大脑在输入刺激和输出反应中起作用。来自丘脑的信号到达皮层某一位置,产生情绪感觉,到达另一位置而引起情感的表达。

另一位生理学家巴德,也得出同样的结论,即内脏反应不是情绪反应的主要内容。相反,一个情绪唤醒的刺激,同时产生两种效应,通过交感神经系统导致躯体上的唤起,并通过皮层得到情绪的主观感受。

这些生理学家的观点,被综合进了坎农-巴德理论。该理论说明了情绪刺激产生的两种同时反应,唤醒和情绪体验,它们没有因果关系。如果某事令你生气了,你的心跳加快的同时,你会想:"太可气了!"——但是既不是你的躯体也不是你的精神导致了另一种反应。

3. 沙赫特的二因素理论

沙赫特认为,除了生理唤起以外,情绪体验还取决于主体对外界刺激的评价。也就是说,生动的情绪体验需要两个因素的结合才能产生。这两个因素一个是生理唤起,另一个是对诱发生理唤起的外界刺激的知觉。以一个人在森林中遇到野狼为例,二因素理论认为,他必须既感到毛骨悚然,又意识到自己处于危险之中,才能产生害怕的情绪。

第二节 情绪管理与自我成长

一、怎样管理情绪

《情感智商(EQ)》的作者丹尼尔·戈尔曼引用了一句话:"任何人都会生气,这没有什么难的,但要能适时并以恰当的方式对适当的对象恰如其分地生气,可就难上加难了。"

所谓情感智商,就是要认识自己的情绪,并且加以管理。一个人能够把情绪管理得好,表示他的情感智商高。一个人如果不懂得管理自己的情绪,就容易受到外界环境的影响,而无法稳定地朝着既定的目标前进。因此,我们要认识及管理情绪,并且运用它来激励自己,从而达到目标。

管理内心生活是让你以谨慎、均衡、明智的方式去生活,这其中最重要的一点在于让自我从这种管理中得益,体验成功的喜悦,从而进一步激发人的智力、韧性,这将是一件多么美妙的事情,是所有成功人生的必然模式。

管理情绪实际上包括调整心态和改善心情两部分,"我是一切的根源""觉察自我""让情绪更加理性""积极的自我暗示"这几部分都是帮助你调整心态的内容。"让心情变好的方法"这一部分则是教给你改善心情的方法。

实际上这两部分内容都非常重要,相对来说,调整心态比改善心情更重要,效果比较持久,能够从根本上帮助你改变观念,减少自我困扰;而改善心情的方法如放松、宣泄、愉快的生活体验可以帮助你转移注意力,让你关注人生中美好的部分,暂时忘记丑恶的部分,而这也正是它最大的缺点,无法触及根本的问题。因此,在学习中要善于将这两部分结合起来,运动、放松加上对人生、对自我的思考,你一定能从根本上解决困扰,时时拥有快乐的心情。

(一)我是一切的根源

在我们学习如何管理情绪这一部分内容时,我们必须理解的第一个哲学就是"我是一切的根源"。

有一位老鞋匠,40多年来一直在进入城镇必经道路上修补鞋子。有一天,一位年轻人经过,正要进入这个城镇,看到老鞋匠正低头修鞋,他问老鞋匠:"老先生,请问你是不是住在这个城里?"老鞋匠缓缓抬起头,看了年轻人一眼,回答说:"是的,我在这里已经住了40多年了。"年轻人又问:"那么你对这个地方一定很了解,因为工作关系,我要搬到这里,这是一个怎样的城镇?"老鞋匠看着这个年轻人,反问他:"你从哪里来,你们那儿的民情风俗如何?"年轻人回答:"我从某个地方来,我们那里的人哪,别提了!那些人都只会做表面文章,表面上好像对你很好,私底下却无所不用其极、钩心斗角,没有一个人会真正地对你很好。在我们那里,你必须很小心才能活得很好,所以我才不想住在那里,想搬到你们这儿来。"老鞋匠默默地看着这个年轻人,然后回答他说:"我们这里的人比你们那里的人更坏!"这个年轻人哑然离开。

过了一阵,又有一个年轻人来到老鞋匠面前,也问他:"老先生,请问你是不是住在这个城镇?"老鞋匠缓缓抬起头,望了这个年轻人一眼,回答他:"是的,我在这里已经住了40多年了。"这个年轻人又问:"请问这里的人都怎么样呢?"老鞋匠默默地望着他,反问:"你从哪里来?你们那儿的民情风俗如何?"年轻人回答:"我从某个地方来,那里的人真的都很好,每个人都彼此关心,不管你有什么困难,只要邻居、周围的人知道,都会很热心地来帮助你,我实在舍不得离开,可是因为工作的关系,不得不搬到这里。"老鞋匠注视着这个年轻人,绽开温暖的笑容,告诉他:"你放心,我们这里每一个人都像你那个城镇的人一样,他们心里充满了温暖,也都很热心地想要帮助别人。"

同样的一个城镇,同样的一群人,这位老鞋匠却对两位年轻人做了不同的形容和描述。第一位年轻人无论到世界的哪个地方,都可能碰到虚伪、冰冷的面孔;而第二位年轻人,无论到天涯海角,都会有温暖的手、温馨的笑容在等待他。

在生活中,有些人觉得在自己的生命里到处都碰到一些和自己对立或者利用自己的人;也有一些人无论到哪里,都能结交到一些知心朋友;还有一些人总觉得自己可怜,总觉得自己不如别人,总觉得自己不被人所爱等。这一切的外在结果,包括人际关系、事业成败、亲子关系、夫妇情感、情侣恋爱,所有我们肉眼所见、自己生命里所看到的结果,根本原因都在自己身上,即"我是一切的根源"。

在佛学中,用因果关系来解释"我是一切的根源","凡人怕果,菩萨惧因",大多数人都在担心生命里会碰到一些不好的现象,碰到一些不顺畅的人际关系,担心呈现出来的结果是不好的;但是菩萨却害怕"因",他会看到自己的起心动念,然后会去醒悟这些事情为何发生,这些属于自己生命的部分与外界接触后,为自己的生命会创造出什么样的结果。

(二)觉察自我

既然我们已经知道我是一切的根源,那么第二步我们要学会的就是觉察自我,就是能以"旁观的自我"观察自己的内心状态。其实我们天生具有这种觉察的能力,只不过很多时候,我们没有主动觉察,没有习惯觉察。

比如学生张某高中时在一次模拟考试中考砸了,当时他非常的伤心与自责。深夜,他来到无人的操场,疯狂地跑步,跑了一圈又一圈,直到再也跑不动了,他躺在操场上,看着夜空,繁星点点,仿佛在对他说:"你为什么这样伤心呢?没有什么大不了的,不是还没高考了嘛?还有机会努力啊,过去的就让它过去吧,加油啊"。最后,他战胜了失落的情绪,以更高的热情投入高考复习中去。

后来,每次遇到困扰,他都会选择跑步、大喊来宣泄,但是有些时候这样做并不能解决问题。亲爱的读者,相信你一定也发现了问题的原因了吧,其实让他振作起来的是星星对他说的话,实际上也就是他的自我觉察。

觉察自我在英语中可以用"insight"这个词来解释,跳出自己,站在中立客观的角度观察自己的情况,在说话时听自己说话,在行动时看自己行动,在感觉时观察自己的感觉。例如,当你发怒时,你就停下来开始觉察自我,寻找可能的原因,"他说的到底有没有道理呢?我想守护什么呢?是他的言语触及了我的自尊,我才会这么生气啊"。如此,尽管在情绪纷扰中,你就仍然可以保持中立而内省的态度,不需要别人提醒,就能够觉察自我的情绪,并能有意识地调整情绪。

一般情况下,生气的人会去细数对方的不是,很少有人会反过来觉察自我,思考自己的原因,而这恰恰正是觉察自我的关键。当你学会觉察自我后,更重要的是去觉察那些我们平常避开的、逃避的、不愿意看的、不愿意面对的、不愿承认的。当然这种觉察过程中肯定会有许多痛苦,然而美丽的鲜花往往是开在劣境中,因此觉察自我需要极大的勇气。

(三)让情绪更加理性

有学者认为让情绪更加理性的方法包括三点:无条件自我接纳、无条件接纳他人、无条件接纳人生。

无条件自我接纳可以减缓你的士气低落,无条件接纳他人可以抵消你对别人的愤怒,而无条件接纳人生可以对抗你的怨天尤人。

1. 无条件自我接纳

在谈"无条件自我接纳"前,我们首先来看看什么是"条件式自我接纳",它是指当你在自己表现很好,或者得到别人认同时,才会接纳自己,反之则责怪自己。这种看法具有自我保护色彩,也可能是它深植人心的原因,因为它鼓励你追求表现,并且努力和别人打成一片。

但是你会因为条件式自我接纳,评价自己及自己的表现,这就可能导致自我认同不足、紧张和沮丧。当你表现不好,或者自以为表现不好,甚至认为被别人评价不高时,你会看轻自己,感觉自己一无是处。其实你和所有人一样,都是经常犯错、充满缺陷的个体。因此条件式自我接纳,经常导致自我认同度降低。当你表现不好时,你会怨恨自己;当你表现很好的时候,你会担忧明天可能遭遇失败。条件式自我接纳所带来的快乐,通常不会持续很久。

相比之下,"无条件自我接纳"的效果要来得好些。无论你表现如何,或者别人认同你与否,你都接纳自己,或者认为自己是一个好人。你评判自己的想法、感觉和行为,但不会评判你这个人。你会发现这么做并不容易,因为你生来倾向于用世俗的眼光评判自己。这个社会也这么教育你,你的家庭、朋友、师长以及大众媒体都是如此。因自我评判已经内化成为一种自动反应,因此,只评判行为而不涉及自身是一件颇为困难的事,但这是有可能办到的。

例如,你在某次竞赛中失败了,你不会因为这次失败而认定自己不行,而只是在这一次竞赛中的表现不佳罢了。这样做,能帮助你调整心态,让你心情变好,你相信自己有改进的能力,并且你能变得更好。

2. 无条件接纳他人

想要快乐活着的最好方法,就是参与到群体中,并且跟其中少数人拥有亲密关系。依赖群体而活,与团体休戚与共。若你希望被别人公平对待,你也要公平地对待别人。所以我们有必要学习"无条件接纳他人"。

你可以无条件自我接纳,就可以无条件接纳他人,不论(你不一定要喜欢)他们的行为如何,不要用世俗的眼光评判他们。你接受罪人,但不接受他们的罪行。你接受他们每个人都有缺点的事实,你可以单纯地评判他们的行为,但不去评判他们身为人的本质。

肯定有很多人觉得"无条件接纳他人"是对他人的宽容,对自己而言,没有任何好处,其实不然,恰恰是为了自己的利益,才需要无条件地接纳他人。因为他们帮助你快乐生活,有了他们要比没有来得好;并且你不会因为他们的行为不如你所愿而干扰了自己。

当你面对恶劣行径时,有健康的后悔和失望等负面情绪是正常的,但不健康的愤怒和报复心态不可取。当你无条件接纳他人,你就会让自己远离自我困扰的状态。

3. 无条件接纳人生

人生不如意事十之八九,这些不如意往往会影响我们的情绪,我们要学会"无条件接纳人生"。"无条件接纳人生"就是要你忍受挫折,有勇气去接触生命里每一个真实的发生。

面对人生的困难与挫折,我们总会听到这样的开导:"看开一点嘛,想开一点就好了,只要你把心里面现在的感觉放下了,不就什么事都没有了吗?"但是"放下"真的这么简单吗?当你感觉悲伤、生气的时候,无论有多少人告诉你那是不应该的、不对的,都没法改变事实,你的悲伤仍然存在,没有因为别人的否定而消失。生命的智慧是要用自己的每一个过程,每一个经验,带着觉察,使之逐渐成为生命的一部分。所以没有经历过追寻的人,不懂得什么叫"放下";没有经历过生命里大悲伤的人,不懂得什么叫慈悲;没有经历过害怕、软弱的人,不知道什么叫勇敢。

快乐要走的时候,想要强留它的人会有痛苦;痛苦来时,想要赶走它的人会经历更深的痛苦;只有能够和它在一起的人,才能享受自由自在的人生。有痛苦、悲伤、欢笑、眼泪和爱的生命才有深度。

(四) 运用积极的自我暗示

自我暗示是依靠思想、语言,自己向自己发出刺激,以影响自己的情绪、情感和意志。自我暗示对人的情绪可以产生巨大的影响。

案例五

一家铁路公司有一位调度员尼克,他工作相当认真,做事也很尽职尽责,不过他对人生很悲观,常以否定的态度去看这个世界。

在老板生日的那天,因为大家都赶着去老板家,因此走得十分匆忙,没有人注意到尼克竟被关在一个待修的冰柜里面。尼克在冰柜里拼命地敲打着、叫喊着,可是全公司的人都走远了,根本没有人听到。尼克的手掌敲得红肿,喉咙叫得沙哑,也没有人理睬,最后只得颓然地坐在地上喘息。他愈想愈害怕,心想:冰柜里的温度只有 0 °F,如果再这样下去,一定会被冻死。尼克感觉气温在下降,愈来愈冷。他明白,这样下去,肯定会没命的,他只好用冻得僵硬的手写下一份遗书。

第二天早上,公司的职员陆续来上班。他们打开冰柜,赫然发现尼克倒在里面。他们将尼克送去急救,但他已没有生命迹象。医生诊断尼克是被冻死的,但大家都很惊讶,因为冰柜里的冷冻开关并没有启动,这巨大的冰柜里也有足够的氧气,更令人纳闷的是,柜里的温度一直是 61 °F,但尼克竟然给"冻"死了!(华氏度和摄氏度换算公式:华氏

度＝32＋摄氏度×1.8)

上面例子中的尼克正是因为自我的消极暗示而在正常室温下被自己的意念"冻"死了,可见消极暗示的杀伤力之强大。相比较而言,积极的自我暗示也具有强大的力量,当我们陷于消极不良的情绪中难以自拔时,可以用积极的自我暗示来改变自己的情绪。

(五) 积极运用让心情变好的方法调节情绪

1. 学会宣泄与调节自己的情绪

现代社会人们的精神日益紧张,心理负荷增加,要为很多事情操心,不知不觉中,这些琐碎的事情在心里渐渐沉积,成了挥之不去的压力。我们要采取健康的宣泄方式,也就是对其他人无害的方式。己所不欲,勿施于人,如果自己的宣泄建立在别人的痛苦之上,是不道德的,而且会使情况变得更糟。

有些人在单位受了气,没法发泄,回到家里冲着家人发脾气,反而引发家庭矛盾,这样非但没有解决他在单位产生的不良情绪,反而增加了因家庭矛盾产生的困扰。实际上,无害的宣泄方式很多,写信、写日记、放声痛哭、谈心、打电话、击沙袋等。或去夜深人静的操场,在那里纵情狂奔,或放声呐喊,都是一种不错的发泄方式,把胸中郁积的"闷气""怒气""怨气"统统都发泄出来。

有时候,我们也可以向"社会支持系统"寻求帮助,"社会支持系统"是指一群可以听你倾诉并提供情感支持的人。这些人(或某个人)可以帮你度过艰难的时刻。这些人可以是心理咨询师,可以是我们的朋友、父母,也可以是我们自己,或完全不相识的人。他们会让你觉得亲切、温暖,你也会觉得被他们接受,这些都会减轻不良情绪的困扰。而且,只要我们能将自己的情感说出来,不良的情绪获得旁人的同情、共鸣,心中的不平、委屈、压力,或多或少都能得到释放。

要建立社会支持系统,首先要让自己先成为很好的倾听者,这样在你自己需要倾诉的时候才会有人愿意倾听。

2. 多做呼吸放松练习

一般人的胸腔呼吸通常过于急速和虚弱。建议采用腹腔呼吸以减缓压力、方法是:可先舒服地坐好,把左手放在胸腔上,把右手放在肚脐上,用你平常的方法呼吸一分钟。当吸气的时候,如果右手在动而左手不动的话,表示用腹腔呼吸。如果左手在动,或者两手都动的话,那不是用腹腔呼吸,而是用胸腔呼吸。

想要用腹腔呼吸,必须注意以下几点:

(1) 停止错误的呼吸方法。

(2) 不要穿紧身衣服。

(3) 用鼻子而不是嘴巴呼吸。

(4) 每天做两次各四分钟的腹式呼吸练习。

同时练习放松肌肉。当呼气的时候,想象脑内啡肽把你前额肌肉的紧张从身体中释放出去。一次又一次地呼气,同时想象脑内啡肽将下巴、颈部、肩膀、手臂、手、腿和脚的紧张释放出去。

这种呼吸方法可以让人暂时从焦虑和自我困扰中转移注意力,让人感觉好多了。如果要想真正地改变自我,可以和调整心态一起运用。

3. 听音乐放松

如果要列出大学生最喜爱的放松方法,音乐可能会位居榜首。音波的振动能起到舒缓作用,同时,音乐犹如化学催化剂,它能改变内分泌,使人放松。音乐可以对抗压力,音乐可以化解忧愁,音乐可以改善睡眠,音乐可以缓解疼痛,音乐可以调节代谢,音乐可以减轻病症,音乐可以影响胎儿,音乐可以启发婴幼儿智慧。

我们选择音乐进行放松时要有所选择,一方面要依自己的兴趣选择,绝不能勉强自己听些不喜欢的曲调,以免招致反效果,继而造成压力。另一方面要考虑自己的情绪,兴奋躁动时要听安静的音乐;忧郁愁闷时先听忧郁的音乐,产生共鸣之后,再听欢快的音乐;感到压抑时,要听摇滚乐;紧张时,要听调子轻松、流畅、旋律优美的古典音乐。大家不妨遵照下面这个音乐处方来选择放松的方法:

(1) 催眠:孟德尔颂的《仲夏夜之梦》、莫扎特的《催眠曲》、德彪西《钢琴前奏曲》。

(2) 舒缓压力:艾尔加的《威风凛凛》、布拉姆斯的《匈牙利舞曲》。

(3) 解除忧郁:莫扎特的《第四十交响曲 B 小调》、盖希文《蓝色狂想曲》组曲、德彪西的管弦乐组曲《海》。

(4) 消除疲劳:比才的《卡门》。

(5) 振奋精神:贝多芬的交响曲《命运交响曲》、博克里尼的大提琴《A 大调第六奏鸣曲》。

(6) 增进食欲:穆索尔斯基的钢琴组曲《图画展览会》。

(7) 缓解悲伤:柴可夫斯基的第六号交响曲《悲怆》。

4. 好好享受运动

运动可以增强体质,增进健康。运动还可以缓解压力,它可以激起你的脑内啡肽,缓解情绪低落;也会阻碍你的焦虑或其他强迫性想法,帮助你更积极地思考。运动带来的快乐,可以让你的生活更加丰富满足。运动的经验,例如,使用身体的方式,可让你换一种思考方式,而不再执着于旧有的思考方式。比如在学习游泳的过程中,发现在水中身体越是紧张,就越容易下沉、呛水,只有当身体完全放松时,才能在水中灵活自如,生活中的很多事情也是如此,因此游泳的经历也给人很多启发。

很多人在工作累了以后,选择喝茶、看电视、睡觉、打牌等方式放松,而认为运动只会让身体更累。这种观念是非常错误的,要知道,运动是一种主动的放松,可以让你疲惫的神经得到彻底放松。在大学中,我们可以选择慢跑、篮球、足球、健美操等有氧运动项目,并坚持每日运动。

5. 增加愉快的生活体验

每个人的生活中都包含着酸甜苦辣,愉快幸福的体验对心理健康是最有利的,科学家发现,增加令人愉快的体验,可以减弱消极情绪状态而提高 A 型免疫球蛋白,提高免疫反应水平。因此,当我们陷于不良情绪中,或者觉得情绪带来负面压力时,要设法增加生活的情趣,使自己的生活中充满积极而愉快的经验。

实际上,快乐无所不在。清代画家高桐轩就有"十乐"之说,即:耕耘之乐、把帚之乐、教子之乐、知足之乐、安居之乐、畅谈之乐、漫步之乐、沐浴之乐、高卧之乐、曝背之乐。

千百年来,人们追求快乐,不断寻找某种方式让自己快乐,终于发现生活的快乐无处不在。

有个人向一位禅师请教快乐在哪里?

禅师说:"你还是先帮我造一条船吧!"

那个人暂时抛开了寻找快乐的事儿,找来造船的工具,锯倒了一棵又高又大的树,挖空树心,花了49天时间造出一条独木船。

独木船下水了,那个人请禅师上船,一边用力荡桨,一边高声唱起歌来。禅师问:"你快乐吗?"

那个人真心地回答:"快乐极了!"

禅师语重心长地说道:"快乐就是这样,是你在不知不觉中体会到的感觉。"

劳动给予我们的愉悦总是那么真切而踏实,有时甚至达到忘我神驰的境界。当然,除了劳动,还有很多可以带来愉快体验的事情,不知道你是否听过这样一句谚语:"一个丑角进城,赛过一打医生。"

据说在18世纪,有一位主教患了可怕的脓肿病,濒临死亡,教徒们都已经绝望了,忙着为他准备后事。恰在这时,主教养的猴子滑稽地戴上了主教的方帽、穿上了主教的袍子,在大厅里学着主教的样子走路、祈祷。主教看了哈哈大笑,病情顿时减轻了一半。猴子一连表演了几天,居然挽救了主教的生命。

现在,许多科学家都在研究笑对人体健康的影响,美国学者称之为"笑学"。他们研究发现,笑是一种特殊的运动。这种运动能使腹肌收缩、横膈肌拉紧,心跳加快,动脉在收缩后变得松弛,从而使心、肝、肺等器官同时受到锻炼。

美国笑学权威福莱博士认为,一旦笑声停止,人体肌肉比未笑时放松得多,心跳和血压低于正常水平,这都有益于健康。另外,发笑时,能使内分泌系统分泌一定量的激素,产生兴奋情绪,这也有益于身心健康。

另外,优美的音乐、美妙的图画、美味的食物、舒适的热水澡、怡人的景色等都能引起我们愉快的体验。

6. 改变身体状态

我们都知道,人们的情绪和情感是通过面部肌肉、骨骼肌肉系统的活动来表达的。一个人高兴时,会手舞足蹈、展现愉悦的笑容;不高兴时,则会垂头丧气,两眼无神。近年来,心理学研究有了一个很重要的发现,身体状态反过来也会影响到情绪,可以增强情绪和情感的体验。有这样一项研究:实验者要求被试者假装微笑或皱眉来收缩面部肌肉,然后向被试者呈现一系列卡通片。结果表明,假装微笑组比皱眉组报告感觉愉快且认为材料更有趣。这说明,面部表情可以激活和放大某些情绪状态。

有研究者假定,微笑的面部表情使较冷的血液流入大脑,通过降低大脑的温度产生愉快的情感;相反,皱眉减少了血流量,提高了大脑的温度而产生不愉快的状态。研究结果证实了这一观点:他们要求被试者读20遍英文字母a、b和

e,发音时被试者的面部表情类似于微笑,前额温度降低,情绪得以提高;再让被试者读 20 遍英文字母 u 和 v,由于此时的面部表情类似于皱眉,前额温度提高,情绪被抑制。

表情中的身体姿势也能提供感觉反馈,并影响人的情绪和情感。伸展姿势能振奋精神,收缩姿势会降低活力。有研究证实了这种感觉反馈的存在。他们要求被试者在不同高度的桌子上写字,形成不同的坐姿,有的坐直,有的蜷成一团。结果表明,坐直的被试者比蜷成一团的被试者更多地报告骄傲情感。在另一个研究中,被试者握紧拳头斜放于前身时报告感觉发怒,而把头埋下的人报告感到悲伤。

言语行为也同样影响人们的情绪,有研究表明,当人们大声地谈论与焦虑有关的事件时,被试者会更焦虑;当人们用缓慢的、微弱的声调谈论与悲伤有关的事件时,被试者会感觉更悲伤,由此可见,这些情感体验可能受到声音反馈的影响。

这些研究结果给我们提供了一个管理情绪的捷径,想要改变情绪,最快的方法就是改变身体状态。假如你处于这样的状态:低着头,垂着肩膀,走起路来双腿仿佛有千斤之重,那么你就会觉得情绪很差。如果你改变一下状态,深吸一口气,抬头挺胸,脸上堆满笑容并摆出生龙活虎的架势,你的情绪马上会振奋起来。

7. 保持合理健康的生活状态

如积极的身体状态一样,合理健康的生活状态也是良好情绪的先驱。然而在大学中,生活无规律、宿舍里杂乱无章、乌烟瘴气、昼夜颠倒、三餐无序、暴饮暴食、上课迟到、作业拖沓的学生却不少见。也正是这些同学觉得生活无聊,面对考试、就业等问题时不知所措,焦虑不安。怎样改变现状,拥有有条不紊的生活状态呢?

首先,我们应当学会管理时间。现代人经常用一句话来表示时间的重要,那就是"时间就是金钱",管理好你的时间胜于管理好你的金钱。大学生中常见的时间管理的弊病主要是拖延和精力分散。

① 拖延。有人说,拖延是专偷时间的贼,是时间管理中最厉害的敌人。拖延也就是把今天能够做好的事情拖到明天。拖延通常发生在这样三种情况下:拖延不愉快的事情;拖延困难的事情;拖延很难做决定的事情。学生往往会选择像网络游戏这种难以分心的事情来逃避任务,这样做,任务仍然需要完成,往往

会引起更多的情绪困扰。消除拖延最好的方法，就是立即开始行动。

② 精力分散。经常有同学在上课时偷偷地背单词、做其他课程的作业等与该课程无关的事情，这是一种非常糟糕的时间管理法，自以为利用了时间，实际上浪费了时间，回头需要花更多的时间去弥补该门课程的任务。很多学生同时想做的事情很多，随着压力的增加就不知道什么时候可以做什么、应该做什么，有的甚至会产生"反正做不好"的想法，干脆少做或不做。

其次，我们要养成健康的饮食习惯和睡眠习惯。加州大学心理学教授罗伯特·塞伊说："我们许多人仅仅将自己的情绪变化归之于外部发生的事，却忽视了它们——可能也与你身体内在的'生物节奏'有关。我们吃的食物、健康水平及精力状况，甚至一天中的不同时段都能影响我们的情绪。"

心理学家做过一个实验，即在一个月的时间里，让 14 名被试者每晚在黑暗中呆 14 个小时。第一晚，他们每人几乎睡了 11 个小时，仿佛要补回以前没睡够的时间，此后，他们的睡觉时间慢慢地稳定在每晚 8 小时左右。在此期间，心理学家让被试者一天两次记录他们的心情状态，所有的人都说在他们睡眠充足后心情最舒畅，看待事物的方式也更乐观。看来，要想保持良好的情绪，首先要保证充足的睡眠，也许很多时候，我们的无名的坏情绪，只是因为我们的疲倦所致。

另外，大脑活动的所有能量都来自我们所吃的食物，因此，情绪的波动常常与我们吃的东西有关。《食物与情绪》一书的作者索姆认为，对于那些每天早晨只喝一杯咖啡的人来说，心情不佳是一点也不足为怪的。索姆建议，要确保你心情愉快，你应养成一些好的饮食习惯：定时就餐（早餐尤其不能省），限制咖啡、酒精和糖的摄入（它们都可能使你过于激动），每天至少喝六至八杯水（脱水易使人疲劳）。

据最新研究表明，碳水化合物可让人心境平和、感觉舒畅。营养学家认为，碳水化合物能增加大脑血液中复合胺的含量，而该物质被认为是一种人体自然产生的镇静剂。各种水果、稻米、杂粮都是富含碳水化合物的食物。

此外，科学家还坚信维生素和氨基酸对人的心理健康很有帮助。他们发现脾气暴躁、怪癖且悲观的人在大幅度改善营养以后，大脑中用来维持正常情绪的去甲肾上腺素这种化学成分会大大增加，可以在很大程度上帮助你克服情绪低落。

最后，我们应该善于把握自己的情绪周期。人在一天中并不是所有时间段状态都是一样的。科学家做过一个实验，在一段时间里对 125 名被试者的情绪和体温变化进行了观察,他们发现,当人们的体温在正常范围内处于上升期时,他们的心情要更愉快些,此时他们的精力也最充沛。这个实验说明,人的情绪变化是有周期的。因此,你可以通过有意识地记录的方式来确定自己的情绪变化,由此可以提前预测自己的情绪变化,避免因为情绪的变化而影响你的学习和生活,并且更加合理地安排自己的生活。

二、大学生常见的情绪困扰

每个人在生活中都会遇到情绪困扰,大学生也不例外。一般认为,适度的负性情绪,如考试中的紧张、焦虑,失恋后的悲伤等,都是正常的;异常的情绪障碍是指那些陷于某些不良情绪体验中不能自拔,或者体验的强度和持续的时间超过一般人,严重妨碍了学习和生活的情绪反应。由于大学生特殊的心理行为特征和情绪特点,其常见情绪困扰主要有以下几个方面。

(一) 自卑

自卑是大学生对"现实自我"的认识和评价过分低估,认为即使努力也无法达到自己的目标而产生的害羞、不安、忧郁、失望等交织在一起的复合负性情绪体验。

一般而言,大学生的自卑心理主要有以下几个表现:一是自我评价过低。这是自卑的实质,表现在对自己的身高、外貌、能力等方面的评价上,认为自己不如他人。二是过分的敏感并加以掩饰。有自卑心理的大学生往往对自己的不足和他人的评价很敏感,常把他人无关的言行看成是对自己的轻视。由于担心自己的不足被他人知道,因而常常加以掩饰或否认,有时表现出较强的虚荣心。三是回避与人交往。有自卑心理的大学生常采取回避与他人交往的方法来避免他人看出自己的不足,他们常把自己禁锢起来,容易形成自闭的性格。

(二) 焦虑

焦虑是个体主观上预料将会有某种不良后果产生时的一种不安情绪并伴有忧虑、烦恼、害怕、紧张等情绪体验。焦虑会明显影响人的精神状态、认知、行为和身体状况。被焦虑所困扰的人常表现出烦躁不安、思维受阻、动作不灵敏、失眠、食欲不振等。严重的焦虑能使人失去一切情趣和希望,甚至导致心理疾病。

大学生的焦虑集中表现在考试和人际交往上。中国科学院心理研究所的研究人员发现,我国大学生的考试焦虑是由自信心缺乏、对考试结果过于担忧、认知障碍等因素造成的;人际交往的焦虑跟缺乏自信心、交往技能差、自尊心过强等密切相关。

当然,并不是所有的焦虑都是坏事。教育心理学的研究认为,中等焦虑最有利于考生自我能力的发挥,而无焦虑或高焦虑则不利于考生水平的发挥。不适当的高度焦虑对身心健康是很不利的,因此,应增强自信以减轻焦虑,还应磨炼意志,开阔胸襟,不杞人忧天,设法使过度的焦虑转为适度的焦虑,这样既有助于成功,也有利于健康。

小吴,18岁,女,大一。因中学时数学是她的弱项,故高考后填报志愿时她选择了社会科学专业,并如愿以偿被录取。上大学时才发现该专业依然要学习"数理统计"这门课程,这给她带来了沉重的心理负担。每到期末复习考试期间,她就紧张焦虑起来。

(三) 抑郁

抑郁是一种感到无力应付外界压力而产生的消极情绪,常常伴有厌恶、痛苦、自卑等情绪体验。抑郁就像其他情绪反应一样,人人都体验过。对大多数人来说,抑郁只会偶尔出现,为时短暂,但也有少数人长期处于抑郁状态,甚至发展为抑郁症。按照国际公认标准,心情低落、苦闷、沮丧至少持续两个星期,且妨碍学习、生活和社交的,一般称为抑郁症。

引起抑郁情绪的原因,一是反应性抑郁,由一定的社会或心理事件引起;二是体因性抑郁,由一些身体疾病引起。情绪抑郁的大学生,其主要表现是:情绪低落,思维迟缓,郁郁寡欢,兴趣丧失,活力缺乏,反应迟钝,干什么都打不起精神,不愿参加社交活动,对生活缺乏信心,并伴有食欲减退、失眠等。长期的抑郁会使人身心受到严重损害,使之无法有效地学习、工作和生活,严重者还会自杀。

大一女生陈某在中学时是学校的优等生,以全市第二名的成绩考入某重点大学。入学后尽管她认真学习,但成绩一般。中小学一向名列前茅、心高气傲的她受到莫大打击,从此情绪低落,不能集中注意力学习,成绩也日渐下滑,心情抑郁,甚至产生了轻生念头。她在日记中写道:"近来,我书也看不进,课也上不好,对不起父母老师,还不如死了好些。"后因发现及时,才制止了她的轻生行为。

(四)冷漠

冷漠是一种对人、对事漠不关心的消极情绪体验,是一种情感的萎缩。处于这种状态的人既不感到快乐,也感觉不到悲伤;对所有生活既不肯定,也不否定。通常能引起愤怒、欢乐、悲伤、羞愧的事情,对一个情感萎缩的人不起任何作用。

冷漠是面对挫折的自我逃避式的退缩性心理反应,带有一定的自我保护和自我防御性。冷漠大都源自内心的空虚,这在青年人身上表现得尤为明显。情感冷漠的大学生之所以会处于这种状态,是因为他们感到无论怎么努力学习,成绩也只处于中下游水平甚至更差,认为自己不可能成为学校风云人物,毕业后也不可能找到理想工作……。这种过分的偏执,使他们走向情绪反应的另一个极端,即对任何能引起喜悦或悲哀的情况都无动于衷。

(五)孤独

孤独是对人际关系的无效性或不满足的一种情绪体验,并与各种各样的不成熟的认识或情绪状态有关。孤独的人焦虑不安,紧张、抑郁,执着于自我,缺乏决断力。他们在做决定时对别人有相当大的依赖性,孤独体验让他们感到空虚、厌烦和孤立。

产生孤独情绪的主要原因有两个:一是社会技能较差;二是过于内向的性格,把自己置身于社会之外,将自己闭锁在自我意识的"深闺"中自嗟自叹。另外,因体弱多病而参加社会活动少,以及与他人的关系发生裂痕等都会导致孤独。过度的孤独感不仅给自己的身心健康带来危害,同时也将影响人际关系的发展,影响自己的学业和日常生活。

(六)愤怒

年轻气盛的大学生,情感丰富强烈,有时激情难以控制,动辄勃然大怒。有的大学生遇事易冲动,有的大学生因为一点小事便与同学恶言相对、拳脚相加等,这些体现在大学生身上的不良情绪,对大学生的身心是极其有害的。

此外,动怒还容易让人养成一种极坏的习惯,即习惯性地把自己想象成受亏待的人,这样势必导致自我怜悯。这种习惯根深蒂固以后,自己就会觉得如果不被亏待反而会不安,并千方百计地寻求被亏待的证据,从而永远得不到快乐。

(七) 嫉妒

嫉妒是因为个体的社会需要没有得到满足而产生的一种错综复杂的情绪体验。嫉妒有积极的与消极的两个方面。有的人把嫉妒化为积极的行动动力,使之产生良性效益;而有的人则不能把握这种情绪,使之成为自己人生道路上前进的绊脚石。

大学生的嫉妒主要表现在:当看到他人的学识能力、品行荣誉甚至穿着打扮超过自己时,内心会产生不平、痛苦、愤怒等感觉;当别人身陷不幸或处于困境时,则会幸灾乐祸,甚至落井下石,在人后恶语中伤、诽谤。不良的个性因素是产生嫉妒的重要原因。虚荣心过强、自私狭隘等不良的性格特征都会让人心理失去平衡,导致嫉妒的产生。另外,大学生在自我认识上的偏差也是产生嫉妒情绪的原因。

嫉妒是一种异常心理,不利于大学生的身心健康。嫉妒会破坏人际关系的和谐,会造成个人的内心痛苦。法国文学家巴尔扎克曾经说过:"嫉妒者比任何不幸的人更为痛苦,因为别人的幸福和他自己的不幸,都将使他痛苦万分。"

案例九

黄某,男,22岁,大学四年级。主诉:我就要毕业了,去了几家单位应聘,都未被录取,因为我不是名牌大学的毕业生。不是名牌大学的大学生,就被人看成是垃圾学校的学生。我现在没心情看书,找不到工作,四年大学白上了。不好意思问其他同学近况。有时候上网聊天,心情稍微好点。

专家解析:该同学的问题是他存在很多不合理的信念,如绝对化、读心术及过度概括化。他认为自己找不到工作是因为自己不是名牌大学的大学生,这是绝对化。不是名牌大学的大学生,就被人看作是垃圾学校的学生,这是读心术。找不到工作,大学四年就白上了,这是过度概括化。

专家支招:①让黄某明白他之所以焦躁、痛苦、入睡困难、做噩梦、不是因为他找不到工作,而是因为他自身存在的不合理的信念。②用 A—B—C 理论找出他的诱发性事件是:快毕业了却找不到工作,对这件事情的解释是自认为因自己不是名牌大学的大学生所以才找不到工作,大学四年白念了,而他对这件事的反应是焦虑、烦躁、入睡困难、做噩梦,不愿意和同学交往。③与他的这些不合理的信念辩论,帮助他认识到这些信念的不合理,继而让他放弃这些不合理的信念。④建立合理的信念,上大学不仅仅是为了找工作这一个目的,更多的是为了增长知识、提升能力、提高素质。找不到工作并不仅仅是因为学校的原因,在很大程度上取决于学生的综合素质,综合素质提高了,找工作就不是一件难事。

三、怎样处理情绪困扰

情绪是我们心理健康的窗口,经常保持心情愉快,才能过一种高质量的生活。但是,在日常生活中不少同学快乐少于烦恼。大学四年中,到底哪些事情会影响我们的情绪呢? 我们又应该怎样正确地去看待这些问题,进而调整情绪呢?

(一) 努力适应新环境

首先,调整自我适应新环境,是我们人生中经常面临的重要任务。当我们从娘胎里呱呱坠地,来到这个世界上,那是第一次环境适应,然后从幼儿园、小学、初中、高中,到现在走进大学校园,每一次都要适应一个新环境。

适应新环境对大部分人来说是一项相当简单的事情,而对小部分人来说则显得非常困难。

很多的大学新生入学以后,总会充满不满和委屈,一边是对名牌大学的向往,一边是对所在学校的不满与抱怨,从对学校的感觉到学校的管理,从设施到老师,从伙食到图书馆、校园、校车、浴室、操场,总之一切都和自己理想的状况差远了。若你试着用积极的心态去面对一切时,会惊讶地发现你的大学是那么的多姿多彩、生动有趣。许多人多年后虽然住在宽敞、明亮的公寓房中,他们还会时时怀念条件比较艰辛的大学生活。用积极的心态去面对一切,笑着迎接每一天的到来,你会发现生活原来可以这样美好!

其次,不要总是希望改变环境,改变别人,试着先改变自己。这一点可以让

你应对集体生活中的各种问题。在英国伦敦威斯敏斯特教堂内,竖立着一座无名墓碑,上面刻着一段发人深省的文字:

> 我年少时,意气风发,踌躇满志,当时曾梦想要改变世界,但当我年事渐长,阅历增多,我发觉自己无力改变世界,于是我缩小了范围,决定先改变我的国家。
>
> 但这个目标还是太大了。
>
> 接着,我步入了中年,无奈之余,我将试图改变的对象锁定在最亲密的家人身上。但天不从人愿,他们个个还是维持原样。
>
> 当我垂垂老矣,我终于领悟了一些事:我先改变自己,用以身作则的方式影响家人。

很多同学在大学宿舍里总觉得不顺心,不如意,因为扫地、打水、睡觉时间不同步等鸡毛蒜皮的小事引发不愉快。这时少一些抱怨,多一些包容和沟通,可能会更有效。

最后,坚定你的目标与梦想,把大学当作是你人生的新起点。不能因为某一次小失误,从此以后一蹶不振,自我封闭,特立独行。更不能忘记目标与梦想,将四年甚至更长的时间垫付进去,这是非常可惜的。在刚进大学不久,发生一些不适应的事情是正常的。关键在于缩短适应期,不是抱怨环境,而是要积极地适应环境。

(二) 努力学习

从中学升入大学,由于环境和角色的变化,大学生的学习目的、学习方式、学习内容等都有别于中学生。现在大学生中存在的最大的问题是学习缺乏动力,在经历了高考的激烈竞争后,有些人认为在大学里可以放松一下了。有些人虽然主观上没有这样的想法,但由于习惯了中学时学校、老师的严格管理,不了解大学要求学生有高度的自觉性、主动性,于是放松了自己。实际上,学习是贯穿于人一生的活动,大学生更要以学习为本,非但松懈不得,还必须更加努力。

还有很多同学在中学里学习成绩一直都名列前茅,有很强的优越感和自尊心,到了大学后,发现大学里人才济济,自己各方面的表现很一般,由此产生了很多的困扰。

学习是一件艰苦的事情,好成绩不是伸手就来、唾手可得的。通往成功的道路有很多条,其中肯定有一条是一路芬芳、鸟语花香的。调整好心态,掌握正确的学习方法后,学业上的问题就可迎刃而解。

(三)珍惜亲情

伟大的诗人泰戈尔曾说过:"被妈妈亲爱的手臂拥抱着,其甜美远胜过自由。"唐代的孟郊也曾这样去描述过亲情,"慈母手中线,游子身上衣。临行密密缝,意恐迟迟归。谁言寸草心,报得三春晖"。亲情是一种割不断的情感,是人类最伟大的感情。随着我们慢慢长大,我们与父母之间在观念上出现了很多差异,这时候会产生很多矛盾,我们会身在爱中不知爱。

日本一名牌大学毕业生应聘于一家大公司。社长审视着他的脸,出乎意外地问:"你替父母洗过澡擦过身吗?""从来没有过。"青年很老实地回答。"那么,你替父母捶过背吗?"青年想了想:"有过,那是在我读小学的时候,那次母亲还给了我10元钱。"

在如此的询问中,社长只是安慰他别灰心,会有希望的。青年临走时,社长突然对他说:"明天这个时候,请你再来一次。不过有一个条件,刚才你说你从来没有替父母擦过身,明天来这里之前,希望你一定要为父母擦一次。能做到吗?"这是社长的吩咐,因此青年一口答应。

青年虽然大学毕业,但家境贫寒。他刚出生不久父亲便去世,从此,母亲给人做帮佣拼命挣钱。孩子渐渐长大,读书成绩优异,考进东京名牌大学。学费虽令人生畏,但母亲毫无怨言,继续做帮佣供他上学。

现在,母亲还在做着帮佣。青年到家时母亲还没有回来。母亲出门在外,脚一定很脏,他决定替母亲洗脚。母亲回来后,见儿子要替她洗脚,感到很惊奇:"我还洗得动,我自己来洗吧。"于是青年将自己必须替母亲洗脚的原委一说,母亲很理解,便按儿子的要求坐下,将脚伸进儿子端来的水盆里。

青年把毛巾搭在肩上,左手小心翼翼地去握母亲的脚,他这才发现母亲的那双脚已经像木棒一样僵硬,他不由得搂着母亲的脚潸然泪下。读书时,他心安理得地花着母亲如期送来的学费和零花钱。现在他才知道,那些钱是母亲的血汗钱。

翌日上午9点,青年如约到了那家公司,对社长说:"现在我才知道母亲为了我受了很大的苦,您使我明白了在学校里没有学过的道理,谢谢社长。如果不是你,我还从来没有握过母亲的脚,我只有母亲一个亲人,我要照顾好母亲,再不能让她受苦了。"

社长点了点头,说:"你明天到公司上班吧。"

这个故事让人感叹父母无怨无悔的操劳,我们的出生、成长、上学、工作、嫁娶、生育,每一个瞬间,都凝聚着父母的爱心。人在拥有时,总会漠视他的拥有,直到有一天,我们突然发现,那些我们原本习以为常的东西已经被岁月无情地夺走,再也寻不回来。所以,趁着拥有的时候,学会珍惜吧,也许举手之劳的细微关怀就可以让你身边的亲人获得远比你想象的大得多的快乐。今天,我们已经长大成人,我们应该学会感恩、回报。

(四)正确地对待爱情

爱情是人类最古老、最神秘的情感。它不知不觉地潜入你的心扉,撞击你的心灵,它可能会让你感到无比的幸福,也可能会让你坠入不幸的深渊;它可能会让你有一个腾飞的起点,也可能给你划出一条失足的轨迹。爱情不是游戏,正确地选择爱情,理解爱情,才能够得到真正的爱情。我们都希望自己的爱情是美好的。然而,在爱情生活中,也不乏苦涩和忧伤、坎坷与挫折。单相思、恋爱中的感情纠葛、失恋等就是爱情生活中的魔鬼,曾有一位学生失恋后说:"失恋的痛苦像恶魔一样,无情地折磨着我的心。"人在失恋以后肯定很痛苦,但是我们要控制好自己的情绪,学会理智地处理这些情绪困扰。

(五)形成正确的自我概念与自我认知

古希腊哲学家苏格拉底创办了一所学校,在这个学校的门口立着这样一块牌子——"认识你自己"。仅仅五个字道出了一个千百年来困扰一代又一代人的命题。的确,当我们避开外界的喧嚣,静下心来,常常发现令我们困惑的不是别人,而是自己。我们对自己的身体自我(身高、体重、容貌等)、心理自我(智力、能力、性格、气质、兴趣等)、社会自我(地位、权利、义务、责任等)都非常关注,形成自我认知,并以此与理想的自我进行比较,从而产生丰富的情绪体验,包括自爱、自尊、自信、自卑、责任感、义务感、优越感等。比如有些人会因为贫困、学习成绩、长相、身材等不如意而感到自卑和苦闷。

对于这些情绪问题,我们应该学会自我调节、自我肯定,并不断修炼自我、完善自我。

(六)发展良好的人际关系

培根说:"缺乏真正的朋友,乃是最纯粹最可怜的孤独;没有朋友,世界不过是一片荒漠。"结交友伴、珍重友谊是青年人交往中的突出特点。青年人往往把获得友谊视为生活中最迫切的要求。

一方面,我们希望创造一种和谐、融洽的人际氛围,建立真诚、理解、宽容的友谊;另一方面,我们又不愿向别人敞开心扉。有时,我们又过于期望迅速得到一份诚挚的友情;嫉妒和虚荣又像毒药一样不时侵蚀我们,所有这些问题都会影响到我们的情绪。

友谊不是强制的命令,只有当你身上闪烁对方需要的品质时他才能向你敞开心灵的大门,在我们认识外部世界的同时,更应该反省自己的内部世界,改变自己,塑造自己,发展和完善自己的人格。

(七)摆脱因选择造成的困扰

从小到大,我们已经习惯了服从,习惯了与他人保持一致。我们喜欢跟别人一样,但是别人的情况却与我们不一样,今天我们面临着很多因为选择造成的心理冲突:读什么专业、学什么课程、从事什么职业等。

你选择了一种生活方式,就必须放弃其他一些生活方式;你选择了你想要得到的,可能你就要失去你已经得到的。当你由于羡慕别人而盲目做出选择时,你就必须承担选择的结果,这结果也许是你根本不想要的。

人生充满了选择,我们在选择之前,首先要弄明白自己内心真正需要的是什么,而不是无目的地瞎猜乱选。只有这样,才能很好地把握自己的人生。

(八)就业带来的紧张不安

从我们第一天进入大学起,我们就在为一个问题思索彷徨:"四年后,我将会从事什么样的工作?"今天,我们面临的就业竞争与压力让许多大学生产生焦虑和自卑心理,内心深处充满了苦闷与担忧,甚至有些学生刚入大学不久便对未来充满了悲观和恐惧。

就业竞争确实非常激烈,悲观、畏惧、不努力是无法改变事实的,但是只要我们勤奋学习,奋力拼搏,在大学四年中积蓄力量,掌握真才实学,在未来的就业竞争中就一定会立于不败之地。

(九) 积极应对挫折

人的成长如同蝉的蜕变,过程是痛苦的,但是如果没有这种蜕变,就不会有力量的增强,更不会有新生,因此挫折和压力是一个人成长与发展不可缺少的元素。马斯洛说过,"一个人面临危机的时候,如果把握住这个机会,你就成长。如果放过了这个机会,你就退化"。

挫折普遍存在于人生的各个阶段,只要有追求、欲望和需求,就会有失败、失望和失落。尤其对涉世不深而又渴望有所作为的大学生来说,挫折更是难以避免。因此,我们要敢于直面人生的挫折,冷静且客观地分析挫折产生的原因,积极寻求战胜挫折的办法,在挫折中奋飞,在拼搏中成功。

拓展阅读　　　抑郁情绪≠抑郁症

抑郁情绪是一种很常见的情感成分,人人均可出现,当人们遇到精神压力、生活挫折、痛苦情境、生老病死、天灾人祸等情况时,自然就会产生抑郁情绪。但是抑郁症则不同,它是一种心理病理性的抑郁障碍,与遇到挫折后出现的抑郁情绪完全不同,如果遇到不愉快的事情而不产生抑郁情绪,那也是不正常的。那么,如何区分正常的抑郁情绪与病理性的抑郁症呢?

(1) 正常人的抑郁情绪是对应于一定的诱发事件的,病理性的抑郁症通常缺乏客观的精神应激的条件,或者虽然有不良的诱发因素,但都是"小题大做",不足以真正解释病理性抑郁的征象。

(2) 一般人情绪的变化有一定的时限性,通常是短期的,通过自我调适就可以恢复心理平衡。而病理性抑郁症状是持续存在的,甚至不经治疗难以自行缓解,症状还会逐渐加重恶化。精神医学规定一般抑郁情绪不应超过两周。如果超过一个月,甚至持续数月或半年以上,则可以肯定是病理性抑郁症状。

(3) 抑郁情绪程度较重,达到病态程度时称为反应性抑郁症。抑

郁症病人的工作、学习和生活受到严重影响,无法适应社会,影响其社会功能的发挥,甚至产生严重的消极、自杀言行。

(4) 典型的抑郁症有生物节律性变化的特征,表现为晨重夜轻的变化规律。许多病人常说,每天清晨时心境特别恶劣,痛苦不堪,因而不少病人在此时常有自杀的念头。至下午三四点钟以后,患者的心境逐渐好转,到了傍晚,似乎感到没有问题了,次日早晨,又陷入病态的难熬时间。

(5) 抑郁症的家族中常有精神病史或类似的情感障碍发作史。

心境障碍的诊断主要根据病史、临床症状、病程、体格检查和实验室检查,典型病例诊断一般不困难。密切的临床观察,把握疾病横断面的主要症状及纵向病程的特点,进行科学分析,是临床诊断的可靠基础。切不可把各种症状与自己对号入座,自我折磨。

钉子的故事

从前,有个脾气很坏的小男孩。一天,他父亲给了他一包钉子,要求他每发一次脾气,都必须用铁锤在他后院的栅栏上钉一颗钉子。第一天,小男孩共在栅栏上钉了37颗钉子。

过了几个星期,由于慢慢学会控制自己的情绪,小男孩每天在后院栅栏上钉的钉子越来越少了。他发现控制自己的坏脾气比往栅栏上钉钉子要容易多了。最后,小男孩变得不乱发脾气了。

他把自己的转变告诉了父亲。他父亲又说:"如果坚持一整天不发脾气,就从栅栏上拔一颗钉子下来。"经过一段时间后,小男孩把栅栏上所有的钉子都拔掉了。

父亲拉着他的手来到栅栏处,对小男孩说:"儿子,你做得很好,但是你看一看栅栏上的那些小孔,栅栏再也不是原来的样子了,当你向别人发过脾气之后,你的言语就像这些钉孔一样,会在人们的心灵留下疤痕。对人乱发脾气就好比用刀子刺向了某人的身体,然后再拔下来,无论你说多少次'对不起',那伤口永远存在。其实,口头上造成的伤害与对肉体的伤害没什么两样。"父亲说完,儿子意味深长地点了点头。

第三节　心理策略训练

游戏： 情绪表演 PK

（1）按学生总人数,要求学生以最快的速度分为 4 组,组员中必须既有男生又有女生。另留 4~7 名评委,评出表演明星。

（2）各小组围坐成圆圈推荐出组长。

（3）各组长到老师处,在信封里抽取一张纸条,每张纸条上分别写着"喜""怒""哀""乐"。

（4）由组长组织组员按抽到的字进行表演。每组派一个组员开始表演,完毕评委打分,再进行下一轮表演。最后获胜多的组取得本节课最佳表演团队奖。

自省： 我对情绪的认识

写出你所知道的描述你的心境的情绪词,然后数一数你写出的情绪词的数量。一般来说,你写出的情绪词越多,说明你对自己的情绪觉察能力越强。

心理测试： 我的情绪稳定吗?

情绪稳定是一个人心理健康、成熟的标志。所谓情绪稳定,主要指一个人能积极地调节、控制自己的情绪。如果你想了解自己的情绪的稳定性,那就回答下面的问题。

（1）我有能力克服各种困难。

　　A. 是的　　　　　　B. 不一定　　　　　　C. 不是的

（2）猛兽即使被关在铁笼里,我见了也会惴惴不安。

　　A. 是的　　　　　　B. 不一定　　　　　　C. 不是的

（3）如果我到一个新环境中,我要把生活安排得和从前不一样。

　　A. 会　　　　　　　B. 不确定　　　　　　C. 不会

（4）整个一生中,我一直觉得我能达到预期的目标。

A. 是的　　　　　　　B. 不一定　　　　　　C. 不是的

(5) 我在小学时敬佩的老师,到现在仍然令我敬佩。

A. 是的　　　　　　　B. 不一定　　　　　　C. 不是的

(6) 不知为什么,有些人总是回避我或对我很冷淡。

A. 是的　　　　　　　B. 不一定　　　　　　C. 不是的

(7) 我虽善意待人,却常常得不到好报。

A. 是的　　　　　　　B. 不一定　　　　　　C. 不是的

(8) 在大街上,我常常避开我所不愿意打招呼的人。

A. 极少如此　　　　　B. 偶尔如此　　　　　C. 有时如此

(9) 当我聚精会神地欣赏音乐时,如果有人在旁高谈阔论,我仍能专心听音乐。

A. 是的　　　　　　　B. 介于A、C之间　　　C. 不是的

(10) 我不论到什么地方,都能清楚地辨别方向。

A. 是的　　　　　　　B. 不一定　　　　　　C. 不是的

(11) 我热爱我所学的专业。

A. 是的　　　　　　　B. 不一定　　　　　　C. 不是的

(12) 生动的梦境常常干扰我的睡眠。

A. 经常如此　　　　　B. 偶尔如此　　　　　C. 从不如此

(13) 季节气候的变化一般不影响我的情绪。

A. 是的　　　　　　　B. 介于A、C之间　　　C. 不是的

计分表如下:

序号	A	B	C	选项得分
1	2	1	0	
2	0	1	2	
3	0	1	2	
4	2	1	0	
5	2	1	0	
6	0	1	2	

续表

序号	A	B	C	选项得分
7	0	1	2	
8	2	1	0	
9	2	1	0	
10	2	1	0	
11	2	1	0	
12	0	1	2	
13	2	1	0	

结论与忠告

17～26分:情绪稳定。

你的情绪稳定,性格成熟,能面对现实;通常能以沉着的态度应付现实中出现的各种问题;行动充满魅力,有勇气。

13～16分:情绪基本稳定。

你的情绪基本稳定,能沉着应付现实中出现的一般性问题。然而在大事面前,有时会急躁不安,不免受环境影响。

0～12分:情绪激动。

你情绪较易激动,容易产生烦恼;不容易应付生活中遇到的各种阻挠和挫折;容易受环境支配而心神动摇;不能面对现实,常常急躁不安,身心疲乏,甚至失眠等。要注意控制和调节自己的心境,使自己的情绪保持稳定。

 思考题

1. 在感到不高兴的时候,根据教材内容,选择适合自己的调节方式,进行调节和放松。
2. 每天睡觉前,想三件今天发生的快乐的事情。

青春是一个短暂的美梦,当你醒来时,它早已消失无踪。
——莎士比亚

第六章 大学生恋爱心理

第一节 恋爱是什么

爱情是人类永恒的主题,古今中外,有数不清的文人墨客对爱情进行过丰富多彩的描写和歌颂,爱情也是大学生最为关注的话题之一。进入大学以后,没有了父母的管束,大学生就如同打开鸟笼的小鸟,在蔚蓝纯洁的天空自由飞翔。爱情是那样独具魅力,拨动着年轻大学生的心弦,令人神往。然而,最令大学生困惑或烦恼的问题中,就有爱情问题,它影响着年轻学子的学习、生活和心理健康。树立正确的恋爱观、正确处理恋爱中出现的问题是大学生涯中的一项重要任务。

一、爱情的含义

(一)爱情的概念

爱情是人际吸引最强烈的形式,是身心成熟到一定程度的个体对异性个体产生的具有浪漫色彩的高级情感。恋爱是指异性之间在生理、心理和社会因素共同作用下互相倾慕和培植爱情的过程。恋爱不是生来就有的,一个人对爱情的追求,只有当他的生理和心理发展到一定阶段时才会产生。大学生谈恋爱就是其生理发育和心理发展的结果。

(二)爱情的性质

爱情既是一种情感,也是一种特殊的人际关系。爱情是人类一种最复杂而微妙的情感,人们用世界上最美好的语言来描述它:爱情是首诗,爱情是首歌,爱情像涓涓的流水,爱情像巍峨的高山……爱情涉及两个生命,在真诚的沟通和交往中,心与心不断靠近,亲密关系得以建立。爱情具有巨大的能量,使人的精神生活丰富多彩,体会到人生的美丽与灿烂。爱情可以让人获得新生,也会让人痛不欲生。爱之深,则恨之切,爱情会让人变得温柔、宽容,也会让人变得残酷、渴求。成功的爱情造就两个充实、快乐的人,失败的爱情则导致痛苦、无奈的人生。赢得真正的爱情,便会发掘出内心的潜能,升腾出无穷的生命力和创造力。

二、爱情的成分

美国心理学会主席罗伯特·斯滕伯格认为,爱情包括亲密、激情和承诺三部分,三者缺一不可。相爱的两个人必须情绪上能分享、沟通与支持,行为及生理上有热情,认知上能肯定对方。缺少任何一个因素都是不健康的爱。

亲密属于爱情的情感方面,包括亲近、分享、交流和支持,是对另一个人产生的心灵相近、相互契合、相互归属的爱恋感觉。亲密也包括愿意得到和付出情感支持,分享彼此最内在的想法。亲密一般最初发展缓慢,然后发展至稳定水平,后来又下降。明显缺乏亲密意味着关系即将结束,这也是很多人说相爱的两个人之间冷战比热战更可怕的原因所在。冷战封锁了交流的通道,会使人疏远,从而不再有亲密的感觉。热战虽然也损伤感情,但还有交流、分享的机会。

激情属于爱情的情感和动机方面,伴随有生理唤醒,以及和所爱的人合为一体的强烈愿望。和亲密不同,性方面的动机发展迅速,但经过一段时间后,最初的兴奋和满足感会渐渐消退,但仍是存在的。如果两个人自认为相爱,彼此却从来没有性冲动,就需要重新思考彼此到底是什么关系。一般来说正常人特别是年轻人,面对自己的恋人都会有强烈的激情,这是爱情中必需的,是情感因素的有力支撑。

承诺属于爱情的认知方面,无论现实如何变化,都要对关系的保持做出承诺。承诺不受情绪的左右,是我们用理智和意志做出的。坚定而执着的承诺将为两个人的关系提供保障,因为双方都知道,无论发生什么事情他们都是可以相互依赖的。没有承诺的爱情是不完全的,而不敢做出承诺的爱情则是不可靠的。真正的爱情会让双方渴望获得对方的承诺,并且也愿意对对方做出承诺。承诺能够让真爱更顺利地通过考验。有婚姻承诺的男女要比没有婚姻承诺的男女更有安全感,更有毅力和信心渡过难关。所以,相爱的男女在感情足够成熟后,会有口头承诺,进而会结为合法夫妻。

以上三要素共同构成真爱,只是不同的真爱可能侧重有所不同,但是如果缺少其中之一,则都是残缺的爱,难以长久。我们来看以下七种"爱"。

（1）喜欢之爱:没有包括激情或承诺,但是包括了亲密感和情感温暖。人们对那些可以分享内心感受和想法的人会产生喜欢的感情。因此,喜欢有可能发展成为激情之爱,或者也有可能发展成更多拥有承诺的伴侣之爱。喜欢可以看作真爱的萌芽,但还算不上真爱。

（2）迷恋之爱:只有激情体验,认为对方有强烈的吸引力,除此之处,对对方了解不多,也没有想过未来。只有激情,没有亲密和承诺,是一种本能导向的爱情。

（3）空洞之爱:这当中除了承诺外别无他物。空洞之爱既不包含热烈的情感,也不存在如火的激情,它是因为责任感才使恋爱关系得以维持的,依靠的是个人原则和社会规范,如责任、道德等。空洞之爱虽然有承诺,但是没有任何情感维系,也没有激情,当其中一方遇到真爱时,承诺很容易变成一纸空文。

（4）浪漫之爱:只包含激情和亲密,但缺乏承诺。它在开始时会如火如荼地进行,之后有可能会渐渐地烟消云散,俗称"热得快,冷得也快"。当然也有可能发展成为完美之爱,但需要双方的共同努力,从浪漫回归现实,承认现实。

（5）愚蠢之爱:既有承诺也有激情,但缺乏亲密感。常伴有旋风式的追求,开始时热情似火,但在相处中会慢慢地发现彼此之间的不协调。这种爱大多是双方疏于交流,没有做深层次了解接触所致。这种爱常常会因为长时间的缺乏交流、分享、理解而使激情消退,并最终不再有承诺。

（6）同伴之爱:具有较强的亲密和承诺,但是缺乏激情,这种爱的主要特征就是维持长久的关系,此时激情已渐渐退去,留存的是一种深刻持久的恋爱关系。很多老夫妻都有这种感觉。许多人认为在这种爱当中,恋人之间的爱已经很少,更多的是亲人之间的爱。虽然伴侣之爱能够维系关系,但仍然应该尽力找回激情。

（7）完美之爱:是一种理想之爱,亲密、激情、承诺完美地优化组合在一起,这种组合一般来说在恋爱后期才能达到,但是很难持久。一般情况下,在现实生活中,双方之间都有亲密、激情、承诺,但很难保持最优组合,总是此消彼长。

图 6.1 比较完整地展现出了多种"爱"的特征。

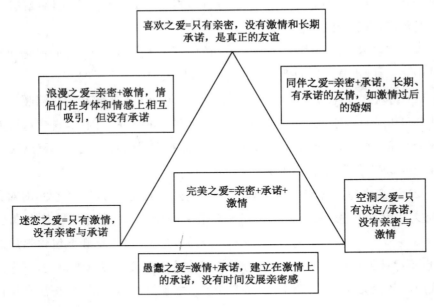

图 6.1 多种"爱"的特征图

了解爱情的成分,可以帮助大学生们免于陷入恋爱困境。激情在关系之初起到强大的推动作用,但是激情是会消退的,在激情褪去后,要认识到此时的关系是在向更深、更亲密、拥有承诺的爱的方向发展,还是在向分手的方向发展?此时务必认真思考,主动识别,为今后的发展做出有益决定。

三、爱情的发生原理

爱情是怎么发生的,为什么在芸芸众生中偏偏会喜欢他(她)?

什么样的爱情才是真正的爱情?永恒的爱情存在吗?你会有什么样的爱情?

亲密的关系是怎样开始的?是什么推动了爱情的发展?显然,每个人的爱情开始都不一样,亲密的关系会在各种情形下发生——教室里、相亲时、上班时、超级市场、公交车上或者在网上。不管是友谊还是爱情,关系开展的第一步都是一样的,即人与人的吸引,接近某人的渴望。吸引与爱不一样,也不能保证必然发展成爱情,不过,吸引开启了发展爱情的可能性。

(一)吸引的基础——回报假设

关于人与人之间的吸引力的基本假设是,吸引我们的人的出现会给我们一种回报。这种回报有两种类型:一是与他人交往获得直接回报,直接回报指的是我们与人交往时得到的全部的积极结果。例如,一个人将注意力、兴趣和赞许都倾注给我们的时候,我们享受具有回报性的行为;一个人既美丽又聪明,我们享受这些赏心悦目的特点;一个人能使我们拥有我们想得到的,如金钱和地位,我们会享受这些机会;一个人能够给我们提供更多的回报,我们会更多地被此人吸引。二是仅仅由于他人的出现而带来的间接回报,如你在经历一件愉快的事情,过程中有人相伴,下次他出现时,你可能会体验到一种积极的情感反应。

这种回报显示了吸引的互动性质。多数人简单地认为当某人具有吸引力时,他们才会被其吸引,但实际情况要复杂得多,吸引确实与有吸引力的人有关,但也取决于被吸引人的需要、偏好、欲望以及两人所处的情境。

(二)接近——喜欢我们周围的人

我们可能在网上聊天的时候认识某人,但当我们听到别人的声音、看到他的微笑、能真实地握着他的手的时候,这种交流更具有回报性。实际中的接近通常决定我们首先能否认识。多数情况下,我们友谊的浪漫是缘于与周围人的交往。与人交往不一定会爱上他们,但爱上他们则必须先见到他们。

想想我们在大学里认识的新朋友,很可能你所认识的人和最喜欢的人就坐在你附近。即使一个小的距离,对我们的关系也有一个较大的影响。为什么人会有如此的影响呢?因为当别人在你周围时,更易于享受他们提供的各种回报。其他条件相同时,近在身边的同伴比相距较远的同伴会更有优势。"远亲不如近邻"是最真实的写照。远距离的伙伴,则须花费较多时间和付出更多的努力,这样的交往有着较高的成本。远距离的关系回报性小。电子邮件中爱的表达并没有在脸颊上的一吻那样动人,长距离的浪漫关系通常没有身边的浪漫关系那样令人满足。此外,接近也会让两个人更可能遇见且彼此更加熟悉。熟识可以导致喜欢,与某人频繁的接触不仅能够让交往更加方便,还能够让某人显得更有吸引力。当然,与可憎的、难于相处的人接近,并不一定会使我们更加喜欢他们。所以接近能够加强我们对别人的情感,喜欢的人更喜欢,讨厌的人更讨厌。

(三)外表吸引力——美的即是好的

尽管我们都知道人绝不仅仅只限于外表,但长相确实起作用。外表吸引力对第一印象的形成产生相当大的影响。一般而言，我们很容易认为长得好看的人比长得不吸引人的人更令人喜欢。总之，人们在运用一种思维定式，即美的即是好的。我们总假设外形好的人是快活的、具备社交技巧的、机智的和有趣的。人们对美貌的偏见容易导致将美貌与才智相混淆。在工作中，貌美的人更容易应聘成功并得到较高的薪酬。

无论是对于女性还是对于男性，外表吸引力对于早期的吸引都具有独一无二的重要影响。研究表明，美貌是令人感觉愉快的，使人有良好的心情，而且我们假设长相好的人也拥有许多其他美德，因此也就更具有吸引力。但有一点需要注意，人们或许都想得到漂亮的伴侣，但结果通常是人们和外貌相当的人结成伴侣。在已经建立起的关系中，伴侣之间的外表吸引力水平是相似的，他们的长相是匹配的，这个现象叫作般配。

（四）相互性——喜欢那些喜欢我们的人

为了在关系中获得最大的成功，我们应该追求对我们可能有所回报的那些伴侣。我们考虑可能的伴侣时，多数人一般通过以下公式评价我们对别人的实际兴趣，以及我们接近他们并试图展开关系的可能性：

$$值得拥有的程度 = 外表的吸引力 \times 被接受的可能性$$

其他条件相同，某人长相越好，就越被人喜爱。但是，这一公式表明，一个人的魅力如何，需要将他人是否会同样喜欢我们的判断乘以外表的吸引力。如果某人非常喜欢我们，但他很丑，那么这个人可能不是我们约会的第一人选。如果某人长相很好，却不是同样地喜欢我们，就不要浪费时间了。最有潜力的伴侣是外表说得过去，也很有可能接受我们的人。对方是否会接纳对多数人来说是一个重要的考虑。对美国两所大学的男生调查显示，如果他们发现一个漂亮的女子，也拿不准那个女子的反应之前，只有3%的人会主动约会。男生大多表示，他们会再等待，看对方是否有同样的兴趣，如果缺乏自信的话，干脆什么都不做就放弃了。显然，人们通常不愿意冒被拒绝的风险。所以也就不难理解，为什么会有那么多男性认为有许多"鲜花插在牛粪上"。

（五）相像——喜欢与我们相像的人

遇见喜欢我们的人是有回报的，如果能够遇见和我们背景、兴趣、品位相像的人，则是令人愉快的。人际关系的一个最基本原则就是相似性：彼此喜欢者相互吸引。"物以类聚，人以群分"也充分说明了这一特点。

伴侣们也可能具有相似的性格、风格和特质，相似的人们会更加喜欢彼此，尤其随着时间的推移会更加喜欢，性格相近的夫妻比性格不同的夫妻有着更为美满的婚姻生活。这种相像是表现在各个方面的，如年龄、性别、种族、受教育水平、宗教信仰和社会阶层等。而发现相像是需要时间的。当然，也有一种可能让不同行为很好契合的方式——互补性，也是很吸引人的。

为什么相像具有吸引力呢？因为在别人身上发现相像之处是令人舒服的，会令我们知道自己的方式是合适的。相像的人也可能喜欢我们，所以我们期待与这类人愉快地、友好地交往。我们与相像的人交往通常顺利而不费力，双方的不同意见和冲突会较少，可以一起快乐地完成很多事情。

影响吸引力的最后一个因素是人们努力克服障碍以实现希望的倾向。心理逆反理论认为，当人们失去行动或选择的自由时，他们就会争取重新得到自由，结果就是，当我们面临失去的威胁时，我们可能会想得到。如"罗密欧与朱丽叶效应"，父母越干涉他们的交往，他们彼此之间就会越相爱，随着时间的推移，父母的干预对增加年轻恋人对彼此的热情上可能起着积极的作用。

吸引并不神秘，两性在他们的关系中寻求的是一样的品质，无论男女，均认为热情善良、性格好及感情得到回应是对恋人的三个最重要的要求，每个人都想得到可人的、随和的、接受他们感情的伴侣，在这一点上，男女性之间并无差别。

当然，这个研究给我们带来一些安慰：长相一般的女人和没钱的男人就未必没有吸引异性的魅力。想象归想象，在现实中，真正相处时，人们往往会抛弃之前肤浅的预期——或许是对方的性格，或许是对方的才华，又或许是别的什么吸引了我们。看来我们并非如想象中那样浅薄。而这恰恰也给了我们一些看似熟悉却往往被忽视的启示：内在的东西或许才是我们彼此最看重的。

怎样让别人更喜欢你？可以从以下几方面做起：

（1）掌握接近因素，设计偶然见面机会。

（2）建立积极情感，营造愉悦心境。

（3）充分利用异常情况，促进双方交流。

（4）关注相似性，忽视差异性。

（5）善于表达积极情感。

(6) 注重外在表现。

四、大学生的恋爱心理

从大学生的年龄来看,他们已进入了恋爱的"季节",恋爱问题已经成为不可回避的问题。大学生的恋爱是形形色色的,其心理和动机也是千姿百态的,但基本上可以分为以下几种。

(1) 渴望自身价值得到认同的心理。很多大学生把有异性朋友作为自身价值的一个表现,说明自己有人爱、值得人爱,即证明了自身的魅力和价值。

(2) 兴趣和爱好的相似心理。由于在某些方面有共同的爱好和兴趣,互相吸引,逐渐成为恋爱伴侣。例如,在学习上对一些问题的相互探讨、相互帮助的过程中,在一起承担社会工作的过程中,同学之间接触较多、配合默契,这些都有可能使同学友情逐渐演变成恋爱伴侣。

(3) 从众心理。在当今大学校园,恋爱已经成为一道特殊的风景,在这样的氛围中,有些原本没有恋爱打算的大学生也成了"从众的人"。

(4) 好奇心理。对于没有恋爱经历的人来说,恋爱是新鲜而又具有很强吸引力的事情,于是,他们也开始寻找自己的"意中人"。

(5) 空虚和寂寞的心理。有些大学生缺乏生活和学习的动机与目的,内心非常空虚和寂寞,企图用恋爱来打发无聊的时光和填补灵魂的空虚,或者为了摆脱来自内心的和外在的各种痛苦,企图以此来麻醉自己。

(6) 欲望和冲动心理。有些大学生为满足性生理和性心理的需求,寻找异性进行恋爱,这种纯粹的靠原始的欲望冲动而进行的恋爱是不会有"幸福之果"的。同时,在这种恋爱关系中,男女学生在性行为上表现得非常随便。

(7) 功利和实用心理。有些大学生由于受某种目的和利益的诱惑,或者为了对方的优势地位或物质财富而拼命地追求对方,甚至不惜付出任何代价,靠这种心理而进行的恋爱同样也是不会有"幸福之果"的。

(8) 感觉和浪漫心理。这是一种被人们歌咏、赞美和追求的爱情。双方都有着炽热的感情,当两人相遇时,相见恨晚,彼此一往情深地相爱。这是对功利和实用心理的反叛。

上述不同恋爱心理和动机如果过度,就会造成一些不良的后果,会给当事人留下悲伤、忧郁、失望等消极情绪和难以名状的心理痛苦。例如,渴望自身价值完全在对方身上得到认同的心理容易导致走向极端——因为我爱你,所以我的生活里全部都是你,失去了你,我将无法生活。这样的心理极端化会让当事人迷失自我,完全依照对方的价值评判来决定自己是否有生存的价值。在这种情况下,如果对方提出分手或者终止恋爱关系,当事人极有可能在心理上崩溃,从而做出极端的事情,如自杀、自残、报复对方等。

五、大学生的恋爱类型

(一) 浪漫型

正处于青春期中后期的大学生,随着性生理和性心理的逐渐成熟,在没有各方面压力的情况下,在充满美丽幻想的大学校园里,开始了属于自己的爱情序曲。两个人在一起想的都是如何浪漫地度过每一天,图书馆的依偎、食堂里的喂饭、湖边草地上的缠绵、宿舍门口的难分难舍……在浪漫的同时,他们对爱情的成功与否并不看重,并不是非常希望把婚姻作为爱情的归宿。大学生恋爱的浪漫掩盖了理想和现实之间存在的矛盾,致使爱情缺乏挫折的磨炼和必要的现实基础,一旦遇到问题便容易破裂,这也是引发"毕业那天的最后一顿饭、最后一个拥抱,从此咫尺天涯"现象的主要原因。

(二) 盲目型

大学生因离家住校独立生活,常常自己看准了对象就去追求,把在校期间谈恋爱作为一种取得生活经验的实践活动,或以此来消除寂寞、孤独,寻求开心。但是他们对"什么是爱,如何才能真正地去爱"一无所知,甚至有些学生觉得没有必要去付出更多的时间研究这些问题,"爱了就在一起,不爱了就分开"。有的学生一学期谈了好几个对象,寻找对象时仅看对方的长相和风度。

某知名网站的论坛上曾出现过"出租自己"的帖子,引起了许多网友的注意。帖子称:"本人欲将自己出租,只要不违背法律的要求都在考虑范畴!陪聊、陪逛、陪吃……价格面议。"由此可见,部分大学生在不成熟的心理状态下,凭着自己青春期的冲动,盲目地追求爱情。

(三) 炫耀型

现代大学生谈恋爱一扫传统的含蓄、深沉,恋爱活动已不再隐蔽,逐渐由地下浮出水面。时下,只要步入大学校园,便能目睹成双成对的大学生情侣卿卿我我,旁若无人,甚至在公众场合下搂抱、接吻,致使旁人不得不退避三舍。

（四）随意型

由于受西方文化和生活方式的影响，当代大学生只注重爱的过程，却轻视爱的结局，把恋爱当成"爱的初体验"和"大学生活的调味剂"，信奉"只在乎曾经拥有，不在乎天长地久"，恋爱并不是为了将来的婚姻。在这种新思想的影响下，大学生虽纠结于理智与情感的矛盾漩涡，但由于受生理需求和好奇心理的驱使，偷吃禁果的现象并不罕见。

第二节 恋爱与自我成长

一、恋爱的五个周期

恋爱是一个过程，有长有短。有的人认识三个月就结婚，有的人认识八年才结婚。但无论长短，每一段恋爱都要经历同样的过程。苏珊·坎贝尔将这一关系的发展分为五个阶段，分别是浪漫期、权力争夺期、整合期、承诺期和共同创造期。这五个阶段并不是简单的线性关系，而是螺旋式向上发展的周期。

（一）浪漫期

浪漫期是令人兴奋的时光，具有极大的热忱和活力。在浪漫期，整个世界都改变了，世界似乎变得更明亮，陷入热恋的人觉得自己充满能量，有更明确的目标，对生活充满热情，不断挑战尝试新鲜事物。正像有首歌里面唱到的："从你说爱我以后，我的天空星星都亮了……"

但事实上在浪漫期，彼此并不真正了解。这时期两人的关系只是一种梦想，包含了许多希望和期待，在浪漫期会想象一切可能。浪漫期是兴奋的，但缺少真正的亲近与共鸣。彼此看到的大多是对方的优点，并在兴奋期待的作用下把这些优点放大，因为正处于激情梦幻之中，故会忽略对方的缺点。

（二）权力争夺期

随着时间的推移，双方更加熟悉后，会逐渐看清彼此的本性，这时进入权力争夺期。此阶段双方对彼此开始有了全面认识，开始看到对方的不足，通常会试图改变对方，试图把伴侣推入设计好的角色中，促使对方成为符合自己心目中伴侣的模样，并且认为自己的动机是为对方好。一般说来，权力争夺始于温和劝告,催促对方稍做改变,要求逐渐增多,双方出现矛盾冲突。

在权力争夺期,伴侣之间应该直面冲突,而不是退缩、离弃,或试图击败对方。在冲突中,会看见以前未看见的部分,双方会因此得到许多学习的机会,并会有新的感受或者相互磨合产生新的相处模式。虽然争吵可能会破坏双方的关系,但如果双方能不坚持控制对方,则会更深入地认识彼此。此时,不要因为害怕冲突而逃避或否认冲突,要从中认识并学习,处理冲突不要采用过激的方式。权力争夺本身不是问题,问题常常出现在一方或双方坚持己见,不愿倾听对方说话。如果双方能展现好奇心,进行真诚沟通和分享,就能脱离权力争夺的牢笼,承认彼此的差异,放弃控制对方的企图,那么关系将会往和谐的方向发展。当然有些人为了避免更多争吵、歧见和失望,也会决定放弃对方,走出权力争夺,结束关系。

(三)整合期

伴侣经历了浪漫期的错觉和迷失,再度过权力争夺期的暴风骤雨后,常常发现两人的关系更有弹性也更稳定,对彼此也有某种程度的了解,能以更接纳的眼光和心胸看待彼此,能进行新的冒险,此时便会进入整合期。在整合期,伴侣开始学习如何相处,不再试图控制、改变或责备对方,而是开始以真诚的兴趣和好奇倾听对方。

整合期的工作是让关系更深入。建议伴侣每天花一段时间分享自己的观点、想法、感受和经验,了解彼此的世界。整合期的伴侣可以意见不合,但已经不必使用争吵来解决,甚至有时并不争辩谁对谁错,而是宽容地接受彼此差异,即使观点非常不同,仍能好好相处,这是逐渐接纳自我和他人的过程。他们可能说:"我们可以一起接受对方的个性与差异,我们仍能彼此相爱。"

整合期的分享能让彼此更亲近,要注意保持彼此之间的联系,多沟通,努力了解彼此的想法、感受。为了继续共同成长,要不断将找出的新的契合点分享给对方。

(四)承诺期

恋爱双方在整合期达到某种程度的稳定,就会投入积极的、有意义的对话中。他们对自己和对方的了解日渐深入,彼此的关系也越来越稳固。现在已经不需要任何人做改变,并且双方也已经意识到要求任何人改变都是不可能的事。伴侣之间越来越了解彼此、接纳彼此,这时双方迈入了承诺期,彼此的关系就像老房子,需要维护和照料。

承诺意味着愿意献身于选定的活动或目标,不是心血来潮转瞬追求另一个。承诺期是稳定的,并且能够经受考验的,在共同的困难、阻力面前经历暴风雨,持续成长。在承诺中运用意志,可以发展出强壮、成熟、个体化的自我。在关系中一起承诺,不但可以各自成长,关系也会随之成长。

(五)共同创造期

恋爱关系中的最后阶段是共同创造期。达到整合期和承诺期时,双方对自己和对方的了解稳中有增,由于信任双方的承诺,所以能真诚地合作。双方在一起时,不论选择何种任务,都会成为创造的过程。

在共同创造期,伴侣的努力是和谐一致的,当他们在一起时,不论是跳双人舞,或是一起洗碗盘,他们的动作和互动都是流畅与和谐的。

双方在共同创造阶段有充足的自由,生命充满了可能性,两人的力量强大到足以实现梦想和愿望。由于思想不僵化,所以彼此能欣然接受新的想法,想出新奇的方式处理问题。简而言之,他们是开放的,已准备好进入下一个阶段,重返浪漫期。由于先期各个阶段的学习,已累积了许多经验,所以接下来不是无知、空洞的浪漫期。浪漫期的再次回归是新的扩展和创造,能看到更大范围的爱,并很快进入新的整合期,通过更深入的了解,再进入新的承诺与共同创造期。

大学生中出现恋爱现象,有着生理和心理的必然性。但是,爱情不是纯粹的生理、心理问题,还涉及许多社会、道德和法律因素。下面我们来看一下该怎么进行一场完美的恋爱吧。

二、恋爱的准备

爱情是美好而深沉的感情,是人性中至纯至真的感情。不过,在现实生活中,每个人的爱情经历不同,对爱的感受不同,爱情既能给人带来快乐和幸福,也能给人带来痛苦和烦恼,在恋爱之前应当做好充分准备。

(一)学会自爱

自爱是爱他人的先决条件,任何人都不能给予别人自己不曾拥有的东西。只有学会如何爱自己,才能应对在爱别人和别人爱我们时遇到的困难。如果我们能欣赏自己的价值,那就更能接受来自别人的爱。

爱自己并不意味着夸大自己的重要性,或者把自己置于别人之上,相反,它意味着尊重自己、接纳自己,即使我们并不完美。这需要关心自己的生活,努力成为自己想要成为的人。爱自己就是尊重自己的完整性和独特性,赞美自己的优点,宽容自己的缺点。只有越来越尊重自己,才能具有接受他人想要给予爱的能力,与此同时,也拥有了爱别人的基础。

每个人都有爱的需求,当达到一定年龄,还有爱情的需要,希望能够从异性那里获得。女性希望找一个宽厚的肩膀依靠,享受小鸟依人般的感觉;男性希望找一个温柔贤惠的妻子,共同建设温馨美满的家庭。有时候我们很幸运地找到了。但是如果我们并不爱自己,只想让别人爱你,最终只会因你的自我轻视失去爱;同时不自爱也很难体会什么叫真正的爱以及如何把它奉献给别人,因为我们很难给予别人自己还没学会和体验过的东西。

(二) 识别真爱

在爱情关系中,人们常常以为是爱让他们走到了一起,但有时可能掺杂了许多其他因素,也许是为了虚荣,为了满足征服的欲望,也许是为现实的利益,或仅仅是为了性。识别自己内心世界的情感需要勇气。

要识别内心的真实感受,识别是什么吸引你愿意和对方发展恋爱关系,是因为他/她这个人本身,还是因为他/她的美貌、财富,或者仅仅只是此刻的你太缺乏爱了。

如果仅仅是因为某种条件或者具备某种品质而爱上某个人,那么这种爱就是"如果"型或"因为"型的爱,是虚假的爱。建立在"如果"或"因为"基础上的爱是脆弱的,对双方也是不公平的,双方在这种爱的关系里会有恐惧感和不安全感,因为担心爱会随着条件或某种品质的失去而失去。

如果仅仅是因为太缺乏爱了,那么此刻的选择就未必是适合你的。就像平时特别口渴,而只有一瓶矿泉水的时候,你会毫不犹豫地拿起水来喝,此时并不是因为你喜欢喝矿泉水,而是因为你太渴了。矿泉水未必是最适合你的,或许一瓶绿茶更适合你。恋爱也是一样的,当特别缺乏爱的时候,会很容易不假思索地找一个人,然后以为自己真的爱他/她,殊不知真正适合你的人还没出现。因此,真爱需要识别,要冷静下来仔细辨别内心感受。

真爱的标准

(1) 他/她愿意接受并欣赏你的个性,没有支配你的企图和愿望。

(2) 他/她表达爱的方式始终是自然的,没有任何条件和矫揉造作的成分。

(3) 他/她不把性当作爱的主要目的或唯一目的,爱的是你的整个人格。

(4) 他/她愿意和你分享成就、愉快的时光以及一切美好的事物,也愿意和你分担困苦。

(5) 他/她愿意与你自由、自然和真诚地沟通,并能充分尊重你的意见。

(6) 他/她愿意给你交往和发展自我爱好的自由,始终没有独占你的欲望。

(7) 在你伤心或情绪不佳时,他/她总会陪伴在你身边,安慰、帮助你。

(8) 他/她愿意与你分享健康的性生活。

(9) 他/她对你及与你相关的人始终充满责任感,愿意付出时间、金钱和真心。

(10) 他/她愿意帮助你成长并愿意接受你的帮助。

三、爱的表达与接受

在表达爱之前,你需要询问自己真的了解他/她吗?你爱的是真正的他/她还是你自己心目中的他/她?你的爱是基于理解、信任、欣赏还是虚荣、贪婪、无聊?如果你并非真正全面地了解对方,建议你先多接触和了解。如果确定了解对方,确实是真爱,那么就勇敢地表达出来。

表达爱需要勇气,需要信心,需要选用恰当的方式和语言。可以刻意营造浪漫的氛围,也可以直截了当地告诉对方,还可以通过信件、网络的形式向对方传达。当然,爱情是双向的,表达爱并不代表对方一定要接受。爱一个人并不意味着对方也一定要爱你。爱一个人只是给你为他/她做一些事的权利,而就算这样,也是由他/她决定是否接受,你不能要求更多,也不能因为害怕被拒绝、被否定而将爱永远埋藏在心底。爱情是微妙的,虽然有时无须表达,也能和对方心意相通,但许多情况下,在还不明朗的时候,双方都选择隐藏。

表达爱是有先决条件的,就是在对方还没有找到真爱的前提下。如果对方已经有了真爱,最好不要反复表达,更不能强求对方一定要接受。

当别人抛过来爱的绣球时,我们如果也对对方有同样的感受,那就可以在有一定了解的基础上欣然接受,或者试着慢慢交往。不过,在现实生活中并不是所有的人都有勇气接受。有的人因为对自己评价过低,会觉得自己不配;有的人认为自己不值得爱而不敢接受;还有的人害怕自己在爱情中受伤而拒绝。每个人都值得拥有一份真爱,如果对方是真诚的,而你也对他/她有感情,那就勇敢地接受。如果认为并不能发展成真爱,也可以拒绝。拒绝时应当态度明确,不可暧昧不清,让对方分不出是拒绝还是接受。拒绝时态度应该平和,不要奚落、嘲讽或者贬低对方,否则这既是对爱情的亵渎,也是对自己的不尊重。

四、爱的经营

爱情就像花草,如果没有持续的关爱和呵护,就会枯萎。爱可能持续,也可能随时间而褪色,这取决于如何经营。

(一)了解男女有别

男女有别不仅表现在生理上,更表现在心理上。很多男女朋友吵架起因并不是什么大事,说到底就是没有猜透对方的心思。在恋爱过程中,男性与女性具有不同的心理需求和感受,了解这些差异是经营爱情的重要基础。

1. 男性需要被尊重,女性需要被爱护

男性需要被尊重,渴望信任、接纳、欣赏和认可;女性渴望被爱,渴望温暖、呵护、关心和体贴。在恋爱关系中,如果没有认清这一点,常常会陷入困惑、僵局。在夫妻关系里有很多太太以为"我这么爱你,这么关心你,早晚嘘寒问暖",可是男性反而觉得:"你好像把我当成小孩子一样,难道我什么都不懂吗?"女性的嘘寒问暖有时让男性觉得伴侣不尊重它,不让他有生活细节上的自主权。男性以为"我早出晚归挣钱,为了让你过上好的生活,我多么爱你",可妻子认为先生对自己不够关心和体贴。所以,女性喜欢甜言蜜语,但很多男性却耻于说肉麻话,再加上琐事烦心,双方矛盾就产生了。

2. 男性以目标为导向,女性以过程为导向

男性常专注于目标,会忽略掉过程,过程再怎么辛苦、委屈,他都可以视而不顾,或者把它当成达到目标的必要手段,他们全部注意力的焦点只在目标的达成上。而女性比较愿意去面对生命的整个历程,她们认同生命本身就是一个过程,

不仅整个生命历程,并且生活中的每件小事,她们都十分注重过程带来的感受,如果整个过程是温馨的、感动的、甜蜜的,那么即使结果并未达到预期,她们也不会太过遗憾。

男女双方要和谐相处,就得认清目标与过程导向上的男女差异,女性需要多体谅男性为了达成目标在过程中所经历的辛苦,然后去支持他、了解他,很多时候,男性在过程中是沉默的、痛苦的,但是只要结果是好的,他们不在乎过程中的煎熬。男性也可以试着了解过程对女性的重要性,多花一些时间陪伴伴侣回溯过程,真诚分享,给予她更多的认同与支持。

3. 男性要竞争,女性要分享

大家可以观察一下男孩和女孩在成长过程中玩的游戏,小男孩玩的游戏,如弹珠、下棋、官兵捉强盗等,几乎都是竞争性的、有输赢的;而女生玩的游戏,如扮家家、跳绳、躲猫猫等,几乎都是分享的、合作的。

心理学研究标明,儿童玩游戏的时期正是其人格最具可塑性的时期,在成长过程里,通过游戏与人际互动,男孩被强化阳刚的部分,女孩被强化阴柔的部分。长大成人后,承袭儿童时期的品德特性,女性往往能分享和接纳,并且在很多情况下有极强烈的分享欲望。例如,女性喜欢一起扎堆聊天,喜欢结伴逛街;许多业余培训班,如烹饪、茶艺都以女性为主。而男人很难做到敞开胸怀分享内心感受,男性与男性之间随时存在着竞争的心态,他们内心会将自己与他人比较。例如,比谁的事业成功,谁买的房子大,谁拥有名贵的车子等,但并不愿意将这些事告诉其他人,而是在潜意识中与对方展开竞争。

(二) 能平衡爱情与友谊

恋爱中的人们往往会陷入只有彼此的二人世界,与朋友拉开距离,甚至有时失去自我,这就像由一根绳索支撑的斜拉桥,岌岌可危。表面看将全部时间、精力奉献给了爱情,实际上,这样的爱情反而危险。

现实要求我们必须担任多重角色。生命是一幢大楼,不同的爱是大楼的支撑。不管一种爱有多么强烈,都不能代替其他的爱。否则一旦失去了这种爱,建筑物就会倒塌。爱从来不是单一的,它包括亲情之爱、友情之爱等。有时候恋爱当中的两个人丝毫不能容忍任何分离,不结交新的朋友,无论是同性的还是异性的,而且当有一方显示出哪怕一点想和别人在一起的兴趣,另一方都会显得十分嫉妒。恋爱让他们不能更好地平衡相处与社交的时间,而是选择结束其他关系,并错误地认为,如果相爱,就不需要别的关系了。这样的爱时间久了,就会让双方产生窒息感和疲惫感。

事实上,如果处理得当,爱情和友谊并不矛盾。即使再浓烈的爱情也不可能让恋爱双方时时刻刻在一起。适时地拉开距离,换一个空间、换一种氛围,反而能够更客观地看待自己的爱情,并且可以通过与朋友的交谈,倾听朋友的意见来更深入地了解爱情。在恋情有了进一步发展后,还可以把自己的朋友介绍给对方,这样既能更深入地了解对方,还能给彼此带来更多的共同话题。总之,爱情、友情都是生命中不可缺少的,不要做非此即彼的选择。

(三)掌握亲近与独处的尺度

每个人都同时具有和他人亲近以及自我独处的双重需要。有时候,与我们所爱的人适当分离是有益的。

真爱需要给彼此空间,鼓励对方走出去发展新的关系。虽然我们的爱与承诺会阻止与其他人的某些行为,但我们并不是完全紧密地黏合在一起的。只有虚假的爱会将两个人黏合在一起。而这种黏合源于对自己的不安全感和对对方的不信任。在恋爱中,我们要学习去信任爱的人,并且相信自己,相信我们自己是可以爱的,是值得爱的。

人人都有依赖的需求和渴望,心理健康者承认这种渴望的合理性,却不会让它控制自己的生活。如果认为没有别人的关心和照顾,自己就无法正常生活,如我不想再活下去,我没有丈夫(妻子、男友、女友),活着还有什么乐趣?这就不再是单纯的渴望,而是过度依赖的心理问题了。

过度依赖的人只是苦思如何获得他人的爱,甚至没有精力去爱别人,如同饥肠辘辘者只想着向别人讨要食物,却不能拿出食物帮助别人。过度依赖的人总把失去伴侣当成极其恐怖的事,他们无法忍受孤独,甚至产生轻生的念头或以自杀相威胁。显然,过度依赖并不是爱,而是一种寄生心理。没有别人就无法生存,意味着你是个寄生者,而对方是寄主。你们的关系和感情没有自由的成分,你们是因为需要而不是因为爱才结合在一起的。所以,要掌握好亲近和独处的尺度。再亲密我们也有自己的一片天,有自己独立的人格、独立的思想。要知道,你最吸引对方的并非你的一味顺从、讨好,而是你自己独有的一些特质。

(四)给予与接受

小雯是一位总为男友付出的人,她从不让男友知道她需要什么,却向朋友抱怨男友不喜欢她，很少主动为她做事情。她认为如果男友真爱她，就应该知道她的需要，而不是由她去告诉男友。像小雯这样的人在生活中并不少见。这种类型的人有着很高的照顾别人的需要，却不能使自己的需要让别人知晓。他们很可能会对总是从他那里索取的人怨恨，而没有认识到他们在接受的时候何等的困难。

真爱是无私的给予，但也需要用心接受。如果你不索取、不获得，爱很可能枯竭，或演变为愤恨。给予他人会满足我们的很多需要，像小雯无私的付出实际上是她想当个好伴侣的需要，是想要照顾人或者体现其温柔贤淑品质的需要。就像一些无私的人通常依靠别人来维持他们的无私、高尚、伟大、被人仰慕、尊重的感觉一样。他们也能从中获得精神上的慰藉。但爱情与慈善家做善事不同。爱情是付出，是给予，也是接受、索取，并在付出与接受之间达到平衡，既真诚地付出，也欣然地接受，认识到我们自己的需要，并允许别人照顾我们。

（五）做出爱的承诺

判断两人之间是否有真爱，很重要的衡量因素就是承诺，唯有做出承诺才可能付出完全的信任。承诺意味着尽管一个人有着这样、那样的缺点和问题，也会完全地被接纳，不受外表、行为或社会地位的变化影响。

爱本身就意味着对所爱的人做出承诺，尽管对他人的承诺是有风险的，但承诺是亲密关系所必需的条件。某些人很难在恋爱中做出长期的承诺，但试想如果他们认为这种恋爱关系只是短暂的，那他们又能在多大程度上允许自己被爱或付出真爱？对于某些人来说，对亲密的恐惧阻止了他们做出承诺。没有承诺是不可能维持长期的信任的。

两个相爱的人对彼此真正的承诺就是婚姻，这也是最高层次的一种承诺，是被法律认可的。婚姻意味着我们将自己的一生与配偶紧紧联系在一起，彼此分享婚姻关系所带来的喜悦、祝福和责任。

（六）学会拒绝和结束爱

爱与被爱是一种能力，结束和拒绝关系也是一种能力。

拒绝爱首先要表现出对对方的尊重，感谢对方对自己的感情，然后态度明朗、表达清楚，并且言行一致。有的人怕对方受到伤害，虽然言语上拒绝了对方，但行动上还与对方有较亲密的接触，这样做容易让对方误解，以为还有机会，还纠缠在与你的感情中。有的人的拒绝方式过于激进，数落对方，完全否定对方,没有认识到即使你不爱他了,他仍是一个完整独立的人,他既有缺点,也有优点,不能因为你的喜好而否定对方。当确定要分手的时候,必须没有后悔的成分,给双方一个逐渐疏远的过程,然后挑选合适的时机,不留余地地说清楚,并送上真诚的祝福。打击、逃避反而会引起对方的防御心理及探究原因的好奇心,得不偿失。心理学研究证明,就沟通心理而言,越想说服对方,对方的反对态度和不想分手的程度越激烈,这种反效果在心理学上被称为"布美兰效应"。

往往被迫分手的一方对失恋的体会更深。同样为了避免"布美兰效应",不要忙着说服自己忘记,不要用工作麻痹自己,可以给自己一段时间独自悲伤,与逝去的感情告别;给朋友聆听你的悲伤的机会,接受朋友的善意和关怀,你不是一个人面对一切。然后坚持做该做的事情,睁开发现美的眼睛,保持乐观的情绪。爱情本身并没有错误,分手对两个不合适的人来说是一件好事,所以要给对方和自己送上深深的祝福。

五、大学生常见的恋爱心理困扰

健康的恋爱心理、文明的恋爱行为是恋爱心理成熟的标志。大量事实表明,在当前大学校园里所出现的恋爱纠纷以及不成功的恋爱多源于不健康的恋爱心理和行为,因此,大学生要培养健康的恋爱心理,这不仅是确立正确高尚的恋爱观的基础,更是大学生全面成才的必然要求。

下面讲述几种常见的大学生恋爱心理困扰。

(一) 同情当爱情

在男女大学生的交往中,有由一方对另一方的深切同情发展成为爱情的现象,但这并不意味着同情就是爱情。尽管有时同情能够发展成为爱情,但那需要具备一定的条件,即彼此产生了真挚的爱情,双方真诚地相爱。同情心仅仅是一方对另一方的怜悯与帮助,彼此倾心、钟情、爱慕才是他们建造雄伟的爱情大厦的坚固基石。如果男女大学生之间没有感情,两颗心没有贴在一起,单靠怜悯的泪水是无法浇开爱情之花的。即使有的人在同情心的驱使下,一时感情冲动,向对方献上爱情花,它也会很快凋谢、枯萎,而留给他们的,则往往是令人难以下咽的苦果。正如戏剧大师莎士比亚说的那样:"爱情不是轻绵的眼泪,更不是死硬的强迫,爱情是建立在共同的基础上的。"离开了这个"共同的基础",单靠对方的同情、怜悯,是撑不起爱情大厦的。

(二) 单恋

单恋又称单相思,是指一方对另一方的以一厢情愿的倾慕与热爱为特点的畸形爱情。单恋大多是一场感情误会,是"爱情错觉"的产物。所谓"爱情错觉",是指受对方言谈举止的迷惑或自身的各种主观体验的影响而错误地主动涉足爱河,或者自以为某个异性对自己有意而产生的爱意绵绵的主观感受。

单恋有以下几种类型。

(1) 羞怯型的单恋者,默默地、强烈地爱着一个异性,但由于害羞或胆怯,不敢向对方吐露真情,因而陷入无边的自我苦恼中。

(2) 执拗型的单恋者,向某一位心爱的人表达了爱意,却遭到了拒绝,但热烈的爱情并不因此消减。

(3) 幻想型的单恋者,所爱之人远在天边,可望而不可即,或是明星,或是英雄,明知连走近对方身边都毫无希望,却无法熄灭心中的爱意,日思夜想。

研究发现,单恋者的心理特点表现在以下几个方面:一是感情真挚、强烈、缠绵,挥之不去,斩之不断,即使满腔热情得不到一丝一毫的回报,仍不改初衷;二是不肯或不敢正视现实,事实已证明"落花有意,流水无情",却仍怀抱希望,不肯罢手。

单恋就像一剂慢性毒药,腐蚀着单恋者的心灵,使单恋者虚度宝贵的青春。单恋者一般都把恋爱的对象奉若神明,把追求、获得爱情作为自己最高的目标、最大的追求。他心之所想、目之所视、耳之所闻,都是这个人的一颦一笑、一举一动,反复琢磨其中是否有爱的暗示,无法把心思集中在学习和工作上了。列宁说过:"我很怀疑那些在恋爱问题上显得失魂落魄的人,在革命斗争中会表现出可靠和坚忍不拔的品质。这样的人,即使是个极好的、很有才干的青年,恐怕也不会有什么出息。"这句话是很中肯的。

单恋还会造成心理失调。一个生活在幻想爱情中的人,必然是封闭型的。这样的人性格孤僻、情绪低沉,对周围的人和事漠不关心,处理不好人际关系;心情压抑、内心苦闷,而又无处疏泄,心理容易出现失衡的状态。不少单恋者出现精神障碍,不同程度地患了癔症、忧郁症或妄想症。

羞怯型的单恋,是一种不完全型的单恋。羞怯者应鼓足勇气,表白自己的爱情。这时会出现两种结果:一是对方知道了真情,深受感动,也深深地爱着自己,只是对方也像自己一样隐瞒着真情。捅破了窗户纸后,一厢情愿变成了两相情愿,单恋的局面从此结束。二是对方毫无恋念之意。无论是以喜剧结束还是以悲剧结束,总之,尽早表白对于结束痛苦的单恋是有好处的。打破美丽的梦幻虽然会很难过,但一时的痛苦换来永远的解脱,得以重新面对生活,这是值得的。

执拗型与幻想型的单恋,是完全型的单恋。不管耗去多长时间,投进多少精力,都是无法改变单恋的局面的。在这种情况下,唯一的办法是,下定决心,快刀斩乱麻,长痛不如短痛,尽快从困惑中解脱出来。古罗马学者西塞罗说过,"青年人对于爱情,要提得起,放得下,才是一个智者"。单恋者要让自己做这样的智者。

(三) 三角恋

三角恋又称多角恋,是指一个人同时与两个或两个以上的人建立恋爱关系,是一种反常的恋爱现象。现实中产生三角恋的原因主要有三种情况。第一种情况是双方已确定了恋爱关系后,出现了"第三者",原来双方中的一方在没有和对方断绝恋爱关系的情况下,又主动同第三者建立恋爱关系,谁最合适"取"谁。第二种情况是双方确定恋爱关系后,出现了"第三者"插足,第三者知进不知退,而原来双方中的一方又对"第三者"采取不明朗的态度,致使产生三角关系。第三种情况是把个人的追求看得高于一切,认为自己愿意跟谁谈恋爱就跟谁谈恋爱,把这当作"权利",脚踏几只船。

若想从三角恋中退出,相关当事人应从以下几点做起。

(1) 正确认识三角恋的危害。在生活中,爱情不同于友情,友情可以广泛,爱情则要求专一,恋爱过程就是培养和加深爱情的过程。如果发生三角恋,三人之间将无法把精力投入对对方的了解和加深感情上,会过多地纠缠于感情冲突中。此时的恋爱,很大程度上失去了正常恋爱的特征,而更多的是矛盾、痛苦、纠葛等,令当事人烦恼不堪,也会给以后的恋爱生活留下阴影。恋爱失败的一方,由于嫉妒,则可能丧失精神上的自我支持,心灰意冷、悲欢厌倦或焦躁不安,失去对生活和爱情的信心。三角恋中,最后的结局必然是有人退出,因此三角恋只会导致不愉快或悲剧的发生,对恋爱的三方有害无益。

(2) 建立正确的恋爱观。恋爱是一件非常严肃的事,但有些大学生对此不以为然,特别是受西方性文化的影响,对恋爱持一种轻率随便的态度,认为爱情应该是多方位的。爱情不是游戏,三角恋必将给当事者带来痛苦和伤害。

(3) 迅速做出选择。被追求者出于对人对己负责,应迅速做出选择,这样尽管可能伤及一方,甚至造成对方的责备和怨恨情绪,但长痛不如短痛,决断越快越好,切不可犹豫。拖得太久,对任何一方都没有好处。被拒绝的一方,应在爱情失落时尽量使自己冷静下来,理智地分析自己在这场恋爱中的经验教训。如果一个人爱着自己又爱着别人,说明他对自己的爱并不专一纯真,既然如此,对他又何必留恋?在三角恋中处于劣势而"急流勇退",并不是无能,而是理智,因为这样可以从痛苦中及早解脱出来,重新追求现实的幸福,"塞翁失马,焉知非福"的古训是很有道理的。

(四) 失恋

失恋是指恋爱对象否认或终止了恋爱关系。失恋,对于任何男女来说都是一杯浓烈的苦酒,都会在人的灵魂深处烙上深深的印痕,有时,这种不可言说的隐痛一直伴随着失恋者的整个生命。人毕竟是有情感的动物,而爱情又是那么的令人心醉神迷,因此,当这种醇厚、圣洁的情感幻灭之时给人带来的灵魂深处的骚动,当然也是痛苦而激烈的。这种不幸,将人的情感从峰巅推入深谷,逼迫他接受情感的折磨、痛苦的煎熬,好比一脚踏进茫茫无边、阴云密布的沼泽地。

图 6.2 是 1976 年由 Hill. Etval 提供的一项关于恋人分手原因的调查结果 (Hill, Etval, 1976)。

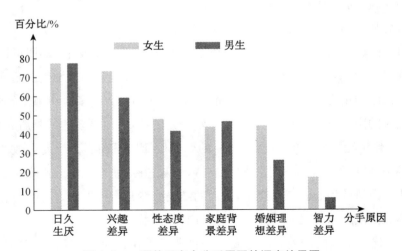

图 6.2　一项关于恋人分手原因的调查结果图

结果显示：日久生厌是男生和女生分手的最主要原因。爱情不仅仅是生理上的相互吸引，还需要心灵上的默契和社会上的承诺。在恋爱的初始阶段，双方充满激情和渴望，"久看不生厌"，随着时间的推移和生活的平淡，新鲜感和好奇心逐渐消失，而亲密和承诺还没培养好，感情就已经降温、冷却。除"日久生厌"的原因外，兴趣、性态度、家庭背景等差异也是造成恋人分手的原因。由此可见，古代人"门当户对"的爱情价值观到今天在一定程度上仍然适用。

而失恋者的心态一般表现出以下几种特征。

（1）心境恶劣。由于失恋者无法接受事实和打击，因此首先受到影响的是情绪，出现悲伤、哭泣、愤怒、悔恨、痛苦等持续性的心境恶劣状态，性格开朗的人变得沉默寡言，性格内向的人变得更加孤僻离群。

（2）行为反常。失恋者大多出现一系列反常的行为，如失败感强烈、茶饭不思及一反平常的生活规律，无法完成学习、工作计划，容易酗酒、冲动，富有攻击性等。

（3）报复。有些失恋者被对方抛弃或断绝恋爱关系后，感到自己的感情被愚弄，或认为对方是个卑鄙、无耻的骗子，抑或不愿名花易主，自私心理极度膨胀，威胁不成，遂产生报复心理，譬如扰乱、伤害、毁容等。

（4）自杀。当双方的爱情发展到相当的程度时，一方突然被恋人抛弃，精神上将受到极大的打击，如果此时失恋者缺乏及时、有效的社会支持，或感情脆弱、心理承受能力差，就极易导致精神崩溃，以致在情感冲动下自杀。

（5）精神错乱。在各种精神病的发病原因中，失恋是一种极其重要的因素。失恋可引起各种严重和持续的情绪反应，这些变化对于那些具有精神病素质的人，就可能成为发生精神障碍、精神分裂症等精神病的诱因。

六、大学生常见的恋爱心理调适

面对失恋所导致的这些心理特征，承受着失恋打击的人，应采用合理的方法调适自我，走出失恋的泥潭，下面介绍几种心理调适的方法。

（一）坦然相对法

失恋常常引起深刻的情绪障碍，主要表现在以下几个方面。

（1）羞耻感。一旦失恋，便以为被人家"涮"了，不光彩，丢人现眼，低人一等，脸上无光，没脸见人，把失恋当成自己沉重的负担，牢牢地拴在自己的脖子上，压得自己直不起腰。

（2）自卑感。这类失恋者往往自己瞧不起自己，认为被别人抛弃了，过多体验失恋的痛苦，把精神集中于自己的不足之处，如"我无能""我不帅""我身材不好""我能力不行""我经济条件不优越"等，根本不去考虑自己的优势和特长。

（3）依附感。这种人往往缺乏独立自主的性格，失恋时不惜下跪乞求，用痛苦和眼泪、花言和巧语去感动对方，企图唤起对方的同情心，挽救失败的恋爱。

针对以上三种不良心态，失恋者应该采取的正确态度是顺其自然、全盘接受、任凭出现、允许存在，即采取坦然相对法。古人云"正受不受"，意思是说，直接接受就会成为没有接受的状态。失恋者要重新认识恋爱，恋爱不可能百分之百地都成功，失恋并非什么羞耻的事情，一次恋爱失败并不代表一生爱情的结束，既然对方绝情而去，失恋者就不要再用廉价的泪水去换取对方的同情。要知道，同情不是爱情。

（二）积极遗忘法

有的失恋者明知对方已经不爱自己了，却仍然禁不住怀念对方、眷恋对方，以致苦闷和烦恼。对于这类失恋者来说，应该采取积极遗忘法，即尽快遗忘过去，抹掉对方在自己心中的形象，不妨像《伊索寓言》中的狐狸那样在无法吃到甜蜜的葡萄扫兴而归时，悻悻地说："嗨！反正这葡萄是酸的！"失恋者也可以告诫自己"没什么高贵的""天涯何处无芳草"。这就是"酸葡萄效应"，也是一种自我安慰的办法，又是一种积极的遗忘机制，即"合理化防卫"机制。

（三）合理宣泄法

不少人在失恋以后情绪沮丧、悔恨不已、烦恼不安、惆怅失望、缄默不语、孤独寂寞、愁苦不堪，如此长期沉积，必然会导致精神疾病。因此，应采取合理宣泄法，即通过正常的发泄方式，以不侵害他人为原则，运用发泄、疏导的方法，减轻心头压力。例如，向亲朋好友、父母、教师尽情诉说自己的委屈和不平，通过记日记、写博客等方法让多余的感情通过笔端发泄，关起门来痛哭一场，来到旷野尽情叫喊等，都会有助于郁闷情绪的发泄。

但是，失恋者切不可采取不当的发泄方式，如酗酒、赌博、吸毒、打人、杀人，也不能出于卑鄙的报复心理肆意造谣中伤、诬陷诽谤对方。这样，不但无法帮助自己解除失恋的痛苦，而且更加使自己萎靡颓废，甚至走上犯罪的道路。

(四)忙碌忘忧法

失恋,对于任何男女来说都是一杯浓烈的苦酒,都会在他们的灵魂深处烙上深深的痕迹。有些人在品尝了失恋的苦酒之后就心灰意冷、一蹶不振、自暴自弃、郁郁寡欢、孤独而沉默,他们信奉"爱情至上主义"信条,陷入情感的漩涡不能自拔。有些人甚至产生轻生绝望的念头,对恋爱失去希望,对自己失去信心。还有些人竟想用"死"或"自残"这些"悲壮"行为控诉和抗议对方的薄情和无义。

若处于这种状态,不妨让自己忙碌起来。要知道,人生的主要内容并不只是爱情,还有比爱情更重要的追求,那就是学习、工作和事业。正如鲁迅所说的:"不能只为了爱,盲目的爱,而将别的人生要义全盘疏忽了。"如果把自己的时间和精力忘我地、专注地投入更有意义的事情上去,那么也就无暇自寻烦恼和忧愁了,这便是忙碌忘忧法。"没有烦恼的时间"是英国前首相丘吉尔在第二次世界大战时每天工作 18 个小时的口头禅。有人问丘吉尔:"想来你必定会为自己责任的重大而烦恼和忧愁吧?"他总是回答说:"我太忙了,根本没有烦恼的时间。"因此,失恋者不可以消沉下去,应该忙碌起来,把心中的忧愁驱赶出去,让积极忙碌的工作冲淡心中的烦恼。

(五)情感转移法

有些人失恋后,感到万分难受、无法自拔,坚持"一条胡同走到底""在一棵树上吊死",非他不嫁或非她不娶,有的甚至要关闭爱情大门,终身不娶或一生不嫁,孤身独居,这种做法是极其不明智的。心理学家认为,寻求一个新的恋人是失去旧恋人之后解除烦恼、摆脱折磨最根本的办法,即情绪转移法。失恋以后要客观冷静地分析原因、吸取教训,准备寻求新的目标,用爱的阳光驱散心头阴云,尽快从失恋中解脱出来,让欢乐、幸福重新回到自己的身边。这是因为纯洁的爱情是一剂神奇的药,它能让失恋者心灵上的创伤得以迅速愈合,唤起失恋者对生活的美好憧憬、对幸福的热切向往、对爱情的勇敢追求。然而,失恋者也要注意不宜在失恋之后立刻寻求新的恋情,以防情绪波动,旧情未断而谈吐、举止失态,造成误解和新的失败。另外,失恋者还可以利用环境进行情感转移,多去名胜古迹游览参观,大自然的美好风光可以使人心旷神怡,冲淡失恋的痛苦,洗涤心头的惆怅和失意。

当然,感情创伤的修复是需要一定时间的,如何面对感情风暴的洗礼,从根本上来说还要看个人的修养、心理承受力和意志品质。

第三节 心理策略训练

1. 游戏

请同学们手拉手围成一圈,男女相隔。然后都往右转,把手搭在前面同学的肩膀上,为他(她)按摩捶背。问一下对方感觉怎么样,舒服吗?

大家一齐往后转,把手搭在前面同学的肩膀上,为他(她)按摩捶背。同样问一下对方感觉怎么样,舒服吗?

彼此表达感谢,看看用什么动作合适(握手、拍肩还是互相拥抱)?

2. 自省

(1) 你有过以下难以启齿的事吗?合理处理这些性冲动的办法是:

事情	有与否	处理办法
翻看裸体照片		
浏览黄色网站		
偷看异性洗澡		
喜欢接触异性身体		
做白日梦		
手淫		

(2) 你觉得做男孩(女孩)有什么优势?又有什么烦恼?

性别	优势	烦恼
男		
女		

3. 是非判断(你认为对的打√,不对的打×)

(1) 手淫损害大脑,有害于身体健康。　　　　　　　　　　　　(　　)

(2) 手淫是罪恶的。　　　　　　　　　　　　　　　　　　　　(　　)

(3) 性是自由的,双方都不必太认真。　　　　　　　　　　　　(　　)

(4) 女孩可以用性留住男孩的爱情。　　　　　　　　　　　　　(　　)

(5) 性关系至少在双方均能够对自己的行为负责任的时候才可以有。(　　)

(6) 性不仅是一个人的生活问题,也是严肃的社会问题。一旦发生性行为,就意味着一个人必须对社会负起一定的义务和责任。   (   )

(7) 性梦是一种下流的表现。   (   )

 思考题

1. 想一想爱情与友情、爱情与好感、爱情与虚荣、爱情与寂寞之间的关系。
2. 你是怎么看待下面的顺口溜的,为什么?(1)只爱一个有点傻,爱上两个最起码,四个五个也不多,十个八个才潇洒。(2)大一:爱情在哪里,大二:爱情来得更猛烈,大三大四:爱情小鸟不回来。
3. 你认为应该如何经营一份美好的爱情?

第七章

大学生人格心理

  一位牧师在家里准备他第二天的布道。他的小儿子在屋里吵闹不休,令人不得安静。最后,这位牧师在失望中拾起一本旧杂志,一页一页地翻阅,直到翻到一幅色彩鲜艳的图画——一幅世界地图。他从那本杂志上撕下这一页,再把它撕成碎片,丢在地上,说道:"孩子,如果你能拼拢这些碎片,我就给你一元钱。"牧师以为这件事会让儿子花费一上午的时间,但是没过十分钟,儿子就敲响了他的房门。牧师为儿子如此之快就拼好了世界地图而吃惊。

  "儿子,你怎样拼出来的?"牧师问道。

  "这很容易,"孩子说,"在另一面有一个人的照片。我就把这个人的照片拼到一起,然后把它翻过来。我想,如果这个人是正确的,那么,世界地图也就是正确的"。

  牧师微笑起来,给了他的儿子一元钱。

  "你也替我准备好了明天的布道。"他说,"如果一个人是正确的,他的世界也就会是正确的"。

第一节 人格是什么

一、人格的定义

  在心理学概念中,关于人格的定义不下 50 种,综合各家看法,我们可以这样界定人格的概念：人格是指一个人整体的精神面貌，即具有一定倾向性的、相对稳定的、独特的心理行为模式，是一个人的气质、性格、能力及动机、兴趣、信念、自我意识等多方面的综合表现，是从人出生时就有并一直延续和发展下去的。同时，在心理学中，人们经常将"个性"与"人格"等同，《大百科全书·心理学卷》中就有"人格即个性"的说法。

二、人格的结构

通常而言，人格的心理结构由个性倾向性、个性心理特征和自我意识三部分组成。个性倾向性包括需要、兴趣、动机、理想、信念、价值观等心理成分，是推动个性发展的动力因素，决定着一个人对现实的态度，集中地表现了人格的社会实质；个性心理特征集中地反映了人的心理面貌的独特性，包括能力、气质、性格等心理成分；自我意识是自我完善的能动结构，充分地反映了个性对社会生活的反作用，是人的心理能动作用的体现，包括自我评价、自我体验和自我控制三方面。心理学中，经常探讨的是气质和性格。

(一) 气质

1. 气质的含义

心理学上的气质不同于我们日常生活中用来形容一个人的"气质"一词。日常生活中我们常常形容一个举止优雅、装扮得体的女性有气质。但是心理学上，人的气质是先天形成的，受神经系统活动过程的特性所制约，每个人的神经核脑结构不可能完全一样，所以对某一信息的反应就有差别。它主要表现为一个人心理活动的动力特征，相当于我们日常生活中所说的脾气、秉性或性情。

2. 气质的类型

对于气质类型的研究，心理学领域中存在很多观点。2500多年前的古希腊医生希波克拉底（公元前460～公元前377年）最早提出了气质类型学说。他根据自己的观察，认为人体内有四种体液：血液、黏液、黄胆汁和黑胆汁。500多年以后，罗马医生盖伦在此基础上提出了气质的概念。现代心理学沿用了希波克拉底和盖伦的说法，将人的气质划分为四种不同类型，即多血质（体液中血液占优势）、黏液质（体液中黏液占优势）、胆汁质（体液中黄胆汁占优势）和抑郁质（体液中黑胆汁占优势）。

3. 不同气质类型的典型特征

（1）胆汁质。

胆汁质的人反应速度快，具有较高的反应性与主动性。这类人的情感和行为动作产生得迅速而且强烈，有极明显的外部表现；性情开朗、热情、坦率，但脾气暴躁，好争论；情感易于冲动但不持久；精力旺盛，经常以极大的热情从事工作，但有时缺乏耐心；思维具有一定的灵活性，但对问题的理解具有粗枝大叶、不求甚解的倾向；意志坚强、果断勇敢，注意力稳定、集中但难于转移；行动利落、敏捷，说话速度快且声音洪亮。

（2）多血质。

多血质的人行动具有很高的反应性。这类人的情感和行为动作发生得很快，变化得也快，但较为温和；易于产生情感，但体验不深，善于结交朋友，容易适应新的环境；具有较强的表达力和感染力，姿态活泼，表情生动，有明显的外倾性特点；机智灵敏，思维灵活，但常表现出对问题不求甚解；注意与兴趣易于转移，不稳定；在意志力方面缺乏忍耐性，毅力不强。

（3）黏液质。

黏液质的人反应性低。其情感和行为动作进行得迟缓、稳定，缺乏灵活性；这类人情绪不易发生，也不易外露，很少产生激情，遇到不愉快的事也不动声色；注意力稳定、持久，但难于转移；思维灵活性较差，但比较细致，喜欢沉思；在意志力方面具有耐性，对自己的行为有较大的自制力；态度持重，沉默寡言，办事谨慎细致，从不鲁莽，但对新的工作较难适应，行为和情绪都表现出内倾性，可塑性差。

（4）抑郁质。

抑郁质的人有较高的感受性。这类人的情感和行为动作进行得相当缓慢、柔弱；情感容易产生，而且体验相当深刻，隐晦而不外露，易多愁善感；往往富于想象，聪明且观察力敏锐，善于观察他人观察不到的细微事物，敏感性高，思维深刻；在意志方面常表现出胆小怕事、优柔寡断，受到挫折后常心神不安，但对力所能及的工作表现出坚忍的精神；不善交往，较为孤僻，具有明显的内倾性。

有四个人去戏院看戏，都迟到了15分钟，工作人员拦住他们：先生,对不起!您已经迟到15分钟,为了不影响他人,您不能进入。

第一个人:为什么不让我进!你知道我为什么迟到吗?刚才有个老大娘摔倒了,我为了扶她才来晚了,我是做好事,怎么能不让我进?!——好好好,进去吧。这种胆汁质的人精力充沛,情绪发生得快而强,言语动作急速而难于自制,热情、直爽而大胆,易怒、急躁。

第二个人:听你的口音,你是南阳人吧?我老婆也是,这里有南阳的烟,你来根。我是税务局的,以后有什么事情,尽管找我。——快进去吧。多血质的人活泼好动,敏感,情绪发生得快而多变,注意力和兴趣容易转移,思维、动作敏捷,言语亲切,善于交往,但也往往表现出轻率、不深挚。

第三个人:不让进就站在旁边等,不走。第一个人进去了,他为什么能进?——他做了好事。第二个人进去了,又是什么原因?——算了,算了,你也进去吧。这种人属于黏液质,安静、沉稳、情绪发生得慢而弱,思维、动作迟缓,显得庄重、坚韧,但也往往表现出执拗、淡漠。

第四个人:呀!我确实迟到了。——不好意思,离开。这是典型的抑郁质特征,柔弱易倦,刻板认真,情绪发生得慢而强,体验深沉,言行迟缓无力,胆小忸怩,善于觉察别人不易觉察的细小事物,容易变得孤僻。

结合这个小故事,我们不难发现气质类型的划分为个体了解自己和他人提供了一些参考依据。应当指出的是,并不是所有的人都可按照四种传统气质类型来划分,只有少数人是四种气质类型的典型代表,大多数人都是近似于某种气质,同时又与其他气质结合在一起。

4. 正确看待气质类型

(1) 气质类型没有好坏之分。气质仅使人的行为带有某种动力的特征,就动力特征而言没有所谓的好坏。每一种气质类型都有其积极的方面,也都有其消极的方面,无法比较哪一种气质类型更好。例如,胆汁质的人精力旺盛、热情豪爽,但脾气暴躁;多血质的人活泼敏捷、善于交往,但难于全神贯注,缺乏耐心;黏液质的人做事有条不紊、认真,但缺乏激情;抑郁质的人非常敏锐,却容易多疑多虑。气质对一个人来说没有选择的余地,重要的是了解自己,自觉地发挥自己气质中的积极方面,努力克服气质中的消极方面。

（2）做自己气质的主人。一个人的气质类型在一生中是比较稳定的,但又不是不能变化的。气质类型并不能决定一个人成就的高低,这在现实生活中有大量的事例,不胜枚举。例如,俄国著名文学家中,普希金是胆汁质的,赫尔岑是多血质的,克雷洛夫是黏液质的,果戈理是抑郁质的。可见,气质类型不能决定一个人智力发展的水平,也不会决定一个人成就的大小。多血质和胆汁质的同学可以多做些宣传、组织、演讲与联络的工作,因为他们善于交往,热情,思维较敏捷而又行动迅速,但在工作中要提醒自己应埋头苦干,学会坚忍自制,不可蛮干和轻率；黏液质的同学可以做一些具体的、需要认真而又细致的工作,在工作中注意培养自己与人交往、敢于承担责任与创新的精神；抑郁质的同学则可以做一些需要精益求精而又要耐心的事情,在工作中锻炼自己的胆量,学会与人合作,培养自尊与自信的品质。

（二）性格

1. 性格的含义

性格是一个人对现实的稳定态度和习惯化了的行为方式中表现出来的个性心理特征,是一种与社会关系最密切的人格特征,表现了人们对现实与周围世界的态度,对自己、对别人、对事物的言行举止上。性格是在后天环境中形成的,受到社会、历史、文化、环境的影响,有明显的道德评价意义,因此有好坏之分,最能反映一个人的道德水平。

2. 性格的类型和特征

性格是人格结构中表现最明显同时也是最重要的心理特征。爱因斯坦说过,"一个人在事业上的成功取决于他性格上的伟大"。人的性格是后天形成的,性格一旦形成,就具有相对稳定性,并在很大程度上影响一个人的命运。根据参照物的不同,性格有不同的分类方法：

（1）按倾向性分类,性格可以分为内倾型和外倾型。内倾型的表现为：心理活动倾向于内部世界,情感内隐,只对自己感兴趣,以自我作为行为的出发点。外倾型的表现为：心理活动倾向于外部世界,情感外露,对人对物均感兴趣,以环境作为行为的出发点。

（2）按独立和顺从程度分类,性格可以分为独立型和顺从型。独立型的人不易受外界因素的干扰,善于独立地发现问题和解决问题,应变能力强,易于发挥自己的力量;顺从型的人独立性差,易受外来因素的干扰,常不加分析地接受别人的意见,应变能力差。

除此之外,性格划分的类型还有很多,比如,按心理机能划分,我们可以把人的性格划分为理智型、情绪型和意志型等。

三、主要的人格理论

(一)弗洛伊德的人格结构理论

弗洛伊德认为完整的人格结构由3大部分组成,即本我、自我和超我。所谓本我,就是本能的我,完全处于潜意识之中。本我是一个混沌的世界,它容纳一团杂乱无章、很不稳定的、本能的被压抑的欲望,隐匿着各种为现代人类社会伦理道德和法律规范所不容的、未开发的本能冲动。本我遵循"快乐原则",它完全不懂什么是价值,什么是善恶,什么是道德,只知道为了满足自己的需要不惜付出一切代价。自我是面对现实的我,它是通过后天的学习和环境的接触发展起来的,是意识结构的部分,自我是本我和外界环境的调节者,它奉行现实原则,它既要满足本我的需要,又要制止违反社会规范、道德准则和法律的行为。超我是道德化了的我,它也是从自我中分化和发展起来的,它是人在儿童时代对父母道德行为的认同,对社会典范的效仿,是接受文化传统、价值观念、社会理想的影响而逐渐形成的。它由道德理想和良心构成,是人格结构中专管道德的司法部门,是一切道德限制的代表,是人类生活较高尚行动的动力,它遵循理想原则,它通过自我典范(即良心和自我理想)确定道德行为的标准,通过良心惩罚违反道德标准的行为,它会让人产生内疚感。

弗洛伊德认为,本我、自我和超我三者之间相互作用、相互联系。本我不顾现实,只要求满足欲望,寻求快乐;超我按照道德准则对人的欲望和行为多加限制;自我介于本我和超我之间,它以现实条件实行本我的欲望,又要服从超我的强制规则,它不仅必须寻找满足本我需要的事物,而且必须考虑到所寻找的事物不能违反超我的价值观。因此,在人格的三方面中,自我扮演着难当的角色,一方面设法满足本我对快乐的追求,另一方面必须使行为符合超我的要求。所以,自我的力量必须强大,能够协调它们之间的冲突和矛盾;否则,人格结构就处于失衡状态,导致不健全人格的形成。对一个心智健全的人而言,这三大系统是和谐统一的整体,它们密切配合,人就能够卓有成效地展开与外界环境的各种交往，以满足基本需要和欲望，实现崇高理想与目的。反之，如果人格的三大系统难以协调、相互冲突，人就会处于失常状态，内外交困，活动效率也会随之降低，甚至危及人的生存和发展。

本我、自我和超我既有重要区别又紧密联系。从区别上看，本我代表遗传因素，是遗传给人的生物本能；自我主要是由个人经验和社会环境所决定的，也就是由偶然的、同时代的事件所决定的；超我则代表外部世界的理想，本质上是从他人身上和社会中继承下来的，是父母及父母的替代的影响。从联系上看，自我和超我是在本我基础上发展起来的衍生物，同时，自我是人格结构的中枢系统，是人们行为和动机的控制器和调节器，它不停地周旋于本我、现实环境和超我三者之间，平衡和协调它们的关系，承受着来自各方面的压力和挑战，最大限度地避免自我的焦虑和解体。超我是从自我中分化出来的，它是社会文化传统的卫道士和道德规范的仲裁者，把自己的好恶强加给自我。

弗洛伊德认为，人格结构不是一种静态的能量系统，而是一种动态的能量系统，它一旦形成，便处于不断的运动、变化与发展之中。人格的形成和发展的根本动力来自心理能量，心理能量来自本能，即人的欲望与冲动。本我是心理能量的储藏库。它通过反射活动和愿望满足来释放能量。在本我释放能量的过程中会遇到自我和超我的阻力，如果本能冲破阻力，自我的理性活动过程便遭受破坏；如果冲破受挫，本我的能量就转化为自我和超我活动的源动力。无论是个体的成长发育，还是整个人类认识的发展，都是自我逐渐征服本我、打破本我"自恋"状态的过程。正是由于自我对心理能量的充分而有效的约束和控制，它让人们能够将满足本能之外的能量用来发展人的心理过程，让能量从本我的非理性心理过程转化为理性心理过程。超我的自我理想和良心具有奖励作用，它把能量投入对理想的能量发泄作用上。人格的变化发展是人们在努力缓解和消除挫折、冲突、痛苦和焦虑等心理过程中，通过一些顺应和克服心理障碍的方法使人格的作用保持连续性与规律性，并最终形成个人的独特人格。

（二）荣格的内—外向人格类型理论

荣格指出，个人的心理活动有感觉、思维、情感和直觉四种基本机能。感觉（感官知觉）告诉我们存在着某种东西；思维告诉你它是什么；情感告诉你它是否令人满意；而直觉则告诉你它来自何方和向何处去。一般地说，直觉在荣格看来是允许人们在缺乏事实材料的情况下进行推断。按照两种态度类型与四种机能的组合,荣格描述了性格的八种机能类型。

(1) 外倾思维型,既是外倾的,又是偏向于思维功能的,他们的思想特点是一定要以客观的资料为依据,以外界信息激发自己的思维过程。例如,机器是怎样开动的？为什么水加热到一定温度就会变成水蒸气？等等。科学家属于外向思维型,他们认识客观世界,解释自然现象,发现自然规律,从而创立理论体系。荣格认为,达尔文和爱因斯坦这两位科学家在思维外向方面得到了最充分的发展。外倾思维型的人,情感压抑,缺乏鲜明的个性,甚至表现为冷淡和傲慢等人格特点。

(2) 内倾思维型,既是内倾的,又是偏向于思维功能的。他们除了思考外界信息外,还思考自己内在的精神世界,他们对思想观念本身感兴趣,收集外部世界的事实来验证自己的思想。哲学家就属于这种类型。荣格指出,德国哲学家康德是一个标准内倾思维型的人。内倾思维型的人,具有情感压抑、冷漠、沉溺于玄想、固执、刚愎和骄傲等人格特点。

(3) 外倾情感型,既是外倾的,又是偏向于情感功能的。他们的情感符合客观的情境和一般价值。荣格指出,外倾情感型的人在"爱情选择"上,表现得最为明显。他们不太考虑对方的性格特点,只考虑对方的身份、年龄和家庭等方面。外倾情感型的人,思维压抑,情感外露,爱好交际,寻求与外界和谐。

(4) 内倾情感型,既是内倾的,又是偏向于情感功能的。他们的情感由内在的主观因素所激发。内倾情感型的人,思维压抑,情感深藏在内心,沉默,力图保持隐蔽状态,气质常常是忧郁的。

(5) 外倾感觉型,既是外倾的,又是偏向于感觉功能的。他们头脑清醒,倾向于积累外部世界的经验,但对事物并不过分地追根究底。外倾感觉型的人,寻求享乐,追求刺激,他们的情感一般是浅薄的,直觉压抑的。

(6) 内倾感觉型,既是内倾的,又是偏向于感觉功能的,他们远离外部客观世界,常常沉浸在自己的主观感觉世界之中。外倾感觉型的人,知觉来自外部世界,是客观对象的直接反映;内倾感觉型的人知觉深受自己心理状态的影响,似乎是从自己的心灵深处产生出来的,他们艺术性强,直觉压抑。

(7) 外倾直觉型,既是外倾的,又是偏向于直觉功能的,他们力图从客观世界中发现多种多样的可能性,并不断地寻求新的可能性。他们对于各种尚孕育于萌芽状态但有发展前途的事物具有敏锐的感觉,并且不断追求客观事物的新奇性。外倾直觉型的人,可以成为新事业的发起人,但不能坚持到底,荣格认为,商人、承包人、经纪人等通常属于这种类型的人。

(8) 内倾直觉型,既是内倾的,又是偏向于直觉功能的。他们力图从精神现象中发现各种各样的可能性。内倾直觉型的人,不关心外界事物,脱离实际,善幻想,观点新颖,但有点稀奇古怪。荣格认为,艺术家属于内倾直觉型。

荣格并没有截然地把人格简单地划分为8种类型,他的心理类型学只是作为一个理论体系用来说明性格的差异。在实际生活中,绝大多数人都是兼有外倾性和内倾性的中间型。上面说明的每一种类型的模式都是典型的极端模式。纯粹的内倾型的人或外倾型的人是没有的,只是在特定场合下,由于情境的影响,一种心理机能占优势。每个人也能同时运用四种心理机能,只不过各人的侧重点不同,有些人更多地发挥这一种心理机能,另一些人更多地发挥另一种心理机能。此外,外倾型或内倾型也并不影响个人在事业上的成就。例如,李白具有较明显的外倾性,杜甫具有较明显的内倾性,但是他们都成为唐代的伟大诗人。

(三) 人格特质理论——奥尔波特、卡特尔、艾森克的人格特质理论和人格五因素模型

人格特质理论把特质看作是决定个体行为的基本特性,是构成人格的基本元素,也是评价人格的基本单位。特质理论心理学家用一些基本的特质来描述一个人的人格,每一种特质都有两个对立的特性,如粗心和细心、善交际和爱独处,都是一种特质的两个极端。两端联系起来构成一个变化的维度,每一个人在这个维度上都占据一定的位置。每个人都会具有好多种人格特质,在每一种人格特质变化的维度上又会占据某个位置,这样各人之间的人格特质就会有很大的差异。

人格结构的类型理论较古老,比较粗糙一些,特质理论相对比较精细,所以,目前特质理论比较盛行。下边我们介绍的是特质理论的创始人G. W. 奥尔波特(Allport. G. W.)的人格特质理论,以及具有代表性的、影响比较大的几种人格特质理论,如卡特尔(Catell. R. B.)的人格特质理论、艾森克(Eysenck. H. J.)的人格结构维度理论和近期发展起来的人格的大五或五因素模型。

1. G. W. 奥尔波特的人格特质理论

美国心理学家G. W. 奥尔波特是人格特质理论的创始人。他认为特质构成人格的基本元素,是人以一种特殊方式做出反应的倾向,它以人的"神经心理系

统"为基础,虽然不能直接观察到,但可以通过人的行为加以证实。特质之间具有相对的独立性,特质既可以由某个个体所具有,也可以为某个群体所具有,即任何特质都是独特性和普遍性的统一。

G. W. 奥尔波特把人格特质分为两类,即共同特质和个人特质。共同特质是同一文化形态下的人们所共有的、相同的特质;个人特质是个人所独有的特质,它代表着个体之间的人格差异。找出适合一类人的特质,即共同特质是重要的;而有些特质又是个人所特有的,所以个人特质也是应该确定的。

个人特质因其在生活中表现的范围不同,奥尔波特又将其分为三类,即首要特质、中心特质和次要特质。

首要特质是影响个体各方面行为的特质,它表现了一个人生活中无时不在的倾向,个人的每个行为都受它的影响。因此,它是一个人最典型、最具概括性的特质,它在人格结构中处于支配的地位,但其数量不多。例如,在罗贯中笔下,忠君和足智多谋是诸葛亮的首要特质;权欲熏心和奸诈狡猾则是曹操的首要特质;在莎士比亚笔下,吝啬是葛朗台的首要特质,因为这种行为倾向表现在他们生活的各个方面。

中心特质是决定一个人的一类行为而不是全部行为,能够代表一个人的主要行为倾向的特质,表现出这些特质的情景要比表现出首要特质的情景有限,即它所起的作用比首要特质要小一些。例如,清高、才华出众、沉着冷静、温文尔雅是诸葛亮的中心特质;狠毒、无情无义、诡计多端、猜疑妒忌则是曹操的中心特质。

次要特质是只在特殊场合下才表现出来的、个体的一些不太重要的特质,它所起的作用比中心特质更小。例如,一个人在工作中可能很有魄力,但在对待家务事上却没有主张。

2. 卡特尔的人格特质理论

卡特尔是英国心理学家,后来应邀到美国讲学和从事心理学的研究工作而迁居美国。卡特尔也把特质视为人格的基本要素,并用因素分析的方法对人格特质进行了分析,提出了一个基于人格特质的理论模型。

卡特尔认为,在构成人格的特质中包括共同特质和个别特质。共同特质是一个社区或一个集团的成员所具有的特质;个别特质是某个人所具有的特质。共同特质在个别人身上的强度和情况并不相同,在同一个人身上也会随时间的不同而各异。

卡特尔还把人格特质分为表面特质和根源特质。表面特质是通过外部行为表现出来，能够观察得到的特质；根源特质是人格的内在因素，是人格结构中最重要的部分，对人的行为具有决定作用，即是一个人行为的最终根源。表面特质是从根源特质中派生出来的，每一种表面特质都源于一种或多种根源特质；一种根源特质可以影响多种表面特质，所以人的行为看似不同，却具有共同的原因。尽管每个人所具有的根源特质相同，但其程度并不相同。一个人身上根源特质的数量或强度会影响他各个方面的表现。卡特尔还提出，有些特质是关于人格的动力的，它们是促使人朝着一定目标去行动的动力特质，这些特质是人格中的动力因素。

经过多年研究，卡特尔找出了16种相互独立的根源特质，并据此编制了"16种人格因素调查表"，卡特尔认为每个人身上都有这16种人格特质，只是表现的程度有差异。用这个调查表所确定的人格特质，可以预测一个人的行为反应。

3. 艾森克的人格结构维度理论

艾森克出生于德国，受纳粹上台的影响，18岁就到了英国，从事心理学的学习和研究工作。艾森克在对人格的研究中，将因素分析的方法和经典的实验心理学方法结合起来，对人格的认识更进了一步。

艾森克反对把人格定义抽象化，认为"人格是生命体实际表现出来的行为模式的总和"。他发现，虽然可以区分出用以描述人格的特质，但很难找出绝对独立的特质来，因为一些特质是连续变化的，它们之间存在着一定的联系。艾森克主张用特征群，而不是散在的特质去描述人格，他主张采用类型的概念。不过，艾森克所谓的类型，实际上指的是更高层次上，或更具一般性的特质，这个更一般性的特质包含了一个特质群。因此，艾森克还是一个特质论的心理学家，但他把人格的类型模式和特质模式有机地结合起来，充分发挥了两种模式的特点，对人格的描述更加全面、系统，也更加富有层次性。

艾森克把许多人格特质归结到内外倾、神经质和精神质这三个基本维度或类型上，并用 E（extraversion，外倾）、N（neuroticism，神经质）、P（psychoticism，精神质）来构成人格三维度模型。艾森克及其夫人还一起编制了艾森克人格问卷（EPQ），专门用于测定这三个基本特质维度的个体差异。

在内外倾这一维度上，内倾和外倾是两个极端。具有典型外倾人格的人好交际、喜欢聚会，他们有许多朋友，需要与人交谈，不喜欢独自看书和学习。典型内倾的人则是安静的、不与人交往，只有少数知音。内倾者具有比外倾者更高的皮层唤醒水平，因而外倾者需要高强度的刺激以提高他们的唤醒水平；内倾者则需要寻求独处或没有刺激的环境，以防止进一步提高唤醒水平造成心神不定。当然，大多数人都位于两极之间，只不过每个人在某一特质上可能多些或者少些。

在神经质这一维度上，有稳定和不稳定两个极端。不稳定的人常对微小的挫折和问题产生强烈的情绪反应，而且事后又需要长时间才能平静下来，他们更容易激动、发怒和沮丧。稳定的人在情感上很少有动摇不定的时候，他们也更容易从困境中摆脱出来。

精神质独立于神经质，但不是指精神病。在精神质这一维度上，得分高的人是以自我为中心的、攻击性的、冷酷的、缺乏同情的、冲动的、对他人不关心的，并且经常不关心别人的权力和福利。得分低的人则相反，表现为温柔、善良等特点。一个人的精神质表现程度明显，容易导致行为异常。

图7.1是艾森克用内外倾和神经质这两个维度作为坐标轴，构成的一个直角坐标系。

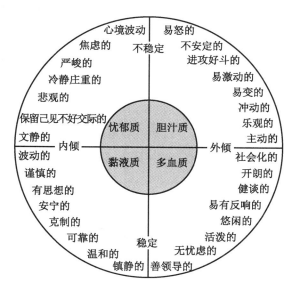

图7.1　内外倾和神经质两个维度作为坐标轴构成的直角坐标系

这个坐标中涵盖了各种人格特质。从图上可以看到，各种特质是相互独立的，因此，在一个维度上得分高的人，在另一个维度上得分可能高，也可能低。每个维度上不同程度表现的结合,又构成了四种不同类型的人格,这四种类型正好对应于坐标的四个象限。有趣的是,艾森克划分出来的四种人格类型,正好和希波克拉底的四种气质类型相吻合。艾森克和巴甫洛夫的理论都支持了四种气质类型的划分,说明四种类型的划分是比较符合实际的。

4. 人格五因素模型

G. W. 奥尔波特、卡特尔和艾森克分别提出了各不相同的人格特质理论。在他们之后的人格特质理论的心理学家们,又通过因素分析的方法陆续提出了一些理论,但在基本特质的单元或基本特质的分类上并没有取得共识。而人格特质理论的心理学家认为,如果能够找到人格的基本维度,那将是人格心理学的一个转折点。

20 世纪 80 年代,科斯塔(Costa)和麦克雷(McCrae)提出,特质在很大程度上是遗传的,十分相似的因素可在许多不同的语言和文化中找到,他们提出了人格的大五(big five)或五因素模型(five-factor model,简称 FFM),而且编制了一个测量五因素的工具,即 NEO 人格调查表。人格的五因素包括情绪性(N)、外倾性(E)、经验开放性(O)、宜人性(A)和责任性(C)。

人格五因素模型得到了越来越多的证据的支持。例如,各因素在不同的文化中有较大的一致性,即各种语言中都有专门的词汇来描述它们。在进行评定的时候,自我等级评定和他人的评定,在所有五个因素上都有很大的一致性。一些动机、情感和人际行为的表现,以及一些人格障碍的诊断,也显示了和五因素模型有密切的关系。所有这些研究成果都向我们表明,个体之间的差异有望从五个人格因素上加以说明。人格五因素模型虽然还有许多需要进一步探讨的问题,还需要有更多的证据,但它推动了特质心理学的研究,使其又一次成为研究的热点。

第二节 人格心理与自我成长

人格是复杂的,由多种特质组成。要理解现代人的思想和行为,分析人格特征实属必要。

一、人格的基本特征

人格具有独特性、稳定性、统合性、功能性四个基本特征。

（一）独特性

个体的人格是在遗传、成熟、环境、教育等先天、后天环境交互作用下形成的。不同的遗传、存在及教育环境形成了各自独特的心理特点，我们经常所说的"人心不同，各如其面"指的就是这个意思。例如，有的人开放自然，有的人顽固自守，有的人沉默寡言，有的人豪爽，有的人谨慎等。环境会让某一人格品质在不同的人身上表现出不同的含义。例如，对于独立性这一人格特质，缺乏父母爱护的家庭中成长的孩子，独立带有靠自己努力的含义；而在一个民主型家庭中成长的孩子，独立则作为健全人格培养的重要部分。

（二）稳定性

人格的稳定性是指那些经常表现出来的特点，是一贯的行为方式的总和。正如我们所说："江山易改，本性难移。"一个人的某种人格特质一旦稳定下来，要改变是很困难的事，这种稳定性还表现在人格特征在不同时空下的一致性。例如，一个性格外向的大学生，他不仅仅在家庭中非常活跃，在班级活动中也表现出积极主动的一面，在老师面前同样也能自然地表现自己，不仅大学四年如此，即使毕业若干年再相逢，这个特质依旧不变。

（三）统合性

人是极其复杂的，人的行为表现出多元性、多层次的特点。各种人格结构的组合千变万化，因而人格表现也色彩纷呈。在每个人的人格世界里，各种特征并非简单地堆积，而是依据一定的内容、秩序与规则有机地组合起来。人格的有机结构具有内在一致性，受自我意识的调控。当一个人的人格结构的各方面彼此和谐一致时，他就会呈现出健康的人格特征；否则就会出现各种心理冲突，导致"人格分裂"。

（四）功能性

人格是一个人生活事业成败、喜怒哀乐的根源。正如人们常说的"性格决定命运"。人格决定了一个人的生活方式，甚至有时会决定一个人的命运。人们常常使用人格特征解释某人的言行及事件发生的原因。面对挫折与失败，有志者认真总结经验教训，在失败的废墟上重建人生的辉煌；怯懦的人则会一蹶不振，从此失去奋斗的目标。当人格功能发挥正常时,表现为健康而有力,支配着人的生活与成败;当人格功能失调时,就会表现出懦弱、无力、失控甚至变态。

二、研究当代大学生人格发展的意义

大学生是青年中知识层次较高,最有潜力、最富有创造性的群体。他们正处于青年期向成年期的转变时期,这一时期是个体逐渐走向成熟的重要时期。人格发展是大学生成长过程中的重要课题之一。从心理学角度讲,人格是一个人心理面貌、个人素质的综合体现。人格发展的成熟与否、完善与否直接影响一个人的整个生活实践和社会功能的实现。人格的面貌会影响一个人心理健康、潜能开发和对社会的适应状况。因此,研究大学生人格发展具有积极的现实意义。

(1) 从大学生自身发展方面来看,据国内外有关研究表明,在大学生中,有10%~30%的学生有心理问题,其中人格障碍、人际关系和适应不良等占重要比例,因此,重视人格培养是促进心理健康的重要途径。大学生的人格发展与个人成才密切相关。大学生们智商普遍较高,多能顺利完成学业,走向工作岗位。但事实表明,许多天资聪明的人在工作中一事无成,其原因常是由其人格因素造成的,如缺乏独立性、自信心,缺乏坚韧、耐挫能力,性格内向、孤僻,人际适应不良等。这些人格发展的不良和缺陷不但直接影响个人才能的正常发挥,而且影响家庭及社会环境。

(2) 从社会发展方面来看,我们的目标是构建社会主义和谐社会。这是我们党从全面建设小康社会、开创中国特色社会主义事业新局面出发提出的一项重大任务,适应了我国改革发展进入关键时期的客观要求,体现了广大人民群众的根本利益和共同愿望。从根本意义上讲,和谐的社会是指人与自然、人与社会、人自身三大矛盾全面和谐的社会。在这三对和谐关系中,人自身和谐是社会和谐发展的根本前提,同时又是自然与社会和谐的产物。造就和谐的个体,就是要使一个人有健全的人格,有正确的世界观、人生观和价值观,能合理地处理个人与自然、个人与社会的错综复杂的关系,做到融入自然、融入社会。因此,研究大学生人格发展,关注人格的培养,既是大学生自身成才的需要,又是社会发展的需要。

三、当代大学生的人格特点

青年期可细分为青年初期(15、16岁~18、19岁)、青年中期(18、19岁~23、

24岁)、青年晚期(23、24岁～28岁)。大学生正处于青年中期,在这一时期,大学生的身体和心理迅速发展成熟,情感体验日益深化,并随着对社会的了解逐渐深入,他们开始关注自我,渴望发现自我的价值,产生强烈的归属感,渴望友谊但又崇尚孤独,表现出情绪上的动荡和思想行为的不确定性。因此,大学生人格发展具有三大特点:

(一) 不稳定性

根据美国心理学家库尔特·勒温(Kurt Lewin)的观点,青年期是由儿童的"心理场"向成人的"心理场"过渡的时期,由于"生活空间"的扩大、社会的变迁,以及自身社会角色的过渡,大学生在未知的环境中难以确定自己的行为方式。因此,这一时期,大学生所表现出的一些人格特征带有显著的不稳定性。如他们有时非常自信,有时又极度自卑,两者可能反复出现,表现为情绪不稳、易于激动、烦躁不安,常处于情绪的动荡状态。这是由于大学生在走向成熟的过程中正在建立新的适应社会的人格模式,因此,表现出的一些人格品质是过渡性的,随着年龄的增长和社会化的加深,会形成相对稳定的人格。

(二) 冲突性

进入青年期的大学生,开始摆脱儿童期对自我和外界的肤浅的认识,将注意力集中到重新发现自我上来。他们陷入一系列的冲突中:独立性与依赖性的冲突,理想性与现实性的冲突,心理闭锁与寻求理解的冲突,性成熟与性心理的冲突。种种矛盾冲突交织在一起,让大学生常陷入尴尬境地。

(三) 可塑性

人格的发展变化并不是在童年期就停止了,整个一生都在继续。人格的发展经历幼儿期、少年期、青年期、中年期和老年期几个阶段。青年期是人格走向成熟、由量变到质变的重要时期,在这一时期,受学校、社会等后天环境以及自身知识的积累、生活阅历的影响,其人格常会有较大的改变,奥苏贝尔(D. P. Ausubel)甚至提出青年期是人格再造的时期。这说明,处于青年期的大学生的人格还未真正定型,具有较强的可塑性,因此大学阶段是大学生人格发展的重要时期。

人格素质是当代大学生综合素质的重要组成部分,综合素质的发展和提高包含着人格素质的发展和提高,而人格素质的发展和提高对综合素质的发展、提高有着重要的促进作用。随着社会文明的不断进步,人们的生活节奏日益加快,竞争也会更趋激烈,只有具备良好心理素质的人,才具有真正的竞争实力。

四、大学生健全人格的自我塑造方法

大学生健全人格的塑造本质上是其人格的社会化过程,其基本矛盾仍是社会发展的需要同大学生人格素质的现状之间的矛盾。因此,要塑造大学生健全的人格,必须在遵循一定的规律和原则的基础上采取行之有效的方法。

20世纪80年代以来,"人格五因素模型"理论取得了令人瞩目的进展,被许多研究证实和支持,也被众多的心理学家认为是人格结构的最好范型。其外倾性、宜人性、责任性、情绪性、经验开放性五个维度有利于大学生的全面发展,有利于大学生进行自我对照,有利于大学生健全的社会人格的培养。

1. 具有社会适应能力的意向和性格表现(外倾性)

人的性格有内倾和外倾两个最基本的维度,其心理机制与天生的气质密切相关。气质是难以改变的,但是气质的"先天规定性"并不等于性格的必然表现。心理辅导的实例表明,内倾型的人经过认知疗法和行为改变,完全可以有外倾的性格表现行为。改革开放以来,对我们的社会人格提出了新的要求,要求人们具有社会交往的各种能力和性格倾向。我们只有通过积极的人际沟通,在适当的场合努力表现自我,处事较为果断并富有乐观精神,才能给人以良好的印象,才能在不断发展变化的社会进程中抓住机会。对于个体来说,内倾型人格(包括性格与气质)改变可能较难,但依据社会需要,经过自我努力,有适度的外倾型心态和行为是完全有可能的。

2. 有爱心和同情心,并尊重他人,不以自我为中心(宜人性)

每一个人从幼年到老年,都要经历"自我中心"的心理阶段。幼年是完全以自我为中心的。个体经过直接和间接地接触与了解社会及外部世界,才能在自我和外部世界的关系中渐渐缩小自我中心的范围并减弱其程度。这一过程有自发的、必然的因素,也是自我认知努力的结果。但由于自我认知努力的主体意识和要求不一样,因而差异很大。因此,同样是青少年,有些人宜人性强,有些人则完全以自我为中心。所以,应引导个体在发展过程中不断审视自我和外部世界的关系。以问题为中心而不是以自我为中心是人格健全的标志之一。实质上,一个人的自我中心不断分化的程度就标志着个体的成熟水平,也标志着他的社会适应水平。大学生正处于这种分化的决战阶段,应不断理性"否定"(扬弃)自我,把自我与社会、与他人有机地融为一体,理解他人的需要和情感,在与他人的互动中明确自我的位置,并善待他人,这样才会获得较高的社会支持。

3. 责任心强,要求人格特质与人品的统一(责任性)

什么样的人最受人欢迎、最能适应社会,是社会心理学家最关注的课题之一。一项经典的研究成果表明,人们普遍认为"最积极的品质"有真诚、真实、体贴、热情、善良、友好、负责等;"最消极的品质"有说谎、冷酷、不善良、不真诚、自负、自私、不友好等。这一点通过我们长期的观察日常生活亦被证实。这也意味着人们在人际交往方面的倾向有着高度的跨社会的角色,有着跨文化和跨时代的一致性。在社会主义市场经济的今天,并不是如某些人所认为的社会中都是钩心斗角、尔虞我诈,更强调社会的责任感和良好的"心品"和"人品",只有具备以上品质,才能真正适应社会,也才能走向世界。

4. 用理性调控非理性,制于理而不受制于情(情绪性)

类似于"自我概念"的发展过程一样,人从幼年到成年,亦是由"情感中心"逐步发展到能够用理性指导和调控情绪。其调控水平的高低表明人的心理成熟水平的高低。20世纪末炒得火热的"情绪智力"或"情绪商数"(EQ)表明,社会对人的情绪或情感调控已引起人们广泛而高度的关注和热情。人在理性与非理性之间纠缠,但始终难以摆脱非理性因素。然而社会的良性发展必然要求人具有理性。要达到良好的社会适应,就必然要加强个体内在的理性因素,用理性有效地制约非理性,而不能让非理性占据主导地位,否则社会就会像脱缰的野马放纵无羁。应多做理性思考,只有不断地将个体的非理性因素逐渐转化为理性因素,才能提高自我的心理成熟度即社会智力,提高社会适应能力。

5. 不断获得新知和探索未知,创造性地面对社会(经验开放性)

什么是"开放",这是一个广泛而模糊的问题。青年人往往认为只有青年人才愿意开放,而年纪大的人则趋于"保守",因而就有了"代沟"这一国际通用语。这是一个完全错误的认识。开放性与年龄无密切联系,在现实生活中普遍的现象是年长者比年轻人更为开放。真正意义上的开放并不等同于盲目地反传统,打破常规,或是生活方式上如穿着打扮的标新立异,而是对未知领域的探索和富有创造性的工作,它与知识经验的广度与深度密切相关。爱因斯坦与居里夫人等科学家,在生活方式上可能是很"保守"的,然而世界公认他们是最开放的人。人类发展至今的历史已经证明,无论是物质文明还是精神文明的开拓发展,都与人的知识掌握水平和探索精神紧密相关，善于获取新知和勇于探索的人才是真正开放的人。因此，对开放的认识应由此路线进行，而不是简单地以"反传统""反常规"这些表象来决定是开放还是保守。

总而言之，当代大学生追求卓越的人生，必须具备健康的人格，了解人格形成与发展的规律，掌握塑造健康人格的途径和方法，让人格素质趋于完美，从而创造更加辉煌的人生。

五、人格发展异常的表现与评估

人格是人的心理行为的基础，它在很大程度上决定了人如何面对外界的刺激并做出反应，人格发展缺陷对大学生的身心健康、活动效率、潜能开发及社会适应状况都会带来消极影响。医学研究表明，许多患有生理疾病的人都有相应的人格特征模式，这种人格特征在疾病的发生、发展过程中起了生成、促进、催化的作用。人格发展缺陷不仅会妨碍大学生学习和生活的顺利进行，影响其活动效率和学习潜能的充分发挥，而且对其良好人际关系的建立和社会适应能力的培养都会带来消极影响。人格发展缺陷是介于健康人格与人格障碍之间的一种人格状态，表现为人格发展的不良倾向。大学时代既是大学生学习和掌握知识的黄金时期，也是人格发展与完善的重要阶段。随着时代的发展，大学生的人格发展现状是积极的，他们求知若渴、思维敏捷、眼界开阔、知识面广、热情而不盲从，他们积极探索人生，渴望开发潜能，实现自己的人生价值。但是，当代大学生的人格发展中也存在着消极的一面，表现出一系列的迷茫与冲突，人格方面的缺陷比较突出，它们不仅影响活动效率，妨碍正常的人际关系，同时还会给人蒙上一层消极、阴暗的色彩。常见的大学生人格发展缺陷主要表现在以下几个方面：

1. 懒惰

懒惰是不少大学生为之感到苦恼并难以克服的一种人格发展缺陷，是意志活动无力的表现，也是个性发展动力不足的结果。懒惰是影响大学生积极进取、张扬青春活力的天敌。懒惰的人往往想得多而做得少，缺乏坚持到底的意志力。当代大学生大多是独生子女，从小娇生惯养，平时缺乏对意志力的训练，且个体主观努力不够、行动力差。

2. 拖拉

拖拉是不少大学生的通病。拖拉是指可以及时完成的事情不及时完成，今天推明天,明天推后天。正如"春天不是读书天,夏天炎炎正好眠。秋多蚊虫冬又冷,一心收拾待明年"。导致拖拉的原因有几种:一是试图逃避困难,二是目标不明确,三是惰性作怪。拖拉一方面耽误学习、工作,另一方面给人带来压力、焦虑,让人无法安心干别的事情。

3. 怯懦

怯懦在大学生中并不少见,主要表现为缺乏勇气和信心,害怕可能面临的困难和挫折,常常在困难和挫折面前半途而废甚至不战而败。有些大学生过去经历一帆风顺,因此特别害怕失败。"只能成功,不能失败"的非理性认知也是造成一些大学生怯懦的原因。有的大学生因为胆怯,不敢与人讲话,不敢抛头露面,也不敢表明自己的态度,甚至不敢向老师提问。有些大学生由于软弱不敢冒风险,不敢承担责任,不敢坚持自己正确的观点,更不敢与坏人、坏事做斗争。

4. 虚荣

大学生喜欢争强好胜,有较强的自尊心,希望在各个方面得到别人的赞赏和尊重,这是正常的需求,也是荣誉感的体现。但是,如果过分注重外在的荣誉、名望和赞美,不考虑自身的现实情况和能力局限,甚至以不恰当的手段去满足自尊心,就是虚荣了。虚荣心在大学生身上带有普遍性。虚荣心强的大学生一般情感脆弱、多愁善感,过分介意别人的评价,尤其对批评性意见特敏感,与人交往时总带着较强的防御心理,且千方百计地抬高自己的形象,夸大真实的自我。

5. 狭隘

狭隘的表现很多。一是缺乏大局观,凡事只顾自己,不顾他人;二是攀比心理重,只能比他人强,不能比他人差;三是成绩和功劳总是自己的,而失误和错误总是别人的;四是只许州官放火,不许百姓点灯;五是心念不正,时常曲解别人话中的含意。心胸狭隘往往影响人际关系,伤害他人感情,也给自己带来烦闷、苦恼,影响自己的情绪以及他人心目中的自我形象,因此,心胸狭隘于人于己均有百害而无一利。

6. 嫉妒

客观地说,生活在社会群体中的每个人都有嫉妒心理,然而嫉妒心理在不同的人的行为中表现不同。嫉妒源于病态竞争,与个体的性格、文化背景、阅历、世界观关系密切。一般来说,自我封闭、自大、以自我为中心等性格缺陷者更易产生嫉妒的心理。嫉妒是看见别人某些方面(才华、成就、品质、相貌等)高于自己而产生的一种羡慕和恼怒以及由此所导致的相应行为。嫉妒者往往不择手段地采用各种办法打击其所嫉妒的对象,因而会造成对他人的伤害,对嫉妒者本人的身心健康也会起不良作用。因此,培根称嫉妒为"恶魔",诗人艾青把它比喻为"心灵上的毒瘤"。

7. 悲观

悲观是对世界、社会和人生悲观失望的态度与观点。它与"乐观"相对,认为现实世界充满苦难和罪恶,人生毫无价值和幸福,从而对现实世界的事物和生活采取悲观失望的消极态度。它对人的身心危害极大。引起悲观的原因既有人生态度、意志品质的原因,也有认知错误、人格不成熟的因素。悲观会带来一系列困扰,比如抑郁、影响潜能发挥、免疫能力差、生活没有情趣等。

8. 急躁

急躁是大学生常见的不良情绪和个性品质,俗称"坏脾气""急性子"。表现为碰到不称心的事情易于激动,做事想赶快达到目的,不经仔细考虑或准备就行动,缺乏耐心、细心、恒心等。急躁这种"坏脾气"可能会带来许多危害:工作中忙中生乱,祸及他人;朋友间随意发怒,令人生畏;家庭里出口伤人,心生嫌隙;身体上暴躁伤肝,失去活力。总之,既影响自己的健康和效率,又妨碍人际交往。大学生的这些人格偏差问题常常表现为认知、情绪与行为三方面的不协调,其成因也离不开这三方面因素的复杂影响。

9. 以自我为中心

随着自我意识的发展,大学生越来越感到自己内心世界的千变万化、独一无二,他们越来越多地把关注的重心投向自我,尤其是那些有较强自信心、自尊心、优越感、独立感的学生就比较容易出现以自我为中心的倾向。当这种倾向与一些不健康的思想意识和心理特征结合时,就会表现出过分的、扭曲的以自我为中心,考虑问题、处理事情都以自我为中心,将自我作为思考问题的出发点与归宿,目中无人,甚至自私自利,遇到冲突时,总认为自己对、别人错,不允许别人批评自己。

10. 自卑

自卑感是对自己不满、鄙视、否定的情感。进入大学后,有些大学生发现"山外有山",尤其在学习、社交、文体方面显露出某些不足时,就会怀疑自己、否定自己,产生自卑心理。因此,自卑往往是自尊心受挫的结果,没有自尊心也就不会有自卑感,过强的自卑感往往又以过强的自尊心表现出来。有些大学生的性格敏感脆弱,经不起批评,原因即在于此。

如何才能走出自卑的阴影?对大学生来说,首先,要正确认识自己,悦纳自己,人有所长也有所短,不要为自己的所短而自卑。其次,要进行自信心磨炼,将目标定得小些,切合实际些,多积累成功的愉悦体验。最后,要确立合理的评价参照系和立足点,若以强者为标准则可能自卑,因而寻找适合自己的评价标准就显得很重要。俗话说:"人比人,气死人。"理性的比较方式是多与自己做纵向比较,而不是一味地与人做横向比较。有了足够的自信心,自卑感就会消失。

六、大学生的人格障碍及其表现

人格障碍,是指人格发展的内在不协调,指在没有认知障碍或智力障碍的情况下,个体出现的情绪反应、动机和行为活动的异常。多数心理学家认同病态人格区别于精神病,它是正常人格的一种变异,介于精神病人与正常人之间。人格障碍者行为问题的程度不同,有的人在社会生活中与正常人一样生活,只有他的家人才能感觉到他的怪癖与难以相处;严重者表现为明显的社会适应障碍,不能正常地学习和生活。值得重视的是,人格障碍与精神病是相互转化的,严重的人格障碍如果得不到及时有效的矫正,会成为精神病的高发人群。由于人格障碍在大学生中属于少数,因而常常不能引起高度重视,但人格障碍的学生一经滋事,绝非小事。

(一)偏执型人格障碍

偏执型人格障碍又称妄想型人格,其行为特点常常表现为:极度的感觉过敏,对侮辱和伤害耿耿于怀;思想行为固执死板,敏感多疑;心胸狭窄,爱嫉妒,对别人获得成就或荣誉感到不安;对自己过分关心,过高地估计自己的能力,无端夸大自己的重要性;自尊心极强却很自卑,总是过高过多地要求别人,又从来不信任别人的动机和愿望;出现问题容易从个人情感出发,主观片面性较大。这种人格的人,在家不能与家人和谐相处,在外不能与同事、朋友和睦共处,别人往往对他敬而远之。

案例二

王某,男,20岁,某师范大学的学生,在班主任陪同下来咨询。

班主任介绍：通过一年多的观察，注意到该生性格固执、多疑、情绪不稳、心胸狭窄、自我评价高、不愿接受不同意见。在日常生活和学习过程中遇到挫折总是责备别的同学，办了错事常把责任推诿给别人。常常把同学提出的中性的甚至是友好的表示看作敌视或蔑视行为，常与人发生摩擦，几乎与同寝室的同学都吵过架。学习成绩和组织能力一般，缺乏自知之明，别人对其敬而远之。1周前该生的一本复习资料丢失，认为是同寝室同学联合起来整他，想让他考试不及格，与寝室长及其同学多次发生争吵，并要求班主任调换寝室。由于该生性格多疑敏感，同学间人际关系紧张，故其他寝室同学都不愿接纳他，我也很为难。我曾经多次找他谈话，做思想工作，均无任何效果。担心他精神有毛病。

来访者自述：我确实比较敏感，我对任何人都抱有一种提防心理，包括班主任和同学，甚至我的父母亲，都抱有怀疑态度。我常常对别人存有戒心，老是猜疑他们对我不怀好意，看不惯就顶牛、发脾气。我也做了一些努力，少参加集体活动，少与别的同学交往，减少矛盾，但他们确实捉弄我，甚至暗算我。我与别人常出现摩擦，但责任不在我，是他们故意整我，我常情绪不好，特别是近1周丢书后情绪更糟，有时我急得坐卧不安，越想越气，但我不认为我有精神病……

智力测量：智商108分。精神卫生自评量表评定(SCL-90)："偏执"一项分值明显升高，"敌对"和"人际关系"分值也颇高。

(二) 分裂型人格障碍

分裂型人格障碍是心理咨询门诊和日常生活中比较常见的人格障碍。它是一种以观念、外貌和行为奇特，人际关系有明显缺陷，且情感冷淡为主要特点的人格障碍。其行为特点常常表现为：对人冷漠，多单独活动，人际关系不良，缺少知心朋友；不能随和与顺应世俗，服饰奇特，行为古怪，常不修边幅；面部表情呆板，对别人的批评和赞扬无动于衷，情感体验匮乏；爱幻想，脱离现实，有奇异信念，如相信特异功能、第六感等。据调查显示，约有半数的精神分裂症患者病前呈现分裂型人格障碍特征。

案例三

患者,女,22岁,无业,在家。初一时,她学习成绩不错,年级排名前一二名,曾代表学校参加数学竞赛。她性格内向,寡言少语,独来独往,同学们主动找她玩,她也能融入群体中。初二时家里出了点变故,她从小最疼爱的弟弟突然病逝,这对她打击非常大,由于妹妹无心上学,母亲对她寄予了很高期望。她觉得压力过重,变得更孤僻,更寡语,对人冷漠,怕羞,敏感,对同学不搭理,成绩不断下滑,初三中考时只考上了一所普通高中。

进入高中后,从不主动与同宿舍的同学聊天,只有少数知晓她情况的初中同学主动找她聊天,关心她,但她对同学的关心并无做出任何反应,同学问一句,她答一句,有时话不对题,她好像总在想着其他事情。

她终日离群独处,冥思苦想,有时躺在床上蜷缩着一动不动,睁着眼睛盯着一个地方看,同学们叫她也不反应,偶尔交谈几句亦不能与人合拍。有时她无故旷课,背着书包在校园里瞎逛,还自言自语,一路痴笑,同学戏称她为"怪人"。

关心她的同学曾带她去看心理医生,医生建议她可以找一种方式将压力发泄出来,比如跑步等。但她没跑几步就停下来不跑了,说听见另一个声音叫她不要跑。五一假期间她留宿在校,把同宿舍同学的水桶衣架全都打烂折断,舍友假期回来,看到宿舍一片狼藉,心中甚为害怕,最后学校让她的母亲把她带回家了。

(三) 表演型人格障碍

表演型人格障碍又称戏剧型人格障碍、癔症型人格障碍或歇斯底里型人格,是一种以过分感情用事或夸张言行以吸引他人注意力为特点的人格障碍。其行为特点常常表现为:情绪带有戏剧化色彩,演技逼真具有感染力,常常表现出过分做作和夸张的行为,甚至装腔作势以引起别人注意;有很强的自我暗示性和被他人暗示性,好幻想,把幻想当成现实;情感变化无常,缺乏固有的心情,情感活动几乎都是反应性的;为达到自己的目的完全不顾他人的需要和利益;高度的自我中心,强求别人满足其需要,不如意时则强烈不满,经常渴望别人的注意和夸奖。

李某,男,26岁,工人,汉族,已婚。因喜表现自己,感情用事,易激怒,2013年入院。

病人于2013年前即有不正常的表现:爱模仿戏装演员的动作,身着戏装或其姐的红毛衣,头扎鲜花,抹口红,打扮自己,行为举止女性化。易发脾气,自己的愿望如不能得到满足,就会烦躁,甚至打人。变得非常自私,把家里电视机和洗衣机搬至自己的房间,不允许别人使用,并常紧锁门,防止他人进入。爱听表扬的话,与人谈话时,总想让别人谈及自己如何有能力,亲戚如何有地位,自己外貌如何出众等,如果别人谈及别的话题,病人常常千方百计地将话题转向自己,而对别人的讲话内容则心不在焉。病人常与家庭地位、经济情况、个人外貌等不如他的人交往,而对强于他的人常常无端诋毁。病人常常感情用事,以自己高兴与否判断事物的对错和人的好坏,对别人善意的批评,不能虚心接受,不但不领情,还仇视别人,迫使别人不得不远离他。因此许多人说他不知好歹。与别人争论问题时,总要占上风,即使自己理亏,也要编造谎言,设法说服别人。病人常到火车站站口或公共汽车上帮助检票、售票。有时对人过分热情,但若别人稍违于他,就与别人吵架。无亲密朋友。近几年来,与人发生纠纷次数有所增加,给家庭带来了许多麻烦。患病多年来,病情从未缓解过,但饮食、睡眠、大小便基本如常。

平素体健,无高热、抽搐、昏迷史,无中毒、肝炎、结核病等病史,无服用成瘾物质病史。

母孕期健康,足月顺产,幼年发育正常。7岁上学,学习成绩较好。初中毕业后参加工作,从事一般体力劳动。父母对其特别溺爱、娇惯。

精神状态检查:意识清,仪表整洁,自行步入病房,年貌相符,接触主动合作,对周围环境不感陌生,定向力完整,饮食、睡眠好,生活可自理。未发现感、知觉障碍和思维联想障碍。言语流畅,语量稍多。注意、记忆、计算无明显障碍,智能正常。自知力不完整,对自己易烦躁、发脾气,认为属病态,但对自己自私、爱表现等无正确认识。情感反应协调,但强烈而多变,谈及戏装或某人长相时,表现出很大兴趣,面带笑容,表情夸张,谈及人际关系时则又抱怨别人,带有敌视情绪。以医护人员对他的态度好坏来评判对方长相是否漂亮。行为幼稚,有时故意尖声怪叫,以引起病友注意。

(四) 冲动型人格障碍

冲动型人格障碍又称暴发型人格障碍或攻击型人格障碍,是一种以阵发性情感暴发,伴随明显的冲动性行为为主要特点的人格障碍。其行为特点常常表现为:情绪急躁易怒,行为暴发难以自控;经常出现向外攻击、鲁莽和盲目性行为;行动反复无常,行动之前有强烈的紧张感,行动之后则体验到愉悦或满足,没有真正的悔恨、自责或罪恶感;冲动动机的形成可以是有意识的,也可以是无意识的;激情发作时,容易产生不良行为和犯罪倾向,可能会对他人做出攻击性行为,也可能自杀或自伤。

C某,男,18岁,其外祖母和母亲曾有精神失常的历史,父母性格暴躁,常打骂孩子,有时又过分袒护和溺爱。其大哥和二哥一贯好斗殴,大哥19岁时精神失常,21岁服毒自杀。母亲在怀C某期间因家务纠纷两次服毒自杀,经抢救脱险。C某出生后发育良好,好动,在课堂上不注意听讲,不停地做小动作或睡觉,初中某一学期7门功课全不及格,不参加考试,不服教师批评,在课堂上与教师扭打,一个月后不再上学,经校方同意患者辍学。性格暴躁,爱打架,爱好拳术,工作责任心差,多次因违法行为被拘审或劳教,后从劳教所逃脱。常无故殴打他人,与同伙持刀械斗,后因流氓罪收审,又利用种种手段殴打同室罪犯,强占水壶,克扣他人饭菜,任意侮辱他人人格。C某曾三次自杀未遂,说要跟自杀身亡的哥哥一起走。患者躯体检查未见明显异常,神经心理测验有轻度脑损害,智力正常,无典型精神症状。

(五) 自恋型人格障碍

自恋型人格障碍是一种以自我为中心为主要特点的人格障碍。其行为特点常常表现为:对他人的评价非常敏感,若受到批评,其反应是愤怒、羞愧或耻辱(尽管不一定当即表露出来);过分自高自大,对自己的才能夸大其词,希望受到别人的特别关注;喜欢指使他人,要他人为自己服务;坚信他关注的问题是世界上独一无二的,不能被某些特殊的人物所了解;渴望持久的关注和赞美;有很强的嫉妒心,缺乏同情心;认为自己应享有他人没有的特权;对无限的权力、荣誉、成功或理想爱情有非分的幻想。

2000年5月13日,星期六,南京某综合大学19岁的女研究生徐某在宿舍里将汽油浇到了自己身上,平静地用打火机将自己点燃……

当我们追寻徐某成长的轨迹时发现:这位出生在苏北某偏僻小镇的女孩,天资聪颖,年仅13岁的她以优异成绩考入全国著名高校生物系,成为该校历史上最年轻的大学生。年少的她笼罩在绚丽耀眼的光环之中,获得了巨大的心理满足。

在大学,徐某凭着自己的睿智轻松学习,成绩优异,获得了"天才少女"的美名。这让她既自信又自负。一方面,学习优异掩盖了她人格的不成熟;另一方面,由于其心理年龄的成熟与学业的成长不同步,同学因她年龄小而宽容她,她心理的成熟脚步并没有因为进入大学而加速,反而更加迟滞。其心智发展水平很难让她融入群体之中,徐某的生活自理能力弱,不会洗衣服,不会计划用钱,更不会与人相处。面对这样一个不谙世事的小妹妹,同寝室的姐妹们给予了她许多呵护和关爱。大学四年,她的衣服大多由同学代洗,凌乱的床铺和书桌也大多由同学们默默地帮助整理。生活中的她同样表现出人格不成熟。她特喜欢电视连续剧《还珠格格》中的小燕子。一日,她在图书馆看书,管理员说自己不喜欢小燕子,她听后大发脾气,不许对方讲小燕子的坏话,与管理员争得面红耳赤。

1998年9月,17岁的徐某因成绩优异,成为免试研究生。早已习惯了众星捧月的感觉,读研后她感到孤独寂寞。入学后,院里对新生进行摸底考试,她的成绩竟不在前列。不久,她又感到了另一种压力。班里许多同学有电脑,她开始向家里要钱买电脑。起初,对于女儿的要求,徐父尽量满足。时间长了,他们发现了女儿的变化,便写信批评她不要乱花钱。

1999年10月,徐某偶然结识了刑满释放的王某。王某是情场老手,带她出入高档娱乐场所,送她价格不菲的礼物,徐某很快坠入爱河。2000年1月,王某因犯罪被逮捕。徐某得知消息,匆匆赶到公安局,不问案情,见到办案人员即双膝跪倒在地,哭着说:"他不会杀人的,我可以保证,求求你们放了他吧!"任凭办案人员如何劝说,她也不肯离开,最后,办案人员只得通知学校派人将她领回去。回到寝室的徐某整日不吃不喝,使劲哭闹。当得知王某因故意伤害罪致人死亡,被判处死刑时,徐某竟出奇的平静。之后几天,她正常上课,在班上能主动和别人打招呼。一直为她担心的同学们松了一口气,暗暗庆幸她已经走出了自我的误区。可谁也没有想到,5月13日晚出现了开头的一幕。

(六)反社会型人格障碍

反社会型人格障碍也称悖德型人格障碍,或称精神病态或社会病态等。在人格障碍的各种类型中,反社会型人格障碍是心理学家和精神病学家最为重视的。它是一种以行为不符合社会规范为主要特点的人格障碍。其行为特点常常表现为:行为表现无所畏惧,对人敌对,爱挑起事端,时常表现出仇恨;时常有不符合社会规范的行为,如经常旷课、旷工;缺乏自我控制力,容易生气且喜好攻击他人,甚至殴打配偶或子女;不诚实,经常撒谎,以获私利或取乐;缺乏羞耻心和罪恶感,犯错误后没有后悔的感觉,屡受惩罚也不能吸取教训,无内疚感;对家属缺乏爱与责任感,不抚养子女或不赡养父母,待人冷酷无情;结婚后不能维持长久的夫妻关系。

案例七

张某,男,19岁,待业青年,家庭成员无精神病史;从小受到溺爱,性格固执、顽皮,喜欢恶作剧;上学后,经常打架闹事,欺负小同学,辱骂老师;小学毕业经补考升入初中,初一因三门功课不及格而留级;后因表现太差,被勒令退学;在家不服家长管教,顶撞父母,以至和父母对打;14岁时被儿童医院诊断为多动症,经药物治疗不佳;被送进工读学校就读,经常借故离校,一两个月不返校,直至被捆绑押送回校;多次盗窃公共财物,曾被收审,释放后,一度剪去长发,表示洗心革面,重新做人;17岁进工厂,常常旷工,招引一些朋友在家中吃喝玩乐,多次聚赌,结交不三不四的女青年;18岁时与人寻衅闹事,纠集同伙用棍棒和皮带毒打他人;骑车撞了人,反诬陷对方,拳打脚踢对方;因毒打他人致伤被公安机关收容审查。

患者临床检查未见明显异常。自述从小任性,受家人溺爱;上学后贪玩,上课坐不住,爱说话,成绩较差;因和父母吵架,左邻右舍都讨厌他;不承认干了坏事,对打人情节避重就轻;否认与父母对打,说一生气就控制不住自己,事情过去了就后悔了;认为过去胡闹是因自己年龄小,不懂事,认为自己没干过坏事,边哭边叹息:"人生真难啊!""没有人了解我,连父母也不了解我!""现在后悔得很。"检查刚一结束,便与其他病人谈笑,显得无忧无虑,满不在乎。

(七)依赖型人格障碍

依赖型人格障碍是一种以过分依赖、被动服从为主要特点的人格障碍。依赖型人格障碍是日常生活中较常见的人格障碍。其行为特点常常表现为:缺乏主见,在没有从他人处得到大量的建议和保证之前,对日常事务不能做出决策;有很强的无助感,让别人为自己做大多数的重要决定,如在何处定居、选择何种职业等;有强烈的被遗弃感;明知他人错了,也随声附和,因为害怕被别人遗弃;缺乏独立性,很难单独展开自己的计划或做事;过度容忍,为讨好他人甘愿做低下的或自己不愿做的事;独处时有不适和无助感,会想方设法逃避孤独;惧怕分离,当亲密的关系中止时感到无助或崩溃;经常被遭人遗弃的念头所折磨;很容易因没有得到别人的赞许或遭到了批评而受到伤害。

她是家中的独生女,刚上大一。刚进大学,非常想念自己的家,对大学生活很不适应,经常做梦,梦中梦到自己的爸妈,醒来后常常暗自流泪。上大学前,从未洗过衣服。一天,要洗衣服了,听人说洗衣服需用洗衣粉,于是她将买来的一整包洗衣粉都倒进桶里,导致她清洗衣服用了整整半天时间。看着源源不断涌出的泡沫,她哭个不停,抱怨真不该来上大学,觉得一天也待不下去了。她给家里打电话,要求退学回家。

(八) 回避型人格障碍

回避型人格障碍又称逃避型人格障碍,是一种以行为退缩、心理自卑、面对挑战多采取回避态度或不能应付为主要特点的人格障碍。其行为特点常常表现为:若他人对其进行批评或表示不赞同时很容易受到伤害;除了至亲的人之外,没有好朋友或知心人;若非确信受欢迎,一般不愿卷入他人事务之中;行为退缩,对人际交往活动或工作尽量逃避;自卑,在社交场合沉默无语,怕惹人笑话,怕回答不出问题;敏感羞涩,害怕在别人面前露出窘态;在做那些非常普通但不在自己常规范围中的事时,总是夸大潜在的困难和危险。

来访者为一位高二女生,她有一个从小和她一起上学的朋友,在高中之前两人的关系一直很好。自从上了同一所高中后,她和这位朋友的关系逐渐冷了下来,她感觉到朋友一直在有意无意地打击她。当她正在认真学习时,这位朋友总时不时地和同班同学在一旁讨论,"只靠死记硬背在高中已经过时了,对那种靠死记硬背考出来的高分毫不在乎"。这位女生觉得朋友的这些话语都是说给她听的,是在有意地打击她。此后,他们俩的关系渐渐疏远了,一直僵持到现在。最近,他们两个的座位更近了,她更加在乎朋友对自己的看法,老感觉受到了朋友的影响,同时也影响了自己的学习成绩。来访者不知道应该如何解决这个问题。同时,该来访者还有其他方面的问题,比如独自上台演讲时会脸红,紧张到声音颤抖;晚上睡觉晚,白天醒来又总担心当天的学习效率下降。她还担心失眠会影响身体,越想越无法摆脱这种困扰。

(九) 强迫型人格障碍

强迫型人格障碍是一种以要求严格和完美为主要特点的人格障碍,其行为特点常常表现为:做任何事情都要求完美无缺、按部就班、有条不紊,因而有时反会影响工作的效率;不合理地要求别人要严格按照他的方式做事,否则心里会感到很不痛快,对别人做事很不放心;总是犹豫不决,常常推迟或避免做出决定;常有不安全感,总是反复考虑计划是否得当,反复核对检查,唯恐出现疏忽和差错;

拘泥细节,甚至生活小节也要"程序化",一旦不按照要求做就感到不安或要重做;完成一件工作之后常常不会感到愉快和满足,相反容易产生悔恨和内疚的情绪体验;常常过分节俭,甚至吝啬;对自己要求严格,过分沉溺于职责义务与道德规范,无业余爱好,缺少友谊往来。

案例十

张某,男,19岁,待业。自己来心理门诊,自述情况如下:我家在农村,父母均为农民。在家我排行老大,下有一弟一妹。从小我很懂事,知道父母很辛苦,对自己要求极为严格,一点儿时间也不许自己浪费,成绩一直名列前茅,初一第二学期还任班干部,深得老师喜欢。父亲给我买了块表,作为奖励。

我时刻担心把表弄丢,然而,事与愿违,在一次早操中竟将表弄丢了,我深知父母挣钱不容易,内心极度内疚,常常有意识地到寝室和马路边努力寻找,希望能够发现,但始终没找到,也不敢告诉父母,长期的焦虑导致学习成绩开始下降。

说到此处,他有些颓丧。这是强迫型人格障碍初始阶段表现出的特征,如在此阶段能及时发现,注重自我调整,是能够得到纠正的,但是他没能意识到,也不知具体怎么做。

后来我家添置了沙发,平时我喜欢坐在沙发上看书。一次母亲说别坐坏了,以后不准坐在沙发上看书。从此我再也不敢坐沙发,后来发展到看见椅子就害怕了。我勉强读完初中,其后一直待业在家,为看病四处奔波,父母为此花去了不少钱,我心里更觉得不好受。

我最苦恼的,还是小便失禁,老想去厕所,又自觉不该去,但越控制想上厕所的念头越强烈。尤其是每次吃饭之后就想去厕所,便拼命克制不去,导致吃完饭马上就吐。如此症状持续了三年,什么事也做不了,真是苦不堪言。

近段时间以来,我老是想着自己是否渴了或者饿了,椅子该不该坐,泡在盆里的衣服是现在洗还是过一会儿洗,见到电灯就要反复检查电灯开关,出了门要反复检查门是否关好锁好,等等。与他人交往时,我总害怕别人笑话我,认为别人的眼睛都在注视自己。后来在医生的指导下,服用一段时间的氯丙咪嗪等药,饭后不再呕吐,稍能克制害怕的想法,但停服不久症状再次出现。"医生,我的病还能治吗?"末了,他显示出一种急于知道结果的紧张感。

第三节　心理策略训练

活动一： 我是谁——独特的我

活动目的

了解独特的我。

活动内容

(1) 利用七个"假如"填写句子。

(2) 了解独特的我。

(3) 全班分享。

活动方式

心理自述法。

活动过程

(1) 利用七个"假如"填写句子。

① 假如我是一种花,我希望是_____,因为_____。

② 假如我是一种动物,我希望是_____,因为_____。

③ 假如我是一种乐器,我希望是_____,因为_____。

④ 假如我是一种水果,我希望是_____,因为_____。

⑤ 假如我是一种颜色,我希望是_____,因为_____。

⑥ 假如我是一种交通工具,我希望是_____,因为_____。

⑦ 假如我是一种树,我希望是_____,因为_____。

(2) 了解独特的我。

① 纵向了解:分别请同学念出七个"假如",了解与他相同的人有几个。(七个、六个、五个、四个相同的几乎没有,但是三个、两个和一个相同的就

有了。)

② 横向了解:分别请同学念出 4 个"假如",了解与他相同的人有几个。(几乎每一个都有人与之相同。)

(3) 分享。

① 全班分享:能否找到与自己完全一样的同学。

② 教师总结:世界上没有完全一样的人,每个同学都有自己的独特性,了解自己,做独特的我。

(4) 思考:你对独特的你满意吗?哪些方面还需要改变?

活动二: **你最重要——价值大拍卖**

活动目的

了解自己的价值观。

活动内容

(1) 想象魔术商店。

(2) 举办价值拍卖会。

(3) 全班分享。

活动方式

游戏活动法。

活动过程

(1) 想象魔术商店。

① 让同学们闭上眼睛,以最舒服的姿势坐下来。

② 让同学们想象自己平常逛街的景象,突然发现一间很奇妙的商店,该商店里有各式各样你想要的东西。你看到了一样你觉得全世界最有价值的东西。你非常想买下来,可是店长说那是非卖品,除非你愿意用你所拥有的最珍贵的东西来交换,而你所拥有的最珍贵的东西又是什么呢?你愿意跟店长交换吗?

③ 教师请同学们睁开眼睛回想刚才的内容。你觉得最有价值的东西是什么?你拥有的最珍贵的东西是什么?你是愿意交换还是不愿意交换?每个人的答案应该都不太一样,表明每个人的价值观都不同。

(2) 举办价值拍卖会。

① 商店要进行一个名为"价值拍卖会"的活动。

拍卖规则：

a. 每个人有 100 万元，每项价值底价为 10 000 元，每次起拍价不得低于 10 000 元，总价不得超过 100 万元。

b. 得标后，请依所出的价钱将纸钞放入盒子中。

② 发给学生价值拍卖表与 100 万元的纸钞，并告诉学生你现在拥有 100 万元，可以竞标你所想要的价值，如果竞标成功，教师会落槌表示拍卖完成。

价值拍卖表：

拍卖项目	预算价格	拍卖最高价格	购得价格
1. 有机会公平对待所有人。			
2. 有钱帮助全世界贫病者。			
3. 各科成绩都满分。			
4. 每年都可以做自己想做的事。			
5. 有机会知道重要问题的答案。			
6. 有一颗可以使人说实话的药丸。			
7. 可以成为世界级大富翁。			
8. 可以当总统。			
9. 拥有一位最要好的朋友。			
10. 在世界上最美的地方有一栋房子。			
11. 可以成为世界上最吸引人的人。			
12. 可以健康地活到 100 岁。			
13. 有一座藏有你喜爱的书的图书馆。			
14. 能使世界上的人对待他人正如个人所希望的方式。			
15. 有 100 万元给世界上最需要的人。			
16. 可成为你希望的那一科目中最好的学生。			
17. 可以只享乐，不需做事。			
18. 可以做全世界最聪明的人。			
19. 可以完全自主。			
20. 有一屋子的钱。			

续表

拍卖项目	预算价格	拍卖最高价格	购得价格
21. 可以当 50 万人的老板。			
22. 被世上每个人喜爱。			
23. 拥有可以出席全世界各种音乐会与舞蹈表演的门票。			
24. 拥有各种全新的衣服与发型。			
25. 有颗药丸可以解决所有你担心的事。			
26. 有一部能回答你所有问题的计算机。			
27. 有机会能与你所尊敬的神仙共处。			

③ 教师先让学生填写预算价格,再主持拍卖活动,并做拍卖记录。

④ 拍卖结束后,教师引发讨论:

a. 每个人最重视的价值是什么?

b. 哪些价值是团体中大家普遍都想要的?

c. 是否每个人都买到了自己想要的价值?买到自己想要的价值的感觉是什么?

⑤ 教师下发价值清单表,请同学们对照自己所重视的价值属于哪一项,以发现自己所拥有的独特的价值观。这些价值观不仅会影响我们的想法,也会影响我们的生活。

价值清单表:

价值	正义	服务	成就	快乐	智慧	诚实
项目	1、14	2、15	3、16	4、17	5、18	6
价值	自由	财富	权力	爱心	美感	外表
项目	19	7、20	8、21	9、22	10、23	11、24
价值	健康	情绪良好	知识	宗教与道德		
项目	12	25	13、26	27		

(3) 分享:通过本次活动,你对自己的价值观有什么样的看法?

① 全班学生分享。

② 教师总结。

 **思考题**

1. 你的身上存在哪些人格发展缺陷？它们对你的生活、学习有什么影响？如何改变这些缺陷？
2. 女大学生小王总是处理不好和同寝室同学的关系，为此感到非常苦恼。原来当她和同寝室同学相处时，她总觉得别人都在故意和她过不去。比如，当她在寝室睡觉时，她觉得别人故意弄出声音把她吵醒；当她看到寝室同学凑在一起窃窃私语时，她就会认为别人正在说她的坏话；当她心爱的布娃娃被别人无意弄脏时，她就会认为别人是故意这样做让她伤心；当寝室同学去上课时没有喊她，她又会想到别人是在故意冷落她……你能运用本章所学知识，帮助她处理好和同寝室同学的关系吗？

 **推荐书目**

[1] 柏格.人格心理学[M].7版.陈会昌，译.北京：中国轻工业出版社，2010.

[2] 郭永玉.人格心理学[M].北京：中国社会科学出版社，2015.

[3] 马斯洛.动机与人格[M].3版.许金声，译.北京：中国人民大学出版社，2007.

[4] 大卫·范德.人格心理学[M].许燕，邹丹，译.北京：世界图书出版公司，2018.

[5] 阿尔弗雷德·阿德勒.超越自卑[M].李章勇，译.北京：中国华侨出版社，2015.

 **推荐电影**

《致命ID》《心灵捕手》《爱德华大夫》《美丽心灵》《搏击俱乐部》。

第八章

大学生生命教育

"差不多了,脑袋都耷拉了",2017年8月份,一段极其残忍的虐杀袋鼠视频在网络上广为流传。视频显示,在澳大利亚草原上,一名华人中年男子手持尖刀逼近一只已经受伤匍匐在地的袋鼠。他脚踩袋鼠尾巴,对其颈部连割19刀,其间袋鼠一直发出痛苦的哀号,可该男子仍无动于衷。在视频最后,这名男子还对着死去的袋鼠咧嘴笑。视频曝光后引发众怒,大量网友向澳大利亚保护机构进行投诉。

据知情人士透露,事发时该男子所在的打猎队伍曾向袋鼠开枪。但因距离太远,连射6枪都未能将其打死。由于袋鼠腿部受伤无法逃跑,该男子可能一时激动,连补数刀。澳洲法律规定,捕杀袋鼠需持有合法狩猎牌照且必须一枪爆头,虐杀属于严重违法。该男子的行为已属重罪,且疑似并未提前申请捕猎配额。澳大利亚国家广播公司8月31日报道称,该男子已于8月30日晚间被捕,并将以伤害野生动物罪被起诉。他可能会被处以3.8万澳元(约合19.8万元人民币)罚款及6~24个月监禁。

面对这样一则报道,或许有人会说不就是杀了一只受伤的袋鼠吗?惩罚也太严重了吧?然而网友们的投诉行为则反映出这件事背后所蕴含的对待生命的态度。

第一节 生命的意义

生命构成了世界存在的基础,世界正是因为有了生命才精彩。而在所有生命存在中,人是超越一切其他生命现象之上的存在物。人的生命具有多重属性,其中最主要的是自然属性和社会属性,社会属性是人最主要、最根本的属性,它是决定人之所以为人的最根本的东西。生命的自然活动主要包括:新陈代谢、生长、发育、遗传、变异、感应、运动等。生命的社会活动主要包括:感知社会、角色扮演、人际交往、求学择业、社会竞争等。

一、生命是奇迹

当毛毛虫蜕变为蝴蝶,蝌蚪蜕变为青蛙之后,它们便会继续生存、发展。人的一生也需要蜕变,而且要经过多次蜕变的过程,才能成长。每一次蜕变,都让我们走进人生另一个新领域,让我们获得新的体验、新的接触、新的感受和新的惊喜。这样,我们便逐渐成长,也渐趋成熟。在成长过程中,如果要活得充实和痛快,就必须掌握欣赏生命的技巧,调整对生命的看法。

每天清晨,我们睁开眼睛,一骨碌地跳下床,洗脸、漱口、穿衣、吃早餐,然后去教室上课。这一切是那么的平凡和正常,以至于我们有时只愿赖在床上,连眼睛都懒得睁开,有时又觉得早餐索然无味,有时甚至连上课也感到讨厌。但我们可曾想过:世界上有些人完全没有读书的机会,有些人连每天要吃一顿饱饭的愿望都没实现,还有些人一躺下来便不能够再起床,他们已经没有"明天"。

当我们睁开眼睛见到新的一天时,心里有没有充满感恩之心?我们是否想到,能够天天安睡,又天天起床,这本身就是一件多么不平凡、多么了不起、多么值得欣慰的事吗?为我们今天的生命和所拥有的美好时光感恩吧!因为,我们能活到现在,毕竟是个奇迹啊!我们懂得欣赏这个生命的奇迹吗?

拓展阅读 弗兰克尔《追寻生命的意义》节选

我们真正需要的是从根本上改革我们对人生的态度。我们应自行学习,并且要教导濒于绝望的人认清一个事实:真正重要的不是我们对人生有何指望,而是人生对我们有何指望。我们不该继续追问生命有何意义,而该认清自己无时无刻不在接受生命的追问。面对这个追问,我们不能以说话和沉思来答复,而该以正确的行动和作为来答复。到头来我们终将发现生命的终极意义,就在于探索人生问题的正确答案,完成生命不断安排给每个人的使命。 ——弗兰克尔

每个人都应追问生命的意义;并且,每个人只有通过承担他自己的

生活才能向生命做出回答;他只有通过成为负责任的人才能对生活做出反应。
——弗兰克尔

人是一种能够负责的物种,他必须实现他潜在的生命意义。我这样说,是希望强调:生命的真谛,必须在世界中找寻,而非在人身上或内在精神中找寻,因为它不是个封闭的体系。同样地,我们无法在所谓的"自我实现"上找到人类存在的真正目标;因为人类的存在,本质上是自我超越(self-transcendence)而非自我实现(self-actualization)。事实上,自我实现也不可能作为存在的目标,理由很简单,因为一个人愈拼命追求它,愈得不到它。一个人为实践其生命意义而投注了多少心血,他就会有多少程度的自我实现。换言之,"自我实现"如果作为目的,是永不能获得的,它只是当"自我超越"之后的副产品而已。
——弗兰克尔

"生活"并不是模糊不清的东西,它是具体的事物,正如生活的任务也是真实而具体的一样。它们形成了对于每个个体来说都是不同的、独一无二的命运。没有一个人及其命运可以与其他人及其命运相比较。没有任何情形可以重复,并且每一种情形都要求人们做出不同的反应。
——弗兰克尔

生命的意义因人而异,因日而异,甚至因时而异。因此,我们不是问生命的一般意义为何,而是问在一个人存在的某一时刻中的特殊的生命意义为何。用概括性的措辞来回答这问题,正如我们去问一位下棋圣手说:"大师,请告诉我在这世界上最好的一步棋如何下法?"根本没有所谓最好的一步棋,甚至也没有不错的一步棋,而要看弈局中某一特殊局势,以及对手的人格型态而定。人类的存在也是如此,一个人不能去寻找抽象的生命意义,每个人都有他自己的特殊天职或使命,而此使命是需要具体地去实现的。他的生命无法重复,也不可取代。所以每一个人都是独特的,也只有他具特殊的机遇去完成其独特的天赋使命。
——弗兰克尔

二、感恩生命

如果我们要享受生命、欣赏生命,就应该懂得珍惜和感恩,把一切微小的恩赐都善加珍惜和利用,这样我们便连抱怨的时间都没有了。记住:幸福并不是必然的!

世界上每个人在其生命中都有很多值得感恩的人和事。一个人从呱呱坠地那一天起,首先在父母的精心哺育呵护下一天天健康成长;当慢慢懂事,接受文化知识教育的时候,会有很多老师给你灌输宝贵的知识和做人的道理;当碰到了困难,还会有不少小伙伴热心地帮你排忧解难;当一天天成长,能够更多地接触社会的时候,自然也免不了接受别人的帮助。面对这一切,你是否怀有一颗感恩的心呢?我想所有善良的人都会有一个肯定的答案。我们应该感恩的人很多,诸如自己的亲人、老师、同学、朋友、同事以及社会上所有给予过我们关怀和帮助的人。

感恩是对一个人是否具备善良品质的基本参考特征之一。在理性思维中被认为是一种处世哲学,也是生活中的大智慧。一个智慧的人,不应该为自己没有的东西斤斤计较,也不应该一味索取和使自己的私欲膨胀。学会感恩,为自己已有的而感恩,感谢生活给予你的一切,这样你才会有一个积极的人生观,才会有一种健康的心态。

案例一:湖北5名贫困大学生受助不感恩失去受资助资格

受助一年多,没有主动给资助者打过一次电话、写过一封信,更没有一句感谢的话,襄樊5名受助大学生的冷漠,让资助者寒心,并决定终止资助。

2006年8月,襄樊市总工会与该市女企业家协会联合开展"金秋助学"活动,19位女企业家与22名贫困大学生结成帮扶对子,承诺4年内每人每年资助1 000元至3 000元不等。入学前,该市总工会给每名受助大学生及其家长发了一封信,希望他们抽空给资助者写封信,汇报一下学习和生活情况。

但一年多来,部分受助大学生的表现令人失望,其中三分之二的人未给资助者写信,有一名男生倒是给资助者写过一封短信,但信中只是一个劲儿地强调其家庭如何困难,希望资助者再次慷慨解囊,通篇连"谢谢"两字都没说,让资助者心里很不是滋味。

2007年夏,该市总工会再次组织女企业家们捐赠时,主办方宣布取消 5 名贫困大学生的继续受助资格。部分女企业家表示"不愿再资助无情贫困生",结果 22 名贫困大学生中只有 17 人再度获得资助。

——摘自《楚天都市报》

  有人认为,作为赠予方不应该抱着希望受助者感恩的心态,只要感到自己为社会付出就行了。但更多的人认为,这个社会历来讲知恩必报,讲受人滴水之恩必当涌泉相报,所以受资助者应该心存感恩之心。一个人如果有一颗感恩的心,他才是一个幸福的人。当一个人懂得感恩时,便会将感恩化作一种充满爱意的行动,付诸于生活中。一颗感恩的心,就是一个和平的种子,因为感恩不是简单的报恩,它是一种责任、自立、自尊和追求阳光人生的精神境界。

  对于生活,心存感恩,就不会有太多的抱怨,世上没有十全十美的事物,比抱怨更重要的是自己为改变这一切做了哪些努力。感恩之心足以稀释心中的狭隘和蛮横,还可以帮助我们度过最大的痛苦和灾难。常怀感恩之心,就可以逐渐原谅那些曾有过结怨甚至触及心灵痛处的那些人,会让已有的人生资源变得更加深厚,心胸更加宽阔宏远。

  人的一生,谁都会遭遇到挫折、失败、不公正的待遇,很多人因此喜欢把自己摆在"受害者"的角色上,难以自拔。但是当苦难过去,回头审视过去种种的不幸经历时,我们就能发现正是那些苦难帮助了我们成长。其实,顺境、逆境都是人生的一部分,逆境是为顺境做底色,顺境则是对健康走出逆境的人的奖励。逆境中感恩,是感谢我们没有处于更糟的境地,环顾世界,一定会有比我们处境更糟的人;逆境中感恩,是感谢逆境让我们真正懂得了什么是幸福,什么最值得珍惜;逆境中感恩,是感谢它让我们了解生命的真相,学到了更多生存与生活的知识;逆境中感恩,是感谢我们自己仍然心存善良与美好。

  同时,每个人都应该是自己最好的朋友和最忠实的支持者,应该感恩自己,在我们用自我苛求的剪刀不断挑剔自己的时候,有没有看到多年来,"你"为自己所付出的一切,因此,要为自己的努力和成长喝声彩。

  最后,再用感恩的心想想所有的亲友们,不要忘记感谢给你提供机会的公司,因为他们了解你、支持你。大声说出你的感谢,让他们知道你感谢他们的信任和帮助。你是否曾经想过,用一种特殊的方式告诉老板,你是多么热爱自己的工作,多么感谢从工作中获得的机会。这种深具创意的感谢方式,一定会让他注意到你,甚至可能提拔你。感恩是会传染的,老板也同样会以具体的方式来表达他的谢意,感谢你所提供的服务。让我们在每天的工作、生活中都带着感恩的心。当然,感恩也不一定是要感谢某个特定的人,还可以感恩生命中的其他事物,比如感谢每天的太阳都是新的。

一位怀有感恩之心的心理学家告诉了一个让心灵充满幸福感的秘密——那就是当我们每天醒来时,应该这样想:"我真是个幸运的家伙!今天又能安然地起床,而且还有崭新的完美一天。我应该好好珍惜,去扩展自己的内心,将自己对生活的热情传予他人。我要常怀善心,要积极地帮助别人,让生命里的每一天都有阳光的播撒!"

学会感恩小操练

目的:通过对生活的梳理,发现点点滴滴感动自己的事情,感受生活的美好。

操作1:想想好事。

请在纸上写下三件昨天发生在你身上的好事。可以是生活中的小事(比如我昨天晚上去洗澡,同学帮我买了饭)。在你记下的每件事情旁边回答:为何这件事会发生?记下发生时你的感受,以及现在你想起后的内心感受。建议:以后每天睡觉前想一想当天发生的令你感动的几件事。

操作2:日常内观法。

内观是印度最古老的自我观察方法之一。内观的意思是"洞察事物究竟的实相"。通过对自身内在的观察可以体验身心的变化,改善精神面貌。

具体方法:

(1) 找一个安静的环境,保持放松的姿势:坐或平躺。

(2) 反省自己对别人采取的行为。从自己最亲密的人开始,一般为自己的母亲,也可以是其他直接扶养者,询问自己三个问题:

他(她)为我做过哪些事情?

我为他(她)做过哪些事情?

我给他(她)带来哪些困扰和麻烦?

(3) 回忆的次序按年代顺序,从幼年时代到现在,可以分为:学龄前、小学、初中、高中、大学……

> (4) 依次对父亲、祖父母、兄弟姐妹、配偶、子女、同学或同事等身边的每一个人进行回忆。
> (5) 回忆结束后做下记录。
>
> 注意点：
> (1) 每日定时进行内观，每日回忆一个对象，时间在30分钟左右。
> (2) 针对昨天和今天的人际关系进行内观。
> (3) 可以把内观的结果交给你想分享的对方，也可以写内观日记。

三、生命意义的追寻

生命不单是一个"是"（being），也是一个"成"（becoming）。人为什么活着？我们常常这样问自己。在学习、生活、人际关系、感情等方面遇到苦恼，本是一件很平常的事，但如果探寻这些苦恼背后的原因，人们就会涉及"人生意义"这一重大问题。我们感受到的痛苦越深，越会被"人为什么活着"这样的问题所困扰，而这恰恰就是因为我们不知道自己究竟想要"成为什么"。因此，我们不单要认识自我，由过去及现在找出自己的真面目，也要发掘自己的潜能，透过实践去发挥潜藏在我们心中的生命力。要怀有理想，立下远大的志向，为自己的未来做清楚的抉择，然后按照理想，慢慢去塑造自己的生命。在很大程度上，只要我们真的愿意成为什么，我们就能够成为什么。换句话说，我们不单要欣赏我们现有的生命，也要开拓我们的生命，把握准确的方向，然后一步步向理想迈进。

（一）生命是在平凡中寻找自己的存在

小A在家总觉得自己是个多余的人。她有三个姐姐、一个弟弟。爸爸妈妈一直想要生一个男孩。在她两岁时，父母有了弟弟后，她觉得父母把注意力都转移到弟弟身上，很少有人照顾她。好吃的让给了弟弟，姐姐们又不带她玩。幼小的她常孤零零地待着，像个没人要的孩子。她一直努力学习，希望通过优秀的成绩引起家庭的关注。因为家里孩子多，经济不富裕，她向父母努力争取，总算念到了大学。她觉得自己处处不如人，背负很大的压力。她常常想父母既然不喜欢她，何必当初让她来到这个世界。

人感受到生命的意义,最重要的是作为一个有价值的人的存在,是因为人有了价值,才使活着有了意义。小 A 最痛苦的感受是她不是父母期望出生的孩子,本不该来到世界上,不该作为一个生命体存在。她觉得活着没有任何价值和意义。

现实中人们用各种各样的方式让他人感受到自己的存在,感受到自己活着的价值和意义。例如,有的人努力学习、工作,希望得到别人的注意和夸奖;有的人热心帮助有困难的人,希望得到大家对他的信任。当自己的一些建议被别人采纳,当自己的观点被别人认同时,人们就会觉得自己对他人很重要,自己是一个有价值的人。

有时候,由别人的忽视带来的痛苦,甚至大于被攻击与斥责带来的痛苦。我们发现有些同学以一些相反的方式来表达自己的存在。例如,故意找碴打架,激怒他人;常常违反校规校纪,以引起他人的注意;穿着奇装异服,享受路人惊讶的目光。这种破坏性的、非建设性的方式,虽然也能引起他人的注意,但像毒品一样,只能带来短暂的畸形的存在感,不会引发内心真心的快乐,最终的结果是被他人孤立。

一个人活着不仅仅是为了物质的享受及个人的快乐,还为了他人,为了自己关心和爱的人。生命的价值不仅在于享受生命,享受人生,更重要的在于奉献。例如,一对年迈的夫妇,丈夫瘫痪在床,大小便失禁,生活不能自理。不幸晚年丧子,更是贫病交加,孤苦无依。但七十多岁的妻子仍然不屈不挠,靠捡破烂和村民的接济生活,细心照顾丈夫,不离不弃,直到生命的最后。面对丧子、贫穷、疾病的打击,年老的妻子依然保持坚强的心态,珍惜与丈夫相伴的时光,坦然面对生活。

我们拥有的是人生的过程,而不是最后的结果。我们不必羡慕别人生活得多精彩,也许你看到的幸福和快乐只是一种假象;也不必自怨自艾、妄自菲薄,人最宝贵的是生命,生命对每个人而言仅有一次,是父母的给予和上苍的恩赐,拥有生命本身就是一种幸福。生活不是一种负担,无论是悲喜哀乐,还是惊喜平淡,无论是成败得失,还是贫富骄奢,只有热爱生活、热爱生命,才能感受到生活的快乐、生命的价值。

（二）生命是一种自我的实现

有一对兄弟，他们的家住在80层楼上。有一天他们外出旅行回家，发现大楼停电了。他们别无选择，只能背着大包行李上楼。哥哥对弟弟说："我们爬楼梯上去吧。"于是他们背着两大包行李开始爬楼梯。爬到20层的时候他们觉得累了，哥哥说："包太重了，不如这样吧，我们把包放在这里，等来电后坐电梯来拿。"于是，他们把行李放在了20层，两人轻松多了，继续向上爬。他们有说有笑地往上爬，可好景不长，到了40层，两人又觉得累了。想到还只爬了一半，两人开始互相埋怨，指责对方不注意大楼的停电公告，才会落得如此下场。他们边吵边爬，就这样一路爬到了60层。到了60层，他们累得连吵架的力气也没有了。弟弟对哥哥说，"我们不要吵了，爬完它吧。"于是他们默默地继续爬楼，终于到了80层，兄弟俩兴奋地来到家门口才发现他们的钥匙留在了20层的包里。

这个故事很像我们的人生：20岁之前，我们活在家人、老师的期望之下，背负着很多的压力、包袱，自己也不够成熟且能力不足，因此步履难免不稳。20岁之后，离开了众人的压力，卸下了包袱，开始全力以赴地追求自己的梦想，就这样愉快地过了20年。到了40岁，发现青春已逝，不免产生许多的遗憾和追悔，于是开始遗憾这个、惋惜那个、抱怨这个、嫉恨那个，就这样在抱怨中度过了20年。到了60岁，发现人生已所剩不多，于是告诉自己不要再抱怨了，珍惜剩下的日子。于是默默地走完了自己的余生。到了生命的尽头，才想起自己好像有什么事情没有完成，原来，我们所有的梦想都留在了20岁的青春岁月。

生命的真实意义归根结底在于自我实现。所谓自我实现，简单地说，就是创造自己认定的人生价值，拥有自己认为满意的生活状态和社会地位等。在心理学家马斯洛的著名的需求层次理论中，自我实现被排在最顶端，底下的四个层次由低到高依次是生理需求、安全需求、社交需求、尊重需求。自我实现并不是人们能够轻易达到的境界，而是一个追求的方向和目标，是人们心中的理想和梦想。在追求理想的过程中，人生的意义得以实现。

因此,要想实现生命的价值,目标和方向的确定必须遵循一定的原则。首先,我们的理想必须具有现实可行性,是与自身能力和社会环境相贴合的,追求那些不正确或不合适的目标,为难以得到的结果付出过多的努力,只会造成生命的浪费。其次,目标的意义就在于引导人充分发挥主观能动性,集中力量,努力充实自身和及时把握机遇。如果永远消极等待,良机也许永远等不来。再次,追求不代表无中生有。正像我们"寻找幸福,寻找真爱,不是提着灯笼满大街找,而是当爱和幸福来到我们面前的时候,抓住它,好好对待,用心珍惜"。所谓"谋事在人,成事在天",说的也正是追寻和等待的关系。最后,坚持不代表顽固,我们要经常地检查和调整自己的目标以及实现目标的方式。要始终明白,自我实现是比达到目标更深层、更本质的人生意义,不能因为受先前的目标或不合适的"理想"的束缚,反而丧失了人生的意义。

生命本身有着崇高的价值,生命不仅仅意味着肉体的存在,更是一种意识观念的载体,其价值并不只在于寿命的延长和外表的美丽,更重要的在于心灵的善良、人格的健全、灵魂的美丽。约瑟夫·纽顿(Joseph Newton)在《人生导师》中这样说道:"人活着不是单靠食物,还要靠美与和谐,真与善,工作与娱乐,爱与友情,仰望与崇敬;人活着不是单靠食物,还要有夜晚壮丽的苍穹,拂晓辉煌的天空,日落时五彩缤纷的晚霞,可爱的木兰花,雄伟的山岳;人活着不是单靠食物,还要有巨浪拍岸的雄姿,湖上月光的闪烁,山上银色的湍流,雪花奇妙多变的结晶,艺术家的创作;人活着不是单靠食物,还要有玫瑰的芳香,菊花的芳香,新收的稻草香,朋友的握手,母亲温柔的一吻;人活着不是单靠食物,还要有诗人的抒情诗,哲人的智慧,圣者的圣善,伟大人物的传记;人活着不是单靠食物,还要有伙伴与惊奇的探险,追寻与发现,服务与分享,爱人与被爱。"有时候,一个人的精神可以击败许多厄运。因而对于人的生命而言,要存活,只要一箪食、一钵水足矣。但要存活下去,并且活得精彩,就需要有宽广的心胸、百折不挠的意志和化解痛苦的智慧。

为了这个目标,我们要不顾艰辛险阻,不惜流血牺牲,勇往直前,永不停息。

(三)生命是享受诗意人生

一位得知自己不久于人世的老先生,在日记簿上记下了这样一段文字:

"如果我可以从头活一次,我要尝试更多的错误,我不会再事事追求完美。"

"我情愿多休息,随遇而安,处世糊涂一点,不对将要发生的事处心积虑计算着。其实人世间有什么事情需要斤斤计较呢?"

"可以的话,我会多去旅行,跋山涉水,更危险的地方也不妨去一去。以前我不敢吃冰激凌,不敢吃豆,是怕健康有问题,此刻我是多么的后悔。过去的日子,我实在活得太小心,每一分每一秒都不容有失。太过清醒明白,太过清醒合理。"

"如果一切可以重新开始,我会什么也不准备就上街,甚至连纸巾也不带一块,我会放纵地享受每一分、每一秒。如果可以重来,我会赤足走在户外,甚至整夜不眠,用这个身体好好地感受世界的美丽与和谐。还有,我会去游乐园多玩几圈木马,多看几次日出,和公园里的小朋友玩耍。"

"只要人生可以从头开始,但我知道,不可能了。"

美国诗人惠特曼说:"人生的目的除了去享受人生外,还有什么呢?"

林语堂也持同样的看法,他说:"我总以为生活的目的即是生活的真享受……是一种人生的自然态度。"

生活本是丰富多彩的,除了工作、学习、赚钱、求名外,还有许许多多美好的东西值得我们去享受:可口的饭菜、温馨的家庭生活、蓝天白云、花红草绿、飞溅的瀑布、浩瀚的大海、雪山与草原,大自然的形形色色,包括遥远的星系、久远的化石……

此外,还有诗歌、音乐、沉思、友情、谈天、读书、体育运动、喜庆的节日……

甚至工作和学习本身也可以成为享受,如果我们不是太急功近利,不是单单为着一己利益,我们的辛苦劳作也会变成一种乐趣。让我们把眼光从"图功名""治生产"上稍稍挪开,去关注一下生命、生活中的这些美好。

我们所说的享受生活,不是说要去花天酒地,也不是去过懒汉的生活,那不是享受生活,而是糟蹋生活。

享受生活,是要努力去丰富生活的内容,努力去提升生活的质量。愉快地工作,愉快地休闲,如散步、登山、滑雪、垂钓,或坐在草地或海滩上晒太阳。在做这一切时,让杂务中断,让烦忧消散,让灵性回归,让亲伦重现。用乔治·吉辛的话说,是过一种"灵魂修养的生活。"

我们会工作、会学习,但如果不会真正地享受生活,这对于我们来说,是人生的一大遗憾。学会享受生活吧,真正去领会生活的诗意、生活的无穷乐趣,这样我们工作、学习起来,就会感到更有意义。

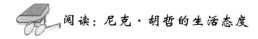

阅读：尼克·胡哲的生活态度

尼克·胡哲1982年12月4日生于澳大利亚墨尔本,他是塞尔维亚裔澳大利亚籍基督教布道家,"没有四肢的生命"(Life Without Limbs)组织创办人,著名残疾人励志演讲家。他天生没有四肢,在医学上被称为海豹肢症。但他勇于面对重度身体残障,创造了生命的奇迹。尼克·胡哲凭着信心成长,战胜了许多别人认为不可能的事情。他告诉人们,其实每个人的生命都是有目的的,明白这一点便能帮助他们克服生命中的许多挣扎。他触动了许多人的心灵,也改变了许多人。

1. 生命的意义在于全心全意地投入。

2. 我热爱我的生活,没什么可以阻挡我,但是我时时刻刻都快乐吗？不,我也会伤心,我有时候也会哭,那倒并不是因为我没有手脚,这倒容易接受,我是担心如果我爱的人受了伤,我却什么也不能做,这会让我感到十分痛苦。

3. 你不能放弃梦想,但是可以改变方向,因为你不知道在人生的拐角处会遇到什么。

4. 一个人本色的样子就是最美的。

5. 认为自己不够好,这是最大的谎话；认为自己没价值,这是最大的欺骗。

6. 如果你不停地纠结你所没有的或者不想要的,你就会忘记你真正拥有的。

7. 只有一次又一次地尝试,没有失败,没有失败者。

8. 只要你一天没有放弃,那么你就还没有失败。

9. 学会感恩,敢于梦想,永不放弃!

10. 或许我不能牵起我妻子的手,但是有那么一天,我会握住她的心,握住她的心是不需要手的。

11. 上帝在我生命中有个计划,通过我的故事给予他人希望。

12. 最大的欺骗莫过于以为自己不够好,以为自己毫无价值。

13. 我仍热爱生活,因为我有对生存的渴望。

14. 人生最可悲的并非失去四肢,而是没有生存希望及目标!人们经常埋怨什么也做不来,但如果我们只记挂着想拥有或欠缺的东西,而不去珍惜所拥有的,那根本改变不了问题!真正改变命运的,并不是我们的机遇,而是我们的态度。

15. 你每天都有选择。

16. 在我看来,生活中要遵循一些关键的原则,首要的一条就是要感恩,是时候感恩了。

17. 我告诉人们跌倒了要学会爬起来,并始终爱自己。

18. 即使是我生命中最糟糕的事情,对于别人依然有着非凡的意义。

19. 人生的遭遇难以控制,有些事情不是你的错,也不是你可以阻止的。你能选择的不是放弃,而是继续努力争取更好的生活。

20. 选择就会被选择,拥有就会被拥有,而给予同样会被给予。因此我们不免要问:活着还有什么意义?——活着就是做有意义的事,而做有意义的事就是活着。

21. 在生命中,我们不能选择什么,却可以改变什么。

22. 相信你自己,你能做到。

23. 虽然环境不能改变,但你可以改变自己的心,改变你看待自己人生的眼光,让我有机会拥抱你,希望透过我自己的故事来激励你。梦想更大,永不放弃!

24. 如果你正打算放弃梦想,多撑一天、一个礼拜、一个月,再多撑一年。你会发现拒绝退场的结果令人惊讶。

25. 要有希望,为梦想而前行。

26. 态度决定高度。

第二节　心理危机与自我成长

一、心理危机的概念

所谓心理危机,是指个体在遇到了突发事件或面临重大的挫折和困难,当事人自己既不能回避又无法用自己的资源和应激方式来解决时所出现的心理反应。心理危机有三个最基本的要素:第一,重大改变。例如,个体生活中发生重大事件、遭受挫折境遇、面临严峻挑战、遇到严重阻碍。第二,无能为力。个体惯用的干预策略、防御机制失效,努力尝试解决失败,产生严重的乏力感和失控感。第三,心理失衡。个体以往平静、平衡和稳定的状态被打破,各项功能出现明显失调,认知狭窄负性(消极、悲观、无望)、情感低落易躁(抑郁、烦躁、易激惹)、行为僵硬刻板(不能做灵活的选择,不作为或重复无效行为)。以上三个要素都要具备,才构成心理危机。个体在面对心理危机时,往往会伴有情绪、认知、行为的改变和躯体不适。

心理危机是一种认识,是一种不平衡状态,是指由于突然遭受严重灾难、重大生活事件或精神压力,使生活状况发生明显的变化,尤其是出现了以现有的生活条件和经验难以克服的困难,致使当事人陷于痛苦、不安状态,常伴有绝望、麻木不仁、焦虑以及自主神经症状和行为障碍。危机的发生不是突然的,危机是一个动态的发展过程,在危机的不同阶段,个体会有不同的心理和行为模式。凯普兰(Caplan,1964)在他的心理危机理论中描述了心理危机反应的演变历程,他认为,处于危机中的个体要经历四个阶段。

第一阶段,当一个人感到自己的生活突然出现变化或即将出现变化时,他(或她)内心的基本平衡被打破了,表现为警觉性提高,开始体验到紧张。为了达到新的平衡,他试图用自己以前在压力下习惯采取的策略做出反应。处于这一阶段的个体多半不会向他人求助,有时还会讨厌别人对自己处理问题的策略指手画脚。

第二阶段,经过前一阶段的努力和尝试,个体发现自己习惯的解决问题的方法未能奏效,焦虑程度开始增加。为了找到新的解决办法,个体开始试图采取尝试错误的办法来解决问题。在这个阶段中,当事人开始有了求助的动机,不过这时的求助行为只是他尝试错误的一种方式。需要指出的是,高度情绪紧张在一定程度上会妨碍当事人冷静地思考,也会影响其采取有效的行动。

第三阶段,如果经过尝试错误未能有效地解决问题,个体内心的紧张程度持续增加,并想方设法地寻求和尝试新异的解决办法。在这一阶段中,个体的求助动机最强,常常不顾一切。不分时间、地点、场合和对象发出求助信号,甚至尝试自己过去认为荒唐的方式,如一向不迷信的人去占卜。此时个体也最容易受到别人的暗示和影响。在这个阶段,当事人会采取一些异乎寻常的无效行动宣泄紧张的情绪,如无规律的饮食起居、酗酒、无目的的游荡等,这些行为不仅不能有效地解决问题,反而会损害个体的身心健康,增加紧张程度和挫折感,并降低当事人的自我评价。

第四阶段,如果当事人经过前三个阶段仍未有效地解决问题,他很容易产生习惯性的无助。个体会对自己失去希望和信心,甚至对整个生命意义发生怀疑和动摇。

一般而言,人们对危机的心理反应通常经历四个时期:首先是冲击期,发生在危机事件发生后不久或当时,感到震惊、恐慌、不知所措。其次是防御期,表现为想恢复心理上的平衡,控制焦虑和情绪紊乱,恢复受到损害的认识功能,但行动上不知如何做,经常会出现否认、合理化等心理防御。再次是解决期,积极采取各种方法接受现实,寻求各种资源设法解决问题,此时焦虑减轻,自信增加,社会功能恢复。最后是成长期,经历了危机变得更加成熟,获得了应对危机的技巧。但也有人消极应对,出现了种种心理不健康的行为。

二、大学生心理危机的表现

大学阶段正是一个人一生中生理、心理变化最剧烈的时期,一方面,大学生需要解决恋爱、就业、走向社会和人生发展设计等诸多重大问题;另一方面,大学生的身心发展还不够成熟,正处于从少年心理向成人心理过渡的关键期,世界观、人生观和价值观尚不稳定,看问题容易形成偏差,解决问题的能力也很有限。因此,当大学生面临复杂的人生课题时,这种不稳定的心理状态和应对问题能力的欠缺,使得他们极易受到外界的影响和干扰,从而产生心理危机。当面临生活中的意外和危机时,能否临危不惧,事先的心理准备是十分重要的。如果能正确认识危机的特征、产生原因,未雨绸缪,就可以在面临危机时冷静、从容地应对,进而走向更加宽广的未来。

(一)大学生心理危机的特点

大学生是一个特定的社会群体,因此在遭遇心理危机时,具有与其他群体本质上不同的特点。

1. 发展性

处于发展转变中的人极易受应激事件的影响。人的一生中,各个发展时期都有其相应的发展课题和任务。林崇德教授认为成年初期的发展课题应该包括:第一,对身体的发育,特别是对因性成熟引起的诸多变化的理解和适应;第二,从精神上和经济上脱离父母并走向独立;第三,逐渐完善作为男性或女性的性别角色;第四,对新的人际关系,特别是异性关系的适应;第五,正确认识自己在社会中的角色,通过各种社会活动完善自己;第六,树立作为社会一员所必须具备的人生观和价值观;第七,掌握作为社会一员所必须具备的知识和技能并付诸社会实践;第八,选择职业及工作适应;第九,恋爱、结婚及婚姻适应;第十,成就感的获得与自我实现。

这些课题由于都集中在一起,对大学生来说,一个危机化解了,新的危机又来临了,个体也在不断解决危机的过程中达到自我发展与自我提升的目标。

2. 突发性

大学生经历的危机事件,常常是突如其来的、毫无准备的和无法控制的。例如,经历了生活中亲人、同学和好友的突然离去或遭遇严重的自然灾害等突发性事件,使原来正常的学习和生活秩序猛然遭到破坏,这种突然的改变,让人猝不及防,极易引发大学生的心理危机。

3. 普遍性

心理危机的产生是个体和外部条件共同作用的结果。大学生的年龄一般为18~25岁,正处于青年中期。在这一时期,生理成熟,意味着大学生具有了成年人所具备的生理特征:身高与体重基本成型、身体内部机能增强、性发育成熟。大学生心理发展处于由不成熟向成熟发展的过渡阶段,大学生的社会发展又滞后于心理发展,因此大学生的心理呈现出了积极与消极并存、自负与自卑并存的矛盾与冲突的现象。任何一个小小的问题如果不能得到及时干预与化解,都可能引发严重的心理危机甚至导致悲剧性的后果。

4. 潜在性

潜在性是指大学生心理危机并非以直接爆发的方式体现,而是潜藏在个体中,当遭遇危机性事件时,容易引发心理危机。大学生心理危机与成长相伴而生,如果没有"危机",即使年龄与日俱增,心理发展也不会与时俱进,而潜在的危机会促动个体积极关注自我,获得成长的力量。在成长的某一刻,成长的力量与危机的力量共生,两种力量相互较量,此消彼长。在正常情况下,成长的力量是个体生命中永远向上的动力。然而,当面临特定的情境或生命中的某个困难必须克服时,潜在的危机就发生了。正如平静大海下掩藏着狂流怒潮一样,危机的累积与渐进,是一个潜在的过程、量变的过程,一旦发生质变,就会带来个体的成长受阻抑或一种更大的危机。

5. 复杂性

危机是个体的生活环境、家庭教养、朋友交往等关系相互交织的综合反映，因此，危机是复杂的。由于每个人生活境遇的不同、家庭教养的不同以及心理素质的不同等，所产生的危机也就各不相同。

6. 危险性

危机事件发生后，大学生原有的平衡状态被打破，由于他们的心理承受能力较差，加上个性因素，有些同学就会出现意识狭窄、思维不清、情感紊乱等情况，无原则地放大自己所面临的问题，容易钻牛角尖，继而做出极端和偏激的行为，如自杀、他杀，因而具有很高的危险性。

(二) 大学生心理危机的分类

1. 发展性心理危机

发展性心理危机指的是大学生处于正常成长过程中突遭巨大变化或转变而呈现的异常反应。这种心理危机持续的时间虽较短暂，但极易引发剧烈与不恰当的应激情绪和行为。大学生在适应高校生活、第一次谈恋爱、即将毕业踏入社会时，当其原有的行为和能力不足以应对新的发展，就会处于行为和情绪的混乱无序状态。

2. 境遇性心理危机

境遇性心理危机由罕见或不可预测的外部事件引起，这些事件具有随机性、突然性、意外性、震撼性、强烈性和灾难性，如亲友亡故、父母失业、地震火灾、交通意外、瘟疫病害、空难战争等。

3. 存在性心理危机

存在性心理危机是处于重要转折关口的大学生对于人生意义、个人责任和未来走向不能勇敢果断地做出选择时而产生的危机，可以是基于现实的，也可以是基于后悔心理的，还可以是一种持续压倒性的空虚感或者生活无意义感，如面对读研深造、海外留学还是就业创业的毕业去向等抉择时，缺乏人生阅历的大学生通常会感到异常迷茫或觉得从未做过自己真正想做的事情。

(三) 大学生心理危机的表现

1. 一般表现

大学生在成长和发展过程中，会遭遇到成长方面、人际关系方面、就业方面、学业与经济方面以及情感方面的危机。当个体面对这些危机时会产生一系列的身心反应,一般危机反应会维持6~8周。危机反应主要表现在生理上、情绪上、认知上和行为上。

在生理方面,会出现肠胃不适、腹泻、食欲下降、头痛、疲乏、失眠、做噩梦、易惊吓、呼吸困难或窒息、哽塞感、肌肉紧张等症状。

在情绪方面,常出现害怕、焦虑、恐惧、怀疑、不信任、沮丧、忧郁、悲伤、易怒、绝望、无助、麻木、否认、孤独、紧张、不安、愤怒、烦躁、自责、过分敏感或警觉、无法放松、持续担忧、担心家人健康、害怕染病、害怕死去等状况。

在认知方面,常出现注意力不集中、缺乏自信、无法做决定、健忘、效能降低、不能把思想从危机事件上转移等状态。

在行为方面,呈现反复洗手,反复消毒,社交退缩、逃避与疏离,不敢出门、害怕见人,暴饮暴食,容易自责或怪罪他人,不易信任他人等表现。

从过程来看,个体在危机发生后可能出现下列反应:

(1) 事后震惊。危机过后,经历危机的大学生可能产生一种震惊感。其表现为周期性或持续性的颤抖、长期心烦意乱或心不在焉、极端不安和精神恍惚、精神错乱等。

(2) 责难。责怪自己和他人。

(3) 内疚和焦虑。面临危机的大学生可能因为害怕、恐怖和忧虑而感到不知所措。这在日常生活的坐、站、行中可得到证明,并且借助于抽烟、喝酒、祈祷、打电话、吃药与能够帮助自己的人交谈等途径来减少焦虑。他们不时地在思索、幻想、睡梦和演讲中反复体验创伤,夸大一般性问题,觉得不可克服。

(4) 抑郁。大学生在面临危机时往往表现得很抑郁,特别在很极端的时候,人们会极度地悲伤、痛心或绝望。在这种情况下的个体在认知上会表现得很无助,他们会认为面对如此的情境,无论采用什么方法和手段都是没有用的,无论谁也无法摆脱这种情境,产生习得性无助感。

(5) 逃避和专注,并有假装适应的反应。这是所有心理危机反应中最敏感的。这些人表面上好像很成功地驾驭了创伤和压力,事实上他们故作轻松。假装适应的反应是一种由抑制、自我克制等综合构成的相当脆弱的防御方法。假装适应的人很少主动寻求帮助。

(6) 休克。当大学生遭遇创伤事件后不知所措、麻木不仁甚至他们会有"这并没有真正发生在我身上"的感觉。从他们的外表上可以看出来,如眼神呆滞,说话时恍恍惚惚,难以集中注意力,走路僵硬,并且很容易受到暗示的影响。一些人由于突发事件而引起的压力反应是对他人或对自己进行攻击,总觉得能够发泄满腔的怒火和重新获得自尊的唯一途径就是毁灭他们认为的伤害了自己的人或毁灭自我,如酗酒,直到神志不清为止。

(7) 寻求改变。危机中的大学生虽然对事件的不确定感到很难受,处理问题的能力受到了限制,但个体并不会坐以待毙,他很想获得别人的帮助,寻求摆脱困境的方法,只不过常常采用一些不当的方式来处理问题。

2. 极端表现

(1) 自杀。

据2013年世界卫生组织统计数据显示,全球每年大约有100万人死于自杀。观察我国15岁到34岁青壮年人群的死因,结果令人触目惊心,自杀竟然成为正处于最美好的青春年华的这一群体的首位死因。近年来,国内多次出现在校大学生选择用自杀的方式结束生命的事件,这对大学生自身以及他们的家庭而言都是毁灭性的打击,对学校而言也是不能承受之重,倍感压力。有研究表明,学业压力、抑郁症或其他心理疾病、人际冲突、情感挫折等往往是引发大学生自杀的主要原因。实际上,这些原因只是自杀的直接诱因,而深刻的原因则是,主体感觉实在是痛苦得不愿再活下去了,只想了结此生。对于自杀者来说,自杀本身并不是目的,它只不过是解决问题的途径。

(2) 伤人。

2008年,在中国政法大学就读的付某因女友提出分手,便怀疑她与该校教授程某某有关,逐产生报复心理,在教室里当众用菜刀杀死了程某某。2009年10月20日,北京市第一中级人民法院做出一审宣判,付某因犯故意杀人罪被判处死刑,缓期两年执行,剥夺政治权利终身。宣判时,付某年仅23岁。这样的恶性事件一下子毁掉了几个家庭,也为我们带来思考,为什么这样一个优秀的、高智商的学生在面对情感挫折的时候会如此冲动、不理性呢?面对失恋带来的心理危机,我们该如何应对呢?

三、大学生心理危机的预防与干预

危机干预,是指一种通过调动处于危机中的个体自身潜能来重新达到心理平衡状态的心理咨询和治疗的技术。危机干预属于广义的心理治疗范畴,是紧急的心理治疗,是为解决当事人的困境而发展起来的,帮助当事人恢复心理平衡,安全度过危机,一般不涉及当事人的人格塑造。目前,危机干预已经日益成为临床心理服务的一个重要分支。

(一) 大学生心理危机预防与干预的原则

1. 预防为主的原则

大学生心理危机不可小视,不能等到出了危机事件才去采取补救措施,应"防患于未然",以预防为主,积极做好大学生心理危机的预防和早期预警工作。应建立心理危机预防体系,有效地开展心理健康教育,提供实用的心理调适方法,及早发现大学生的心理状况变化,及早上报,及早干预,做到信息畅通,反应快速,将心理危机的发生消除在初始状态。

2. 注重时效的原则

由于受到许多不确定因素的影响,存在心理危机倾向或处于心理危机状态的大学生极易生变,其心理危机往往处于紧急状态下,具有紧迫感。在实际工作中,时间是一个极为关键的因素,危机预防与干预应十分注重时效性,否则就会酿成大错。必须对危机事件中不断变化的问题做出快速反应和处理,在第一时间采取有效措施,引导他们及时、有效地接受帮助和指导。

3. 全面全程的原则

大学生心理危机预防与干预工作应纳入高校总体教育教学及管理工作计划中,应渗透到学校教育教学和管理工作的全过程和各个层面,高校全体教职工都有责任和义务参与。在对象和过程上,它是一个长期和系统的工作,应面向全体学生,贯穿于从新生入学到毕业的全过程。

4. 健康发展的原则

大学生的心理危机事件是在发展过程中遭遇的,这些危机导致他们心理系统发生改变而暂时处于失衡状态,但这种状态不是绝对的,因为危机意味着危险,同时又意味着机会或转换点,因此,在危机中又蕴藏着机会。如果遭遇危机,能正确面对,就可以化危机为转机,得到发展,所以大学生心理危机干预必须着眼于大学生未来的发展。

(二) 心理危机干预策略

当出现心理危机时,可采用心理专家总结出的"危机干预六步法"进行干预,帮助他们走出困境。

第一步，确定问题

即从求助者的角度，确定和理解求助者本人所认识的问题。在整个危机干预过程中，工作人员应该围绕所确定的问题来把握倾听和应用有关技术。为了帮助确定危机问题，推荐在干预开始时，使用核心倾听技术，对求助者采取同情、理解、真诚、接纳以及尊重的态度。

第二步，保证求助者安全

在危机干预过程中，危机干预工作者应将保证求助者安全作为首要目标。简单地说，就是要让对自我和对他人的生理和心理危险性降低到最小可能性。

第三步，给予支持

危机干预的第三步是强调与求助者沟通和交流，让求助者知道工作人员是能够给予其关心帮助的人。工作人员不要去评价求助者的经历与感受是否值得称赞，或是否是心甘情愿的，而应该提供这样一种机会，让求助者相信"这里有一个人确实很关心我！"

第四步，提出并验证可变通的应对方式

多数情况下，求助者处于思维不灵活的状态，不能恰当地判断什么是最佳的选择，有些处于危机的求助者甚至认为无路可走了，因此要帮助求助者认识到，有许多可变通的应对方式可供选择。例如：

（1）环境支持。这是提供帮助的最佳资源，求助者知道有哪些人现在能关心自己。

（2）应对机制，即求助者可以用来战胜目前危机的行动、行为或环境资源。

（3）积极的、建设性的思维方式，可用来改变自己对问题的看法并减轻应激与焦虑水平。

第五步，制订计划

帮助者要与求助者共同制订行动步骤来矫正其情绪的失衡状态。计划应该包括：

（1）确定有另外的个人、组织团体和有关机构能够提供及时的支持。

（2）提供求助者现在能够采用的、积极的应对机制。

（3）确定求助者能够理解和把握的行动步骤，并且制订计划时应该与求助者合作，让其感到这是他自己的计划，这一点很重要。

第六步,得到承诺

让求助者复述一下计划,如"现在我们已经商讨了计划要做什么,下一步将如何向他或她表达自己的愤怒情绪。我将采取哪些行动,以保证不会大发脾气,避免危机的升级"。在这一步中,危机干预工作者要明确,在实施计划时求助者是否达成同意合作的协议。

总之,在心理危机干预中要帮助当事人接受帮助,要对当事人的处境表示同情和关注,并有所准备地给当事人指明解决危机的办法,使其明白自己该做些什么、怎么做,但避免怂恿当事人责备他人,要帮助其正视自己的问题,走出困境。

 知识连接

对自杀的误解

- 自杀无法预防。
- 谈论自杀的人不会自杀。
- 自杀前没有任何自杀征兆。
- 自杀者不是真的想死。
- 有过一次自杀经历,以后肯定还会自杀。
- 一个人自杀未遂后,以后再也不会出现自杀行为。
- 如果一个人有抑郁情绪,跟他提及自杀,会导致他产生自杀的想法。
- 多数自杀源于一个突发的创伤事件。
- 非致命性的自杀行为只是为了引起他人的注意。
- 如果一个人的抑郁情绪突然好转,他就没有自杀危险了。
- 大多数自杀者是穷人。
- 所有自杀者都有精神问题。

自杀前的预兆

- 把自己想死的念头对周围的人诉说或在日记、绘画中表现出来。
- 情绪性格明显反常,焦虑不安或无故哭泣。
- 呈抑郁状态,食欲不好,失眠。
- 回避与人接触,与集体不融洽,或过分注意别人。
- 行为明显改变,对生活麻木且冷漠的人,自杀前像突然变了一个人,敏感又热情。
- 无故送东西、送礼物给亲人或同学,无来由地向他人道谢或致歉。
- 上课无故缺席,迟到早退,成绩骤降。
- 关注与自杀相关的事件。

如果自己有心理危机
- 要等待,主动寻求帮助。
- 要相信会有人愿意帮助你,但是你得将自己真实的困难和痛苦告诉你信任的人,否则他们对此一无所知。
- 如果你的倾诉对象不知道如何帮助你,可以向学校的心理咨询中心寻求帮助。
- 如果担心你的心理问题被发现,可以向心理热线或校外的心理咨询人员寻求帮助。
- 有时为找到一个真正能帮助你的人,需要求助几个不同的人或机构,你应坚持下去,提供帮助的人一定会出现。
- 解决心理危机通常需要一个过程,可能你得反复多次见咨询人员或心理医生。
- 如果医生开药,应按医嘱坚持服用。
- 避免用酒精或毒品麻痹你的痛苦。
- 不要冲动行事,强烈的痛苦会让你更难做出合理的决定。

自杀干预的策略

自杀干预的策略是由弗雷德里克(C.J.Frederick)于1973年首先提出的,并且得到了广泛的认可。
- 倾听。任何一个处于心理危机中的人,他最迫切的需要就是有人能倾听他所传达出的信息。对有自杀可能的人进行指责只会阻碍与之进行有效的交流。专业人员应努力去了解有自杀可能的人潜在的情感。
- 对处于危机中的人的思想和情感进行评估。对任何自杀的想法都要认真对待。如果处于危机中的人已对自杀做了详细的计划,那么自杀的可能性要比仅仅想到自杀时大得多。在做出自杀行动之前,他们既可能表现得很安静,也可能表现得情绪激动。如果既处于明显的抑郁之中,又伴有焦躁不安,这时出现自杀的危险性最大。

> 接受所有的抱怨和情感。对处于心理危机中的人的任何抱怨都不应轻视或忽视,因为这对他们来说可能是非常严重的问题。在某些情况下,处于危机中的人可能以一种不经意的方式谈到他们的不满或抱怨,但内心却有着剧烈的情感波动。

> 不要担心直接问及自杀。处于心理危机中的人可能会隐约涉及自杀问题,但不一定明确提出来。根据过去的经验,在适当的时候直接询问这一问题并不会产生不良的结果。一般应在会谈进展顺利时再询问这一问题,因为当与处于心理危机中的人建立良好的协调关系后再问这一问题效果会更好。处于心理危机中的人一般也比较喜欢被直接问及自杀的问题,并能公开地对此进行讨论。

> 要特别注意那些很快"反悔"的人。处于心理危机中的人经常会因为讲出了自杀的念头而感到放松,并且容易错误地以为危机已过。然而问题往往会再次出现,这时的自杀预防工作就更为重要。

> 做他们的辩护者。处于心理危机中的人,他们的生活中需要有坚定、具体的指导者。这时,治疗者要向他们传达这样的信息:他们所面对的问题已处于控制之中,并且治疗者会尽全力阻止病人自杀。这样可以让病人有力量感。

> 充分利用合适的资源。每一个个体既有内部资源(个人的、心理的),又有外部资源(环境中的,家庭、朋友的)。如果这些资源缺乏,问题就很严重,必须有外界的支持和帮助。

> 采取具体的行动。要让处于心理危机中的人了解到你已做好了必要的安排,如在必要时安排他住院或接受心理治疗等。对一个处于心理危机中的人来说,如果他觉得在咨询会谈中一无所获,他会感到一种挫折感。

> 及时与专家商讨和咨询。根据问题的严重程度,要及时与有关专家取得联系。任何事由一个人去处理是很不明智的。但应在处于心理危机中的人面前表现得沉着,让对方感到他的问题已处于完全的控制之中。

> 决不排斥或试图否认任何自杀念头的"合理性"。当有人谈到自杀时,决不能把这一问题看作是"操纵性的"或并不是真的想自杀。如果这样做,处于心理危机中的人会真切地感受到这种排斥或谴责,这是很不明智的。

> 不要试图"大喝一声"就让试图自杀的人幡然悔悟。公开向试图自杀的人讨论并劝告他停止自杀,并相信这种评论会让对方认清自己的问题,这种想法是很危险的,可能会导致悲剧的发生。治疗者应该指出,如果病人的选择是去死,那么这样的决定就是不可逆的。只要生命尚存,就有机会解决存在的问题。

而死亡的同时也终止了任何出现转机的机会。同时也应强调,情绪低落的阶段是会过去的,情绪低落虽然是对自我的限制,但它也是有周期的。当抑郁症状再次出现时,人们也应同时看到它不久就会消失。当正处于自杀或其他的心理危机中时,不能一个人单独去面对。当处于心理危机中的人孤立无援或缺乏人际接触时,自杀的危险性会大大提高。

第三节 心理策略训练

活动一: 墓志铭

活动目标

(1) 协助学生检视自己的生命历程。

(2) 协助学生领悟生命的可贵。

活动过程

想象自己坐在一架宽敞平稳的客机上,飞机在万米高空翱翔。突然,机身连续抖动,空姐要求大家把安全带系好。广播里传来机长的声音,"飞机发生了严重的机械故障,正在紧急排除。考虑最坏的情况,现在由乘务小姐分发纸笔,请每位乘客留下遗言"。一切要求尽快完成,乘务小姐会在三分钟后收取大家的纸条,然后统一密闭在特制的匣子里,这样即便飞机坠毁,遗言也可完整地保存下来。人们无声地领取这特殊的用品,有抽泣声低低传来。你也领到了半张纸和一支短笔。此时你会写下什么?假如你现在面临死亡,你能写下怎样一个墓志铭?在自己还活着的时候,从云端看向更遥远的时空,试着评价自己的一生。你是一个怎样的人?你的人生中最难忘的事情是什么?有什么令你自豪的成就?有什么令你遗憾甚至悔恨的事情?还有什么未竟的愿望?

活动二: 意外人生——盲人打棒球

活动目标

(1) 协助学生感悟生命存在的意义。

(2) 促使学生珍惜生命。

活动内容

(1) 盲人打棒球。

(2) 自我竞赛。

(3) 分享。

活动过程

1. 热身活动

全班同学坐在自己的座位上放松闭目一分钟,看看能听到几种声音。

引起动机:各位同学知道什么是盲人棒球吗?盲人真能打棒球吗?他们一出生就双目失明,完全没有视觉概念,生活中平常走路都得靠手杖小心翼翼地走,连快速走路都不敢,怎么可能会跑甚至打棒球呢?(允许同学发言)

2. 具体活动

(1) 盲人打棒球。

说明:盲人打棒球与明眼人打棒球有所不同,他们用听觉来代替视觉,用的球也比一般棒球大,投球手通常由明眼人担任,而且和打击手为同一队,他们必须配合默契,尽力抽出好球,让视障球员根据声音判断方位。我们今天不是要打棒球,而是要让大家体会一下,眼睛看不到时内心的感觉是什么样的,以及可能带来的不便。

规则说明:

① 首先,将桌椅挪到一旁,中间尽量留出大空间。

② 每一组成一直排,每组8人。

③ 组员蒙上眼睛,走向前,同组的同学指挥被蒙眼睛者,经同学指挥,拿到棒球后,便返回出发点,并将其放入水桶内。

④ 然后换下一位同学带上眼罩,往前拿取棒球,如此直到8人都做完为止。

⑤ 教师示范。

(2) 自我竞赛。

进行小组自我竞赛的测验,测量各组合作完成的时间,原则上以组内团队合作为原则,不进行组对组的比赛。

每组召开组内会议,彼此沟通协调,如何以最短的时间完成任务。

(3) 分享。

① 你觉得盲人在生活上有何不方便？

② 如同盲人在生活上有许多不便之处，你生命中也会遇到挫折，心里有何感受？该如何克服？

③ 说说该如何珍惜自己，才能有健康的身体？

（4）教师总结。

生命过程中总会有波折，对盲人来说，看不到世界万物，存在着很多不便；对你们来说，生命中肯定也会遇到一些挫折，是选择逃避还是勇敢去面对？同时，是不是更该珍惜周遭的亲朋好友呢？

活动三： 万物之灵——生命线

活动目标

（1）让学生认识生命的价值，树立正确的人生观。

（2）促进成员发展身、心、灵整合的健全的人格。

活动方式

绘画法。

活动准备

纸、彩笔。

活动过程

1. 预测 60 年后相聚的情景

预测 60 年后大家相聚的情景。

2. 绘制生命线

在纸上画一条线，在右侧标出箭头，这一条线代表你的生命线，起点代表你出生的时候，在终点写出你的预测死亡年龄，找出自己现在所处的位置。回忆过去发生在你生活中的事情，并将它们按时间顺序在生命线上列出来，根据感受，将愉快的事情放在生命线的上方，将不愉快的事情放在生命线的下方；再想象未来想要做的事情及可能发生的事情，仍然按可能愉快或不愉快分别放在生命线的上下方；最后仔细看看你的生命线，它就是你的心灵地图。

3. 分享

（1）面对生命线你想到了什么？

（2）它给了你什么启示？

活动四： 珍爱生命——生命玻璃杯

活动目标

(1) 协助学生表露自己的烦恼,学会互相分担与关爱。
(2) 引导学生呵护自己的生命,能坚强地面对困难。

活动内容

1. 绘制生命玻璃杯

教师指导语:"生命犹如玻璃杯,精心呵护不易碎;生命犹如玻璃杯,能盛蜜水和泪水;生命犹如玻璃杯,透明如水有言以对。那静悄悄的玻璃杯,可盛满我们的心扉,启迪我们勇敢地把生活面对。"

全班每位同学画一个玻璃杯,在玻璃杯里面写上自己的烦恼,不署名。(背景音乐:钢琴曲《秋日私语》)

2. 解答生命玻璃杯的烦恼

(1) 将所有的玻璃杯收上来。
(2) 对玻璃杯"大洗牌",然后发下去,每个人得到一张别人的玻璃杯,认真作答。
(3) 以邻座为单位,分享并解答每个玻璃杯的烦恼。

3. 小挑战、大帮手

(1) 每个小组选派一名同学上台,介绍本组得到的玻璃杯中的烦恼,并提供解决方案。
(2) 若某一个烦恼具有普遍性,其他组的同学可说出他们的解决方案,体现小挑战、大帮手的用意。

活动五： 和谐宇宙——外星人看地球

活动目标

(1) 协助学生感悟人与自然的和谐。
(2) 辅导学生尊重自己和他人,关注社会。

活动过程

1. 热身活动

今天你要买张通向哪个星球的宇宙飞船票?

2. 分组

按星球分组(水星组、木星组、火星组、金星组、土星组等)。

3. 分组活动并分享

(1) 各小组起组名(发挥想象力和创造力)。

(2) 发现地球上存在哪些问题,列举出来。

(3) 讨论应采取哪些措施解决地球上存在的问题。

(4) 全班分享。

(5) 每个小组派一名代表将组名写在黑板上,看看哪个组名新颖、有创意。

(6) 每个小组派另一名代表上台介绍本组的情况。

(7) 即兴发言。

4. 教师总结

引导学生感受和谐地球。

活动六：电影欣赏——《荒岛余生》

活动目标

(1) 借助影片内容引发学生思考。

(2) 观后共同分享感受和心得。

活动内容

观看电影,讨论分析电影;如果让你用几句话来形容生命或对生命的看法,你会怎么诠释呢?

活动七：应对危机能力测试

以下有20道测试题,可以帮助您对自己做出判断,请认真回答。每道题都有三个选项,分别为A、B、C。A表示"是",B表示"否",C表示"不确定"。请在相应题后面作答。

题 目	是	否	不确定
1. 你童年时很受父母宠爱。	A	B	C
2. 你步入社会后历经坎坷,屡遭挫折。	A	B	C
3. 你初恋失败后几乎丧失了生活的勇气。	A	B	C

续表

题 目	是	否	不确定
4. 你的收入不高,但手头并不缺钱花。	A	B	C
5. 你无法忍受和性格不同的人一起工作。	A	B	C
6. 你从不失眠。	A	B	C
7. 你的朋友突然带一个你非常讨厌的人来访,对此你感到恼火。	A	B	C
8. 原定你担任干部,可公布名单时换了别人,你心情坦然,并向他祝贺。	A	B	C
9. 你看到那些穿着奇装异服的人,就感到讨厌。	A	B	C
10. 你认为一些新规定的颁布和实施,都是理所当然的。	A	B	C
11. 你接连遇到几件不愉快的事,苦恼不断加重。	A	B	C
12. 即使同工作上的竞争对手交谈,你也能友善和平。	A	B	C
13. 你结交新朋友相当容易。	A	B	C
14. 别人未经允许随便动用你的物品,你会长时间感到恼火。	A	B	C
15. 即使多次失败,你也不放弃再做一次尝试的机会。	A	B	C
16. 对没有完成的重要事情,你会寝食不安。	A	B	C
17. 至少有一半的成功把握,你才会去冒险干一些事。	A	B	C
18. 你很容易染上传染病。	A	B	C
19. 别人若对你不公正,你会怀恨在心,一定找机会进行报复。	A	B	C
20. 有空闲时间,你就想读小说和娱乐性报纸。	A	B	C

记分规则

选项	1	2	3	4	5	6	7	8	9	10	11	12	13	14	15	16	17	18	19	20
A	1	5	1	1	1	5	1	5	1	5	1	5	1	5	5	1	5	5	1	5
B	5	1	5	5	5	1	5	1	5	1	5	1	5	1	1	5	1	1	5	1
C	3	3	3	3	3	3	3	3	3	3	3	3	3	3	3	3	3	3	3	3

结果解释

20～51 分为 A 型;51～75 分为 B 型;76～100 分为 C 型。

A 型:无法承受突如其来的变故。这可能与你一帆风顺的经历有关。你性格脆弱,经受不住刺激,更经不起意外打击,即使稍不遂意也会让你寝食不安。这是你的主要弱点,建议你增强心理承受力,勇敢面对生活的挑战。同时也要少想个人得失,因为应对困难的能力说到底是对个人利益损失的承受力。

B型:心理承受力一般。在通常情况下不会有什么问题,至多有点烦恼。要注意的是在大的挫折面前要更坚强一些。

C型:敢于迎接命运的挑战。你有不平凡的经历,能正视现实,对来自生活的困难能应对自如,随遇而安。

思考题

1. 什么样的人或事可以给你最大的动力,让你好好生活?
2. 思考从出生到现在,你所经历过的重大事件并思考这些事件对你的影响。
3. 如何识别和预警危机状态?
4. 发现身边的人有自杀意图,你该怎么办?

推荐书目

[1] 海伦·凯勒.假如给我三天光明[M].李汉昭,译.北京:华文出版社,2002.

[2] 格拉宁.奇特的一生[M].侯焕闳,唐其慈,译.河南:海燕出版社,2012.

[3] 奥利维亚·斯蒂芬妮诺.拯救心灵[M].冯涛,译.北京:东方出版社,2012.

[4] 利奥·巴斯卡力亚.一片叶子落下来[M].任溶溶,译.海南:南海出版公司,2012.

[5] 威尔·杜兰特.论生命的意义[M].褚东伟,译.南昌:江西人民出版社,2009.

[6] 弗兰克尔.追寻生命的意义[M].何忠强,杨凤池,译.北京:新华出版社,2003.

[7] 于娟.此生未完成[M].长沙:湖南科学技术出版社,2011.

[8] 慧汝.为了生命的尊严:有一种爱,让我们不再陌生[M].北京:中央编译出版社,2011.

[9] 德厚生.生命义理:让世界变得简单起来[M].咸阳:西北农林科技大学出版社,2007.

 **推荐电影**

《死亡诗社》《美丽人生》《荒岛余生》《当幸福来敲门》《最后一周》《土拨鼠之日》《返老还童》《唐山大地震》《惊涛骇浪》。

参 考 文 献

[1] 林崇德. 发展心理学[M]. 北京:北京师范大学出版社,2001.

[2] 黄希庭. 心理学导论[M]. 北京:人民教育出版社,2002.

[3] 朱卫国,桑志芹. 大学生心理健康教程[M]. 南京:南京大学出版社,2012.

[4] 吴继霞,黄辛隐. 大学生心理健康学[M]. 上海:学林出版社,2006.

[5] 王祖莉,勇健. 大学生心理健康教育[M]. 北京:科学出版社,2013.

[6] 樊富珉,王建中. 当代大学生心理健康教程[M]. 武汉:武汉大学出版社,2010.

[7] 俞暄一,李荣斌. 心理学与个人成长[M]. 北京:科学出版社,2008.

[8] 桑志芹,李绍珠. 大学生心理健康教程[M]. 南京:江苏人民出版社,2001.

[9] 马建青. 大学生心理卫生[M]. 2版. 杭州:浙江大学出版社,2003.

[10] 黄希庭. 大学生心理健康教育[M]. 上海:华东师范大学出版社,2004.

[11] 樊富珉. 大学生心理健康教程[M]. 北京:北京出版社,2006.

[12] 黄希庭,郑诵. 大学生心理健康与咨询[M]. 2版. 北京:高等教育出版社,2007.

[13] 张纪梅. 大学生心理健康教育[M]. 北京:人民卫生出版社,2010.

[14] 周莉. 大学生心理健康教育[M]. 北京:中国人民大学出版社,2010.

[15] 戚昕. 大学生心理健康教程[M]. 北京:人民邮电出版社,2010.

[16] 尹忠恺. 大学生心理健康教育[M]. 沈阳:东北大学出版社,2011.

[17] 肖华. 大学生心理健康教育教程[M]. 北京:科学出版社,2011.

[18] 克瑞尔. 心理调适[M]. 张清芳,译. 北京:北京大学出版社,2004.

[19] 圣达洛克. 心理调适[M]. 王建中,译. 北京:高等教育出版社,2008.

[20] 林大有. 情绪管理的第一堂课[M]. 北京:中国书籍出版社,2006.

[21] 李虹.压力应对与大学生心理健康[M].北京:北京师范大学出版社,2004.

[22] 徐岳敏.学生心理拓展训练教师实用手册[M].重庆:西南大学出版社,2010.

[23] 苏碧洋.大学生心理健康教育与辅导[M].厦门:厦门大学出版社,2012.

[24] Brian Luke Seaward.压力管理策略[M].许燕,译.北京:中国轻工业出版社,2008.

[25] 程社明.你的船你的海:职业生涯规划[M].北京:新华出版社,2007.

[26] 邓旭阳.大学生心理发展训练[M].北京:北京出版社,2004.

[27] 高桥,葛海燕.大学生涯与职业规划[M].北京:清华大学出版社,2007.

[28] 李法顺.大学生职业生涯规划[M].南京:东南大学出版社,2006.

[29] 张乐敏,吴玮,宋丽真.大学生职业生涯规划与管理[M].上海:复旦大学出版社,2008.

[30] 钟谷兰,杨开.大学生职业生涯发展与规划[M].上海:华东师范大学出版社,2008.

[31] 张海燕.大学生心理健康维护[M].上海:华东理工大学出版社,2009.

[32] 刘嵋.大学生班级团体心理辅导教程[M].北京:清华大学出版社,2009.

[33] 杨兢,周婧.大学生心理健康导读[M].北京:首都师范大学出版社,2012.

[34] 李梅,潘永亮.大学生心理健康教育实用教程[M].北京:科学出版社,2012.

[35] 邢群麟,李敏.哈佛教授给学生讲的200个心理健康故事[M].北京:中央编译出版社,2008.

[36] 周春明,徐萍.大学生心理健康[M].北京:北京理工大学出版社,2009.

[37] 赵北平,雷五明.大学生涯规划与职业发展[M].武汉:武汉大学出版社,2006.

[38] 于海琴.心理成长与生涯发展[M].武汉:华中科技大学出版社,2008.

[39] 任俊.积极心理学[M].上海:上海教育出版社,2006.

[40] Alan Carr.积极心理学[M].郑雪,译校.北京:中国轻工业出版社,2008.